Beate Schaefer

Weiße Nelken für Elise

Beate Schaefer

Weiße Nelken für Elise

Die Liebe meiner Großeltern
zwischen Wehrmachtsbordell und KZ

HERDER

FREIBURG · BASEL · WIEN

MIX
Papier aus verantwor-
tungsvollen Quellen
FSC® C106847

© Verlag Herder GmbH, Freiburg im Breisgau 2013
Alle Rechte vorbehalten
www.herder.de

Alle Abbildungen im Text stammen aus dem Besitz der Autorin.
© Beate Schaefer

Satz: Barbara Herrmann, Freiburg
Herstellung: fgb · freiburger graphische betriebe
www.fgb.de

Printed in Germany

ISBN 978-3-451-30652-5

Für meine Eltern und für EMB

Inhalt

FAMILIENGEHEIMNIS

Ich war etwa zehn oder elf Jahre alt, als ich zum ersten Mal davon hörte. Die Erwachsenen – meine Eltern, meine Großtante Anna und ihr Mann sowie meine gastgebende Großmutter Elise und meine fast neunzigjährige Uroma Elisabetha – saßen im Wohnzimmer am für diese Gelegenheit ausgezogenen Esstisch und spielten nach einer üppigen Mahlzeit Kanasta. Dazu tranken sie Aquavit und rauchten, mein Vater Zigarre, die anderen, außer meiner Uroma, Zigaretten. Ich lag unterhalb der Rauchschwaden bäuchlings auf dem Teppich neben der riesigen mahagonifarbenen Schrankwand, in deren offenem Teil sich außer einem gusseisernen Schankgestell für eine Weinflasche, einem massiven gläsernen Esel, von dem ich damals noch nicht wissen konnte, dass er venezianischen Ursprungs war, und einer Reihe bunter, geschliffener Weingläser mit langen Stielen nur ein paar Bücher befanden, darunter zwei große, leinengebundene Bildbände über »Tiere der Urzeit« und »Menschen der Vorzeit«. »Tiere der Urzeit« mit den Unterwasserlandschaften des Kambrischen Meeres, den Steinkohlenurwäldern und den Dinosauriern des Mesozoikums mochte ich lieber als das Buch über die Vormenschen. Ich war zwar gern bereit zu glauben, dass die Vorfahren jenes Araberhengstes, der zu Hause das Titelblatt meines Pferdekalenders zierte, hasengroße Sumpfbewohner gewesen waren. Was ich seit Neuestem ablehnte, war meine Abstammung vom Affen, seitdem mir der Chefgorilla im Frankfurter Zoo kürzlich direkt vor die Füße gekotzt hatte. Zwar trennte uns eine Panzerglasscheibe, aber ich war nach diesem Erlebnis keine

Affenfreundin mehr, und wenn ich dann doch einmal im zweiten Bildband blätterte, grübelte ich darüber nach, weshalb es eigentlich heute noch Menschenaffen gab, während ich Eohippus, Mesohippus und Merychippus, die Vorfahren des Pferdes, nurmehr als Fossilien aus dem Frankfurter Senckenberg-Museum kannte. Die da oben am Tisch zu befragen hätte nichts gebracht, denn mir war irgendwie klar, dass weder meine Omas noch die Großtante jemals einen Blick in diese Bücher getan hatten. Und meine Eltern fanden, dass ich sowieso zu viel nachdenken würde; sie hätten mich wahrscheinlich einfach rausgeschickt, »damit du mal an die frische Luft kommst«. Also rührte ich mich nicht und kehrte zurück zu Ramporhynchus und Brontosaurus, während oben am Tisch die Frauen bei den Witzen, die mein Großonkel erzählte, kreischend auflachten und Schnaps kippten, bis irgendeiner die letzten Karten auf den Tisch knallte und »Kanasta!« rief. Dann wurde das Blatt neu gemischt, und es ging wieder von vorne los. Von den Gesprächen, die geführt wurden, bekam ich nicht viel mit, sie interessierten mich auch nicht weiter. Bis an diesem Nachmittag die Worte fielen »mein Geschäft in Straßburg«. Ich wurde aufmerksam und löste den Blick von einem Meeressaurier, der dabei war, ein paar gepanzerte Fische zu jagen. Meine Großmutter hatte ein Geschäft in Straßburg gehabt? Ich wusste, dass Straßburg in Frankreich lag, wir waren im vergangenen Sommer dort gewesen, auf dem Weg nach Süden. Straßburg, Frankreich, Ausland, das fand ich spannend und ich lauschte aufmerksam, doch viel zu schnell wandte sich die Unterhaltung anderen Themen zu. Danach habe ich von diesem »Geschäft« bei ähnlichen Gelegenheiten immer mal wieder gehört, doch eine gewisse Scheu, die mir von meinen Eltern meiner Großmutter gegenüber eingepflanzt worden war, hielt mich davon ab, Oma Elise einfach danach zu fragen.

Ein Mensch, für den ich mich in dieser Zeit mehr und mehr zu interessieren begann, war unbekannterweise mein Großvater Walter. Ich ließ nicht nach zu bohren, warum mein Papa nicht Samstag hieß wie sein Vater. Den Nachnamen Schäfer fand ich doof, ich hätte viel lieber Beate Samstag geheißen. Was mich auch verwirrte, war, dass Oma Elise ebenfalls nicht Samstag hieß, sondern Reger. Wer aber war Herr Reger gewesen, und wo war Walter Samstag? Man sagte mir nur, dass Walter meine Oma sitzen gelassen hatte, als sie schwanger geworden war, und dass er schon lange tot sei.

Erst viel, viel später kapierte ich die Zusammenhänge: Meine Großmutter trug den Namen ihres Mannes Willi Reger, von dem sie aber geschieden war. Mein Vater trug ihren Mädchennamen, Schäfer, beziehungsweise den seines Großvaters, unter dessen Vormundschaft er aufgewachsen war. Aber als Kind waren mir diese Einzelheiten verborgen. Alles, was ich wusste, war also, dass Opa tot und dass Papa unehelich geboren war, und meine Großtante Anna, eine kleine, immer noch hübsche, blondierte Frau, die zeitlebens Stöckelschuhe mit zwölf Zentimetern Absatz trug und sie mich, solange meine Schuhgröße noch 36 betrug, manchmal anprobieren ließ, sagte einmal zu mir: »Dein Vater, das war unser kleines Bankertchen.« Dabei strich sie mir über den Kopf und lachte ihr raues Zigarettenlachen.

Meine Eltern wollten, nachdem sie mich mit diesen Informationen versorgt hatten, nicht weiter darüber reden, ich aber war neugierig wie alle Kinder, die spüren, dass es ein Familiengeheimnis gibt. Ganz abgesehen davon, dass ich in diesem Alter anfing, die Vorstellung zu genießen, vielleicht gar nicht die Tochter meiner Eltern zu sein. Ich wäre zu gern ein Adoptivkind gewesen und versuchte oft, meiner Mutter ein »Geständnis« zu entlocken. Wenn ich nicht gerade davon träumte, eine Waise zu sein, fragte ich nach meinem Großvater. Wie hatte er ausgesehen? Warum hatte er Oma nicht geheiratet? Wieso war er so früh gestorben? Kinderfragen, die ohne Antwort blieben, obwohl wir ebenso regelmäßig, wie wir jeden Monat meine Großmutter und Urgroßmutter im Taunus besuchten, zu Walters uralter Mutter nach Mannheim fuhren. Doch niemand sprach in meiner Gegenwart jemals ausführlicher über ihn, ja, es kam kaum vor, dass einmal beiläufig sein Name fiel. Ein Foto von ihm konnte ich nirgendwo entdecken, weder in den alten Fotoalben bei Uroma noch in der kleinen »Ahnengalerie« – gerahmten Schwarz-Weiß-Fotos der Familienmitglieder aus vier Generationen im Schlafzimmer meiner Eltern. Nervte ich zu sehr, hieß es: Der ist im Krieg umgekommen. Oder: Der ist an der Front erschossen worden. Als man mich wohl irgendwann für reif genug hielt, erfuhr ich schließlich: »Der Walter, das war ein schlechter Mensch. Der ist ins KZ Dachau gekommen und dort gestorben.«

Das muss für mich offenbar völlig plausibel geklungen haben, denn ich war mit dieser Information zufrieden und hinterfragte den Inhalt auch dann nie, als ich in der Schule nicht nur in Geschichte, sondern auch in Deutsch, in Geografie, später in Gemeinschaftskunde und sogar in Französisch mit dem Nationalsozialismus konfrontiert wurde. Was in meiner Familie über Walter Samstag gedacht wurde, war für mich offenbar maßgebend, und ich war in der Lage, zwischen den Verbrechen der Nazis, die ich verurteilte, und dem Verbrechen an meinem Großvater, *den* ich verurteilte, zu trennen. Noch in der zwölften Klasse versuchte ich, einen Schulkameraden zu beeindrucken, indem ich sagte: »Mein

Großvater war im KZ. Aber das war auch gut so, denn das war ein schlechter Mensch«. Mein Mitschüler erwiderte: »Du spinnst ja völlig«, und ließ mich stehen. Trotzdem dauerte es noch Jahre, bis vielleicht zu einem faulen Sonntag im Bett, vielleicht einem von ledrig duftenden Platanenblättern erfüllten Herbstnachmittag am Main, an dem ich mich, mittlerweile Anfang zwanzig, plötzlich an diese Sätze erinnerte und mit einem Mal begriff, was sie eigentlich bedeuteten, wie menschenverachtend dieser Unsinn war, den ich da von mir gegeben hatte. Denn kein Mensch war zu Recht im KZ gewesen. Ich schämte mich für meine Dummheit und begann zu dieser Zeit mit den ersten, zaghaften Recherchen.

Meine Scheu vor Elise war längst verflogen. Im Gegensatz zu meinen Eltern mochte ich ihre Exaltiertheit, ihre schicken Kostüme in Weiß, Marineblau, in Hahnentrittmuster oder rosameliertem Bouclé, ihr intensives Parfüm, ihr zu lautes Lachen in Aufmerksamkeit heischenden Koloraturen, ihr dramatisch rollendes R, wenn sie erzählte – was sie gerne tat –, immer mit großen Gesten und immer auf die Pointe bedacht. Als ich mit achtzehn von zu Hause auszog, suchte ich häufiger den Kontakt zu ihr. Sie war nach dem Tod meiner Urgroßmutter in eine kleine Hochhauswohnung im Nachbarkaff gezogen, und meine Eltern forderten mich auf, mich ein wenig um sie zu kümmern. Ich fand bald heraus, dass ich mich prima mit ihr gegen meine Eltern solidarisieren konnte. Sie hatte in allem andere Ansichten, als ich es von zu Hause gewohnt war, vor allem, was den Umgang mit Männern betraf. »Mir kommt keiner mehr ins Haus«, sagte sie oft. »Keinem wasch ich mehr die dreckigen Unterhosen.« Aber sie erklärte mir, dass man als Frau immer eine Flasche Sekt im Kühlschrank haben müsse, und wenn der Postbote kam, bat sie ihn herein und trank morgens um elf mit ihm einen Schnaps. Faszinierend. Wenn meine Eltern sie kritisierten, nahm ich regelmäßig Partei für sie. Da ich ein Auto hatte, holte ich sie manchmal ab, fuhr mit ihr nach Frankfurt, ging mit ihr ins Café und stellte bald fest, wie viel sie mir über die Stadt erzählen konnte, in der ich geboren, wenn auch nicht aufgewachsen war, und in der ich jetzt studierte. Sie berichtete mir über ihre Kindheit in der Frankfurter Altstadt, vom Baden bei Mosler, von den Naziaufmärschen auf der Zeil, von ihrer Lehre als Friseuse, von ihrer kurzen Ehe mit dem Metzgergesellen Willi Reger, sie erwähnte auch ihr Geschäft in Straßburg, von wo sie während des Krieges regelmäßig Geld an ihre Eltern schickte, die ihr Kind aufzogen. Sie berichtete vom Leben in der Baracke bei Steinau, ausgebombt nach dem Krieg, von ihrer Arbeit in der Fabrik, von ihrer Liaison mit dem Fabrikbesitzer, von dem Geld, das sie verdienen musste, um ihren Sohn aufs Internat und aufs Gymnasium schicken zu können.

Wir freundeten uns also regelrecht an, und da ich zunächst Slawistik und Soziologie belegt hatte, kam Oma irgendwann auf die Idee, eine Silvesterreise in die Sowjetunion zu buchen. Ich war begeistert, und so flogen wir mit Hapag-Lloyd und Aeroflot im harten Winter 1983, mitten im Kalten Krieg, mitten in der letzten Phase der Aufrüstung, zusammen mit einer Reisegruppe nach Moskau, wohnten im mittlerweile abgerissenen Hotel Rossija, sahen in unseren Ski-Anzügen aus wie Michelinmännchen, fuhren für ein paar Kopeken U-Bahn, gingen, ohne uns ums Programm zu kümmern, allein in die Tretjakow-Galerie und fuhren schließlich mit dem Reisebus durch endlose, birkenbestandene Schneelandschaften in die alten Königs- und Klosterstädte Susdal, Wladimir und Sagorsk, um Silvester zu feiern.

Ich wollte ursprünglich Journalistin werden, jobbte aber nur als Redaktionsbotin und später als Redaktionsassistentin bei der FAZ. Eine Freundin, die Geschichte studierte und bereits am Historischen Museum Praktika machte, infizierte mich mit Neugier für das Schicksal der Frankfurter Altstadt. Zusammen mit Omas Erzählungen von Alt-Frankfurt weckte das mein historisches Interesse immer mehr. Als Elise und ich aus Moskau zurückkamen, bat ich sie um ein Tonband-Interview. Über mehrere Wochen verteilt, trafen wir uns, und ich zeichnete die Gespräche mit meinem alten Kassettenrekorder auf. Irgendwann fasste ich mir ein Herz und stellte endlich die Frage: »Sag mal, Oma, dein Geschäft in Straßburg, was war das eigentlich für ein Laden?«

»Ein Bordell«, kam die etwas indignierte Antwort, als werfe sie mir vor, dass ich es nicht längst gewusst hatte. Und dann: »Jetzt bist du schockiert, nicht wahr?« Natürlich beteuerte ich sofort, ich sei keineswegs schockiert. Peinliches Schweigen. Dann begann ich zu erklären, wie liberal ich sei und dass ich durch meine Lektüre mit allem Menschlichen, Allzumenschlichen vertraut sei, kurz, ich beleidigte sie, indem ich behauptete, Verständnis für etwas zu haben, von dem ich überhaupt keine Vorstellung besaß. Ich war, das erkenne ich im Nachhinein, eine miserable Interviewerin, verklemmt, geradezu aufdringlich rücksichtsvoll, und behauptete dann wider alle Neugier, wider allen Respekt, dass ich mich ja viel mehr für ihre Kindheit in der Frankfurter Altstadt interessieren würde. »Nun ja«, sagte meine Oma fast enttäuscht, und es folgte eine weitere Anekdote. Aber da die Wahrheit nun einmal auf dem Tisch war, ließ sie es sich nicht nehmen, mir im Verlauf unserer Sitzungen mehr von ihrer Karriere als Prostituierte zu erzählen. Krampfhaft versuchte ich immer, so wenig Neugier wie möglich zu zeigen, anstatt ihrem offensichtlichen Bedürfnis gerecht zu werden, einmal frei von der Leber weg berichten zu dürfen. Sie war voller Selbstbewusstsein und Stolz auf ihre Kunst, mit Sexarbeit viel Geld zu verdienen. Anscheinend hatten in unserer Familie alle darüber Bescheid gewusst, nur vor den Kindern und natürlich vor der Außenwelt hatte man es streng geheim gehalten. Langsam begriff ich, weshalb das Verhältnis meines Vaters zu ihr so gespannt war. Er konnte sich kaum eine halbe Stunde in ihrer Gegenwart aufhalten, ohne zu explodieren. Das nahm manchmal grotesk-komische Züge an, wie bei einem Weihnachtsfest Mitte der Achtzigerjahre. Wir saßen nach dem Abendessen alle am Tisch – meine Eltern, mein Bruder, Oma Elise und ich. Mein Vater war gereizt, meine Mutter redete unaufhörlich, ich war gestresst, und irgendwann, als es um den Nachtisch ging, sagte Oma: »Ich möchte jetzt gern nach Hause«. Es gab ein kurzes Für und Wider, meine Mutter schlug vor, erst Eis zu essen, aber Elise beharrte auf ihrem Wunsch. Da sprang mein Vater auf, schrie: »Schluss! Aus! Beate, du fährst sie sofort nach Hause!« Und mit Schwung wandte er sich dem schweren, breiten Vorhang zu, der das riesige Wohnzimmer von der Diele trennte, packte ihn und riss ihn mit einem einzigen, mächtigen Ruck herunter. »Und das Ding hier konnte ich noch nie leiden!«, brüllte er und stand dann, den gesamten Vorhang in den Händen, da. Nach ein paar Sekunden erschrockenen Schweigens begann ich zu lachen, und auch meine Mutter lachte. Oma hingegen zitterte am ganzen Körper. Ich sagte: »Genial, wie im Theater.« Da musste auch mein Vater grinsen. Oma wurde trotzdem heimgebracht. Sie war fix und fertig. Was ich damals noch nicht wissen konnte: Im Gegensatz zu mir und meiner Mutter hatte sie von Männern oft genug massive körperliche Gewalt erfahren. Mein Vater erschreckte mich mit seinen Ausbrüchen zwar, aber ich hatte keine richtige Angst vor ihm, weil ich wusste, dass er, sobald er Dampf abgelassen hatte, der freundlichste Mensch war. Doch für meine Großmutter muss dieser Moment schrecklich gewesen sein.

Mit diesen Lebenserfahrungen hing vielleicht auch zusammen, dass sie unsere Interviews nicht verkraftete, obwohl sie so gern von früher erzählte und bereit war, auch sehr frei über ihre Arbeit als Prostituierte zu sprechen. Eines Tages – wir saßen am Küchentisch in meiner Studentenbude, und der alte Kassettenrekorder lief – erzählte sie mir von den Albträumen, die sie heimsuchten, seit sie begonnen hatte, mir aus ihrem Leben zu berichten. Sie konnte nicht schlafen, war nervös und gereizt. »Ich kann dir das gar nicht so hart erzählen, wie ich das erlebt habe«, sagte sie einmal fast resigniert. Bald darauf brachen wir die Interviews ab. Heute wünschte ich, ich hätte nicht so schnell aufgegeben. Ein guter Journalist hätte gewusst, wie er sie bei der Stange hielt. Professionell und ein bisschen brutal. Aber ich hatte damals überhaupt nicht begriffen, worauf ich mich eigentlich eingelassen hatte, indem ich begann, in der Vergangenheit zu wühlen und gegen die Mauer des Schweigens, mit der sich meine Eltern mir und allen Außenstehenden gegenüber umgaben, zu klopfen.

Als 1987 ein Telefonanruf kam, in dem ein Kollege an der Klinik meinem Vater mitteilte, dass seine Mutter nach einer Gallenoperation unvermutet gestorben war, zitterte er am ganzen Körper. Nach der Beerdigung erwähnte er sie mir gegenüber nie wieder auch nur mit einer Silbe. In unserer Familie gab es ein neues Tabu, und das hieß: »Du sollst nicht über Elise reden. Es regt deinen Vater auf. Es verletzt ihn.« Mir wurde klar, dass er jetzt auch seine Mutter endlich vergessen wollte, nachdem er schon seinen Vater jahrzehntelang totgeschwiegen hatte, um sich vor seinen Erinnerungen, vor seinen Sehnsüchten, seiner Wut und seiner Verlorenheit zu schützen.

Seit einigen Jahren beginnen Kriegskinder über ihre traumatischen Erlebnisse zu reden. Bücher erscheinen, in denen sich eine ganze Generation wiederfindet. Und auch die Enkel fangen an zu reden. So wie ich. Über Ängste, die sie sich nicht erklären konnten, über seltsame Albträume, über das Gefühl der Sinnlosigkeit und des eigenen Versagens, obwohl dafür von außen gesehen überhaupt kein Grund vorhanden wäre. Wohlstand, Bildung, Sicherheit allerorten. Meine Grundstimmung war, so weit ich zurückdenken kann, eine Art Basiskummer. Der bestand aus den Gefühlen Trauer, Einsamkeit, Angst und Scham. Dabei hatte ich liebevolle Eltern, die sich bemühten, mich (fast) ohne Schläge zu Freiheit und Selbstbestimmtheit zu erziehen, in meiner Familie wurde viel gelacht und gesungen und diskutiert, und ich wuchs in materieller Sicherheit, später nahezu im Luxus auf. Doch erst seit ich Bücher wie die von Sabine Bode, Anne-Ev Ustorf und Bettina Alberti kenne, fühle ich mich ernst genommen in der Ambivalenz meines Daseins, meinem Zerrissensein zwischen Lebenslust, Mut, Freude und dem oben beschriebenen Abgrund.

Es dauerte lange, sehr lange, bis ich meiner inneren Stimme folgte und begann, die Geschichte meiner Großeltern umfassend zu recherchieren. Ich wollte nicht mehr schweigen, entschloss mich zu einer Reise in die Erinnerung, forschte in Archiven und vor Ort, hörte mir die alten Kassetten mit den Interviews wieder an, und hatte unvermutet eine Menge Material angesammelt, das den Blick auf meine Großeltern, aber auch auf meine Eltern und auf mich veränderte.

Elise und Walter. Ein Liebespaar. Ein Elternpaar. Kein Ehepaar, und ohne bürgerliche Moral. Für den Aufbau des »tausendjährigen Reichs« waren die Prostituierte und ihr Zuhälter nach Meinung der Faschisten unbrauchbar, und das von den Nazis bevorzugte Wort für Menschen wie sie war »asozial« oder »antisozial«. Sie waren »Volksschädlinge«, »Gemeinschaftsfremde«, »unwertes Leben« und somit ehrlos, rechtlos, sie wurden verwaltet, eingesperrt und womöglich vernichtet. Wenn es nach den Nationalsozialisten gegangen wäre, gäbe es mich überhaupt nicht. Sittenlosigkeit und Verbrechertum galt als vererbbar. Mein Vater kam unter die Vormundschaft seiner Großeltern Elisabetha und Johann, weil mehrmals die Leute von der Fürsorge an der Tür geklingelt hatten. Sie wollten wissen, wer ihn gezeugt hatte, doch meine Großmutter schwieg eisern. Dass sie Hure war, war aktenkundig. Hätten sie die Wahrheit über den Vater des Kindes erfahren und das Vorstrafenregister von Walter Samstag gesehen, wäre der kleine Junge ins Heim gekommen, und wer weiß, was ihm sonst noch widerfahren wäre. Das Bordell in Straßburg, fand ich heraus, war eine Wehrmachtseinrichtung für die Soldaten der Besatzungsarmee gewesen – meine Großmutter war zur Arbeit dort gezwungen worden. Und mein Großvater trug als »polizeilich Sicherungsverwahrter« im KZ den grünen Winkel der »Berufsverbrecher«. Während der NS-Staat im Krieg zum größten Zuhälter wurde, brachte er meinen Großvater für dieselbe Betätigung um.

Das Schweigen meiner Eltern war das große Schweigen der Fünfziger- und Sechzigerjahre, in denen der Satz zum Standard gehörte, Leute wie mein Großvater seien völlig zu Recht im KZ gewesen, denn es waren ja »schlechte Menschen«, deren Nachkommen sich für sie schämen mussten. Über diese Leute sprach man nicht, und »diese Leute« –

auch das ein Ergebnis meiner Recherchen – waren viele. Es waren Kleinkriminelle, Obdachlose, Alkoholiker, Zuhälter, Arbeitsverweigerer. Ihre Geschichten wurden in den von den Nazis gleichgeschalteten Tageszeitungen zur Abschreckung genüsslich ausgemalt. »So einer« wie mein Großvater musste weg, gehörte in »Sicherungsverwahrung« – jedenfalls dachten viele so –, und dass »Sicherungsverwahrung« gleichbedeutend war mit der Einlieferung in ein KZ, nahm man gleichmütig zur Kenntnis.

Auch die Frauen in den Wehrmachtsbordellen und die Zwangsprostituierten der Konzentrationslager sahen nach dem Ende der Naziherrschaft zu, dass niemand von ihrer »Schande« erfuhr, wobei das unbeschreibliche Elend der Frauen, die im KZ zur Prostitution gezwungen wurden, mit dem vergleichsweise »normalen« Hurenleben in den staatlichen Soldatenpuffs gar nicht zu vergleichen ist. Auf die Idee, Entschädigungsansprüche zu stellen, kamen die wenigsten. Das galt für die ehemals »Sicherungsverwahrten« und »Asozialen« ebenso. Sie wurden von den »unwürdigen« zu den »vergessenen« Opfern. Erst in jüngster Zeit beschäftigt sich die Forschung vermehrt mit dieser Verfolgtengruppe. Autobiografische Aufzeichnungen gibt es nur in ganz geringem Umfang und zumeist anonymisiert. Interviews mit heute noch lebenden Personen sind rar.

Meine Großeltern – das wurde mir irgendwann klar – waren keine Einzelfälle. Die Scham meiner Eltern ist die Scham in vielen anderen Familien. Das große Schweigen ist überall. Die Archivare, die mir bei der Recherche geholfen haben, erzählten, dass immer wieder Nachkommen ehemaliger KZ-Häftlinge zu ihnen kommen, um etwas über die Gründe der »Invorbeugungshaftnahme« ihrer Angehörigen zu erfahren. Viele haben den Internationalen Suchdienst in

Arolsen angeschrieben und, wie auch ich, ein Blatt bekommen, auf dem die Personalien des KZ-Häftlings, seine Häftlingsnummer und der Hinweis »PSV« – Polizeiliche Sicherungsverwahrung – zu lesen sind. Ins Archiv kommen dann Sohn, Bruder, Tochter, Schwester, Enkel oder Enkelin, in der Hoffnung, herauszufinden, dass es sich damals um die Verhaftung eines Unschuldigen gehandelt habe. Heute noch spielt es offenbar eine Rolle, ob jemand »zu Recht« oder »zu Unrecht« ins KZ gekommen ist. In all diesen Familien wurde jahrzehntelang geschwiegen, geleugnet, vertuscht, und man glaubt, das große Schweigen nur brechen zu dürfen, wenn es sich herausstellt, dass Opa oder Vater »ja gar nichts gemacht« hat und damit ein »würdiges Opfer« war. So wirkt die Ausgrenzungspolitik der Nazis noch bis in die Enkelgeneration fort, wenn wir nicht endlich anfangen, auch die ganz persönlichen Geschichten der verachteten, vergessenen und verdrängten Opfer zu erzählen. Opfer, die nie eine Lobby hatten, weil sie auch heute noch zu den Menschen am Rand der Gesellschaft zählen würden. Das schäbige Wort »asozial«, das die Nazis so gern verwendeten, um zwischen »guten Deutschen« und »Gemeinschaftsfremden« zu unterscheiden, hat auch heute noch Konjunktur – wir benutzen es gedankenlos und oft.

Während meiner Arbeit begriff ich schließlich auch noch etwas anderes: dass ich, wenn ich die Geschichte von Elise und Walter aufschreiben wollte, auch von mir sprechen musste. Von dem Kind, das ich gewesen war, von der Erwachsenen, die beim Schreiben das Gefühl nicht loswerden würde, eine Verräterin zu sein.

Elise war schon als Kind selbstbewusst. Nach dem Krieg war sie eine Frau, die ohne Umschweife »ich« sagte, immer an ihren Vorteil dachte, oft über Geld redete, sich in Szene zu setzen, sich »zu zeigen« wusste. Alles Verhaltensweisen, die auch heute noch in unserer Gesellschaft von Männern erwartet, bei Frauen aber als indezent verurteilt werden. So eine Frau ist unbequem, sie fällt auf, sie macht Patzer. Wenn Oma Alkohol getrunken hatte, kamen das Altstadtkind und das Straßenmädchen zum Vorschein, die derbe Sprache der Gasse brach sich Bahn, und der Frankfurter Dialekt wurde dominant. Männer wurden zu »Kerrrls«, Gesten wurden dramatisch, das Lachen schrill. Ich mochte Oma Elise – vielleicht gerade deswegen. Meine Eltern dagegen hätten sie, solange sie lebte, am liebsten versteckt. Sie sorgten beispielsweise dafür, dass meine streng katholischen Großeltern mütterlicherseits Oma Elise in einem Zeitraum von fünfundzwanzig Jahren nicht ein einziges Mal begegnet sind. Als sie tot war, wurde sie, wie vorher schon Walter, aus dem Familiengedächtnis gelöscht.

Mir war irgendwann klar, dass ich es falsch machen würde, egal, ob ich weiterhin schwieg oder ob ich das Familiengeheimnis preisgab, Nachforschungen anstellte, wildfremden Leuten von meinen Großeltern erzählte, die zu vergessen das Ziel meines Vaters gewesen war. Irgendwann fiel mir ein Satz ein, der mir nicht mehr aus dem Kopf ging: »Jemanden totzuschweigen ist auch eine Art Mord.«

Und aus diesem Schweigen entsteht Schuld.

Schuld, die von Generation zu Generation weitergegeben wird. Davon bin ich mittlerweile überzeugt, und deshalb habe ich mich dafür entschieden, dieses Buch zu schreiben, auch wenn die intensive Begegnung mit meinen Großeltern und dem, was sie während der Nazidiktatur erleiden mussten, für mich ebenso schmerzhaft geworden ist, wie es das Vergessen für meinen Vater gewesen sein muss.

REISE IN DIE ERINNERUNG

1. Gummerland

Die frühesten Geschichten, die ich erinnerte, waren Geschichten vom Krieg. Geschichten, die mir meine Urgroßmutter Elisabetha erzählt hatte, wenn ich, während die anderen nachmittags Kaffee tranken, mit unterdrücktem Bewegungsdrang neben der kleinen alten Frau auf dem Sofa saß und ihre unglaublich zarte Hand hielt, wie sie es gerne mochte. Sie roch immer so sauber. Nach Seife und Puder. Und ich hatte sie sehr, sehr gern, ohne ihr das anders zeigen zu können, als ihre Hand zu streicheln, neben ihr zu sitzen und ihr zuzuhören. Meine Oma Elise hatte ihr, weil Besuch da war, das feine weiße Haar in frische Wellen gelegt, die mit einem Haarnetz zusammengehalten wurden. Später würden wir zusammen die Drehscheibe gucken und dann die Hitparade mit Dieter-Thomas Heck, aber bis dahin lauschte ich den immer gleichen Geschichten. Vom Ersten Weltkrieg, wie mein Uropa eingezogen worden war und sie anfing mit Zeitungtragen, die kleinen Kinder immer dabei. Von der großen Inflation, bei der sie alles verloren hatten. Von der jüdischen Familie, bei der sie vor ihrer Ehe gearbeitet hatte und die in den Dreißigerjahren emigriert war. »Gott sei Dank, dass meine Juden rübergemacht haben«, sagte sie dann jedes Mal. Von ihrem Sohn, der aus dem Norwegenfeldzug nicht mehr zurückgekommen war. Wie sie im Luftschutzkeller verschüttet worden waren, zusammen mit meinem Vater, wie sie danach als Ausgebombte ins Behelfsheim nach Steinau mussten. Wie sie noch einmal all ihre Ersparnisse verloren hatten durch die Währungsreform. »Ich hab viel mitgemacht«, sagte sie oft. »Viel mitgemacht.«

Einmal, da war ich schon etwas älter, da sagte ich zu ihr: »Oma, lass gut sein. Das hast du mir doch schon alles hundert Mal erzählt.« Doch vom Tisch kam sofort eine scharfe Rüge. Wie ich dazu käme, der alten Frau das Erzählen zu verbieten! Also fügte ich mich und hörte alles noch mal von vorn.

Es konnten natürlich nicht die ersten Geschichten gewesen sein, die ich kannte, denn ich fing früh mit Büchern an, brachte mir mithilfe der Verse in einem Kinderbuch, die ich auswendig konnte, das Lesen bei, und ich bekam regelmäßig auch vorgelesen. Aus den Büchern meiner Kindheit jedoch erinnere ich heute höchstens die Bilder oder mal einen Vers. »Quäle nie ein Tier zum Scherz, denn es fühlt wie du den Schmerz.« Die Geschichten meiner Urgroßmutter dagegen kann ich heute noch auswendig. Und ich höre immer noch ihre Stimme, mit der sie oft für mich seltsame Worte in ihre Erzählung einfließen ließ. Scheßlong, Schossee, Trottewar, mach keine Pradicke … Dass es sich um französische Begriffe handelte, die in der deutschen Alltagssprache um die vorige Jahrhundertwende gang und gäbe waren, lernte ich erst viel später. Mach keine Pradicke bedeutete so viel wie: Spiel dich nicht so auf. Aber das Wort, das mich am meisten faszinierte und mich immer zum Lachen brachte, war Gummer. »Was ist eine Gummer?«, fragte ich Oma Elise einmal. »E Gork«, antwortete sie auf gut Frankfurterisch, um sich dann rasch zu verbessern und in ihrem hoheitsvollen Tonfall, mit dem sie oft unterstrich, dass sie des Hochdeutschen mächtig war, hinzufügte: »Eine Gurke. In Biblis sagt man dazu Gummer.«

Lateinisch *cucumer,* französisch *concombre,* englisch *cucumber,* und rheinhessisch eben Gummer. Biblis war Gummerland. Meine Recherchen erbrachten, dass seit 1882 in der fruchtbaren Rheinebene auf riesigen Flächen dicke, kurze Gurken angebaut und in der Fabrik in Biblis verarbeitet wurden. Im Sommer gab es ein Gurkenfest und eine Gurkenkönigin. Ansonsten war in dem kleinen Kaff mit seinen um die Jahrhundertwende etwa zweitausend Einwohnern nichts los.

Michael Schader, mein Ururgroßvater und Elisabethas Vater, stammte aus Heppenheim wie auch seine Frau, eine geborene Mischler, die ihre Wurzeln wiederum in Marienburg bei Danzig hatte. Ihr Mann war elf Jahre älter als sie und hatte erst im Alter von dreißig Jahren geheiratet. Nicht, dass er es sich hätte leisten können – er war in Biblis der sprichwörtliche arme Schneider. Die Familie lebte in großer Armut, was sicher mit dazu führte, dass von den zwölf Kindern aus dieser Verbindung, darunter die Zwillinge Karl und Adam, nur sechs überlebten. Nachdem Karl und Adam früh gestorben waren, wurden die beiden nächstgeborenen Söhne ebenfalls Karl und Adam genannt. Auch sie starben als Kleinkinder. Zwischen 1874, dem Geburtsjahr der zweitältesten Tochter, Eva, und 1883, dem Geburtsjahr des ältesten überlebenden Sohnes, Franz, starben der Familie insgesamt fünf Kinder weg. Ursache? Eine völlig geschwächte Mutter nach der Zwillingsgeburt, Mangelernährung, Kinderkrankheiten, schlechte Pflege. Meine Urgroßmutter Elisabetha, am 19. April 1884 als Nummer acht geboren, wuchs klein und kränklich auf. Das Fass mit den eingelegten Heringen, damals eine Armeleutespeise, die im Hause Schader trotzdem noch zusätzlich rationiert werden musste, tauchte in ihren Erzählungen später immer wieder auf: »Wir haben zu sechst zwei Heringe geteilt gekriegt und dazu Pellkartoffeln. Manchmal gab's auch Sauerkraut, das die Mutter mit den Füßen einstampfte.«

Bald nachdem sie eingeschult worden war, meldete sich ein maroder Backenzahn, und als die Schmerzen unerträglich wurden, brachte man das kleine Kind zum Dorfarzt. Es stellte sich heraus, dass der Zahn völlig vereitert war, aber statt ihn einfach nur zu ziehen, brach ihr der unfähige Doktor gleich noch einen Teil des Kiefers heraus. Daran wäre sie fast gestorben und behielt zeitlebens ein schiefes Gesicht, und als sie nach langer Fehlzeit wieder in die Schule gehen konnte, musste sie den Spott der Mitschüler über sich ergehen lassen und die Schläge der Lehrerin, die ihr in schöner Regelmäßigkeit das Vierkantlineal über den Kopf zog, wenn sie eine Antwort nicht wusste.

Mit vierzehn hat Elisabetha mühsam lesen, schreiben und rechnen gelernt, ist klein wie eine Zehnjährige, nicht dumm, aber in allem zurück. Ihre zehn Jahre ältere Schwester Eva ist längst nach Frankfurt abgehauen und dort in Stellung. Einmal, so geht die Erzählung, kommt sie zu Besuch und bringt ein Bündel mit. Das Bündel schreit. Ein Frankfurter Bierbrauer ist wohl der Vater, aber er will Eva nicht heiraten. Elisabetha, der kleinen Schwester, fällt die Aufgabe zu, sich um das Kind, einen Jungen, zu kümmern, so gut sie es eben versteht. »Der lag im Stroh«, berichtete meine Großmutter. »Vollgeschissen, Ungeziefer.« Drei Jahre später stirbt der Kleine, doch im Sommer 1896 bringt Eva das nächste Bündel. Auch um dieses Kind kümmert sich Elisabetha. Sie gibt sich große Mühe, will sie doch verhindern, dass auch dieser kleine Neffe stirbt. Ressourcen sind knapp, aber der Junge ist kräftig und gedeiht zu ihrer Freude. Doch ihr Bruder Franz, der in Worms als Milchausträger arbeitet und jeden Morgen mit dem Fahrrad über die schwimmende Rheinbrücke fahren muss, hat andere Pläne mit ihr. Ein Goldschmied in Worms hat ihn gefragt, ob er nicht ein Mädchen kenne, das in Stellung gehen wolle, und er antwortet: »Ich hab 'ne Schwester, die ist vierzehn, die täte so gern weggehen von zu Hause, aber die kann nicht kochen, die kann nicht putzen, die hat nichts gelernt daheim, weil sie lange krank gewesen ist.« Der Goldschmied ist nichtsdestoweniger begeistert, und ich kann mir auch vorstellen, warum. Er bekommt ein fügsames, unterwürfiges Mädchen für wenig Geld, das seine Frau nach Belieben schikanieren kann. Also verlässt Elisabetha Gummerland und zieht über den Rhein, geht als Dienstmädchen nach Worms. Dort, erzählte sie immer, wurde sie anständig behandelt, hatte eine kleine Dachkammer für sich, bekam Kleidung und Schuhe, aber das bisschen Geld, das sie verdiente, nahm ihr die Mutter ab, mit dem Argument: »Du brauchst kein Geld, du kriegst ja alles gekauft.«

Nach zwei Jahren hat ihre Schwester Eva dann für sie etwas in Frankfurt in Aussicht: »Hör mal, da unten wird ein Mädchen gesucht – das sind zwar Juden, aber gute Leute –, und wenn du willst, bringe ich dich da unter. Die bezahlen dich hier nicht gut, in Frankfurt verdienst du mehr.«

Frankfurt – das erscheint der Sechzehnjährigen unendlich weit weg. Sie ist noch nie irgendwo anders gewesen als in Biblis und in Worms. Und nun soll sie gar mit der Eisenbahn fahren! Allein würde sie sich das nie trauen. Aber sie hat ja ihre große Schwester, die alles für sie organisiert. Und so bricht sie erneut auf, diesmal in eine noch ungewissere Zukunft als zuvor, lässt ihre Eltern, ihre Geschwister und ihre Zöglinge zurück – Eva hat bei ihrem letzten Besuch noch ein Bündel abgeliefert – und weiß nicht, ob sie Mutter und Vater je wiedersehen wird. Nach Frankfurt sind es nur sechzig Kilometer – für uns heute eine Fahrt von einer halben Stunde –, aber in jener Zeit erscheint es einem Mädchen ohne Geld als unüberwindliche Entfernung.

2. Neuland

Ich sehe ein Bild vor mir wie eine alte, ausgeblichene Schwarz-Weiß-Fotografie. Im Spätsommer 1900 warten zwei junge Frauen in dunkler, schlichter Kleidung am Bahnhof in Biblis auf den Zug nach Frankfurt, denn seit ein paar Jahren ist der Ort durch die Riedbahn an die Mainmetropole angebunden. Neben ihnen auf dem Perron eine moderne Gaslaterne, gegenüber das zweistöckige Bahnhofsgebäude, darin ein Hotel mit dem ausgefallenen Namen »Zum schwarzen Walfisch«. Der Himmel ist bedeckt, man ahnt die flache Landschaft der Rheinebene, im Hintergrund die sanften Hügel der Bergstraße. Eva, die ältere der beiden Schwestern, ist Mitte zwanzig, aber sie wirkt viel reifer, ihr Blick ist nach innen gekehrt, vielleicht denkt sie an ihre zwei kleinen Kinder, die sie bei ihrer Mutter zurücklässt, oder an ihren kürzlich an Tuberkulose verstorbenen Liebhaber. Oder an das Geld, das sie für die Zugfahrkarte ihrer Schwester Elisabetha ausgelegt hat, damit diese in Frankfurt bei Familie Adler in Stellung gehen kann.

In Elisabethas lebhaften, dunklen Augen schimmert neben Furcht tatsächlich auch so etwas wie Vorfreude; sie steht sehr aufrecht und ihre Hände umklammern den Schließkorb aus Weidengeflecht, denn darin ist alles, was sie besitzt: Unterwäsche, ein Kleid zum Wechseln, zwei Schürzen, ein Gesangbuch, ihr silberner Rosenkranz und ein schmaler goldener Ring, den sie nur Sonntags zur Kirche trägt. Er ist die Belohnung dafür gewesen, dass sie eines Nachts durch mutigen Lärm einen Dieb in die Flucht geschlagen hat, der durchs Dachfenster eingestiegen war, um den Laden ihres Wormser Dienstherren auszurauben.

Elisabetha ist noch nie mit dem Zug gefahren, und sie ist so aufgeregt, dass sie während der ganzen Reise kein Wort spricht. Gebannt schaut sie aus dem Fenster, den Korb auf dem Schoß. Dass sie Glück hat, überhaupt einen Sitzplatz auf den Holzbänken ergattert zu haben, weiß sie nicht; wahrscheinlich ist ihr nicht einmal klar, dass es im anderen Teil des Zuges Abteile gibt mit gepolsterten Bänken, Türen, die man schließen kann, und elegant gekleidete Reisende, deren Gepäck von Dienstboten transportiert wird und vor denen der Schaffner sich höflich an die Mütze tippt, ehe er die Fahrkarte kontrolliert.

Obwohl sie arm ist und nur ein Dienstmädchen auf dem Weg zu seiner neuen Herrschaft, besitzt sie jedoch Selbstbewusstsein. Sie lacht gern, und weil sie jung ist, mit glatter, fester Haut, fällt es kaum auf, dass ihr Gesicht etwas schief ist. Sie trägt ihr dunkelbraunes Haar adrett aufgesteckt; einen Hut besitzt sie nicht, und ihr Kleid ist altmodisch, stellenweise sogar geflickt.

Sie kennt die niedrigen, schäbigen Häuser von Biblis, und Worms war für sie schon eine große, wohlhabende Stadt. Mit dem, was sie in Frankfurt erwartet, hat sie nicht gerechnet.

Verloren steht sie einige Stunden später neben ihrer Schwester auf dem großen Bahnhofsvorplatz und schaut verwirrt auf die Droschken, die hohen Gebäude mit den prächtigen Sandsteinfassaden, die vielen Menschen, die es alle eilig zu haben scheinen.

»Fürchtest du dich?«, fragt ihre Schwester, als Elisabetha sich nicht vom Fleck rührt. Und als die Kleine nickt, meint die Ältere leichthin: »Tröste dich, das geht bald vorbei. Als ich hier ankam, war ich ganz allein. Du hast wenigstens mich für den Anfang. Alle vierzehn Tage hast du frei, dann hole ich dich ab und wir gehen spazieren oder Apfelwein trinken oder sogar tanzen. Kannst du überhaupt tanzen?«

Elisabetha schüttelt stumm den Kopf.

»Egal, dann bring ich's dir bei. Du kannst Geld sparen. Kein Grund, alles nach Hause zu schicken, hörst du? Und wenn du Glück hast, findet sich auch bald ein fescher junger Mann ... Aber wirf dich nicht weg, die Kerle nutzen es aus, wenn sie merken, dass ein Mädchen keine Erfahrung hat! Komm jetzt, die Adlers erwarten uns.«

Sie nimmt Elisabetha bei der Hand und zieht sie hinter sich her, bis das Mädchen sich fasst und folgsam neben ihr hertrottet. Sie gehen die Kronprinzenstraße hinunter, folgen der Weißfrauenstraße bis zur Münzgasse und sind bald mittendrin in der Frankfurter Altstadt mit ihren uralten Fachwerkhäusern, den engen, dunklen Gassen, den vielen kleinen Geschäften, Kneipen und Cafés, den Brunnen und kleinen Plätzen, den Händlern und Herumtreibern, den vielen Kindern und den geschminkten Frauen, die allein oder auch zu zweit in manch einem Hauseingang stehen.

An der Tür eines Hauses, in dem sich im Erdgeschoss ein Gold- und Silberwarengeschäft befindet, klingelt Eva. Gleich darauf erscheint eine gutmütig aussehende ältere Frau.

»Ach du meine Güte, was haben wir denn da für ein Püppchen!«, ruft Frau Adler, als sie Elisabetha sieht. »Komm rein, komm rein, du kleines zartes Ding. Recha!«, ruft sie nach oben. »Das Mädchen ist da!«

Elisabetha bekommt als Erstes ein neues Kleid und eine reine weiße Schürze. Sie erfährt, dass es eine Magd für die Wäsche gibt und eine Putzfrau. »Du kümmerst dich um meinen Vater«, erklärt Recha ihr. »Er ist alt und krank und kann fast nichts mehr alleine machen. Zeig mal deine Hände.« Elisabetha erschrickt. Schon Hiebe, noch bevor sie irgendetwas getan hat? »Na, wird's bald?«, sagt Recha. Zögernd streckt das Mädchen die Hände vor. Sie sind kräftig, voller Schwielen, mit starken Handgelenken – ein seltsamer Kontrast zu ihrem kleinen Körper. »Du kannst also arbeiten«, bemerkt ihre neue Herrin zufrieden. »Um sechs Uhr wird aufgestanden, aber wenn mein Vater dich nachts braucht, musst du zu ihm gehen. Er hat eine Glocke, die in deinem Zimmer läutet. Alle zwei Wochen hast du Sonntagnachmittag frei. Dein Essen bekommst du in der Küche, deinen Lohn erhältst du wöchentlich. Für Kleidung, Schuhe, Kost und Logis sorgen wir. Wenn du fleißig, brav und ehrlich bist, bekommst du nach einem Jahr mehr Geld. An den Tagen, an denen wir Gäste haben, wirst du ihnen die Tür öffnen, sie mit einem Knicks begrüßen, ihnen Hut und Mantel abnehmen und sie in den Salon führen.« Recha lächelt. »Von manchen kannst du ein kleines Trinkgeld erwarten, wenn du anstellig bist.«

Nicht, dass sich Elisabetha auch nur die Hälfte dessen hat merken können, was Recha Adler ihr erklärt hat. Als sie abends allein in ihrer winzigen Kammer ist, betet sie einen Rosenkranz und weint dann die ganze Nacht. Anfangs macht sie viele Fehler, doch sie wird nur ermahnt, nicht geschlagen. Aber der alte Herr, den sie pflegt, mag das kleine Fräulein. Elisabetha lernt schnell, ist freundlich und dankbar. Bald geht sie auf den Pfiff, denn außer nachts hat sich Mordechai Adler angewöhnt, nach ihr zu pfeifen, wenn er sie braucht. Wenn sie dann kommt, sagt er oft zu ihr: »Kleine, hol mir doch ein halbes Bierchen.« Das hat ihr Recha, die im Haus für die Dienstboten zuständig ist, strengstens verboten. »Nein, Herr Adler, das darf ich doch nicht«, flüstert Elisabetha und schaut zu Boden. Es ist längst ein Spiel zwischen ihnen geworden, er bettelt, er droht, er fleht sie an, und sie bekommt Mitleid und rennt fort, um ihm eine helle Halbe aus dem Wirtshaus zu holen. Der Mann stirbt ja sowieso, warum soll er nicht noch ein Bierchen trinken, denkt sie, um ihr Gewissen zu beruhigen.

An ihren freien Sonntagnachmittagen holt Eva sie ab. Manchmal ist auch ihr Bruder Ludwig dabei, den sie besonders gern hat. Er ist Oberkellner im Dom-Hotel in Wiesbaden, verdient gut und lädt seine Schwestern zu Kaffee und Kuchen ein. Franz, der Älteste, ist auch ab und zu mit von der Partie. »Wenn ich genug Geld gespart habe, gehe ich auf ein Schiff und fahre nach Amerika«, verkündet er stets. »Dort werde ich Millionär!« Tatsächlich wandert er bald nach seiner Hochzeit um das Jahr 1908 in die USA aus, doch zu Reichtum ist er dort nicht gekommen.

Ludwig Schader, Oberkellner im Dom-Hotel in Wiesbaden

So hart die Arbeit für Elisabetha auch ist, so eng ist die Bindung, die im Laufe der Zeit zwischen den Adlers und ihrem kleinen Dienstmädchen entsteht. Eva hat mit ihrer Vermittlung einen Volltreffer gelandet. Elisabetha bleibt fast zehn Jahre bei der Familie und ist schon fünfundzwanzig Jahre alt, als sich zum ersten Mal ein Mann für sie interessiert.

Johann Schäfer, mein Urgroßvater, ist der Sohn des Frankfurter Schlossergesellen Jeremias Franz Schäfer, seine Mutter, geborene Kesberg, stammt aus Budenheim und ist die Tochter des Großherzoglichen Hessischen Forstschützen Karl Kesberg, der 1876 auf dem Leniaberg ums Leben gekommen ist. Heute noch erinnert ein Denkmal dort an ihn, ein marmorner Baumstumpf, kaum sichtbar unter dem wuchernden Gestrüpp. Dieser Karl Kesberg hat es als Einziger in der Familie zu etwas gebracht, und Johann Schäfer erzählt bei jeder Gelegenheit von ihm. Johann ist ein Jahr älter als Elisabetha, zierlich mit auffallend länglichem Kopf, Grübchen im Kinn, rötlich-blondem Haar und blauen, melancholischen Augen. Er versucht, seiner kleinen Statur durch einen modischen, an den Enden aufgezwirbelten Schnurrbart mehr Würde zu verleihen. Mit seiner Mutter wohnt er in der Alten Mainzergasse 32; sein Vater ist verstorben, er selbst hat eine kaufmännische Lehre abgebrochen und arbeitet jetzt als Verwalter in einem Fliesenlager.

Ich frage mich, ob sich Elisabetha in ihn verliebt hat? Oder ob sie nur froh ist, dass ihr überhaupt jemand den Hof macht? Dienstmädchen sein ist kein schöner Job, selbst bei einer »guten Herrschaft« wie den Adlers. Achtzehnstundentag, schäbige Unterkunft, immer den Launen der höhergestellten Dienstboten und der Hausfrau ausgeliefert, zwei Mal im Monat einen halben Tag frei, Resteaufessenmüssen und, wenn das Mädchen Pech hat, ein Sohn des Hauses oder auch der Hausherr, der zudringlich wird. Elisabethas Schicksal teilen um 1900 etwa 1,2 Millionen Frauen. Kein Wunder, dass jede von ihnen darauf hofft, einen Mann zu finden, der Arbeit hat und sie heiratet, wenn sie schwanger wird. Ich vermute allerdings, dass sich meine Urgroßmutter im Laufe ihrer Ehe oft gewünscht hat, bei den Adlers geblieben und mit ihnen nach der Machtübernahme der Nazis ausgewandert zu sein, denn Johann Schäfer, den sie 1909 heiratet, erweist sich keineswegs als Glückstreffer.

Die wenigen Unterlagen, die 1944 in den Frankfurter Archiven nicht verbrannt sind, ergeben, dass die beiden eine erste gemeinsame Wohnung in der Gelnhäuser Gasse 15 beziehen, nach Aussage meiner Oma direkt über einer Kneipe. Schon in den Achtzigerjahren hatte ich mich mit der Geschichte der Frankfurter Altstadt beschäftigt und wusste, dass diese Gegend zusammen mit den benachbarten Sträßchen Johannitergasse, Steingasse und Graubengasse zu den ärmsten und verrufensten Vierteln der ohnehin heruntergekommenen Frankfurter Altstadt gehörte. Die Gassen waren eng, wenn auch gepflastert und mit schmalen Bürgersteigen versehen, und die teils verputzten Fachwerkhäuser wurden von den Hausbesitzern nicht mehr gepflegt. Viele Wohnungen wurden an Huren vermietet, weil diese gut zahlten und ihr Domizil einigermaßen instandhielten. Immer wieder gab es Anzeigen gegen solche Vermieter, die sich jedoch meist mit der Polizei arrangierten.

»Da unten war die Gastwirtschaft, und es hat so gestunken aus der Latrine im Hinterhof, ich musste mich ständig übergeben«, erzählte meine Urgroßmutter. Elisabethas erste Tochter, Margarethe, wird am 8. Mai 1910 in dieser Wohnung geboren. Erst drei Jahre später, im Februar 1913, kann die kleine Familie endlich umziehen – in die Bethmannstraße 34, am Rand des mittelalterlichen Stadtkerns, der seit hundert Jahren immer mehr verkommt. Viele der besser situierten Bewohner und Gewerbetreibenden sind ins schicke neue Bahnhofsviertel, ins Westend oder in die neu eingemeindeten Stadtteile an der Peripherie gezogen. An ihrer Stelle drängen immer mehr arme Leute in die Altstadt. Sie haben mal Arbeit und mal keine, und sie ziehen ihre Kinder in immer kleineren Wohneinheiten auf. Viele der »Altstadtkinder«, wie sie im Volksmund heißen, sind unterernährt, ein Drittel leidet an Tuberkulose, Rachitis ist weitverbreitet. Trotzdem stellt die Adresse für Elisabetha und Johann eine Verbesserung dar. Die neue Wohnung liegt im zweiten Stock, zum großen Hinterhof hinaus. Nur das Umfeld der hellen, breiten Bethmannstraße, durch die auch zwei Straßenbahnlinien fahren, ist ebenso desolat wie Gelnhäuser- und Johannitergasse. Besonders in der Schüppengasse, fast lichtlos, mit halb verfallenen Häusern, aber auch in der Goldfeder-, Rotkreuz- und Citronengasse befinden sich zahllose Absteigen, die an Dirnen vermietet werden. »Immer hat der Vater mit den Menschern rumgemacht«, höre ich meine Oma Elise oft voller Wut sagen. »Wenn die Mama Geld verdient hatte, hat er's ihr abgenommen und ist zwei Häuser weiter gegangen. Und wenn sie ihm dann Vorwürfe gemacht hat, dann hat er sie geschlagen. Der hatte einen schlechten Charakter, und wenn die Recha, also die Frau Adler, mal gekommen ist, hat sie der Mama Geld gegeben und gesagt: ›Versteck's vor deinem Mann.‹«

Elisabetha ist keine schwache Frau. Sie ist klein, aber zäh, spart, lässt anschreiben, erträgt die Seitensprünge und die Schläge ihres Mannes, rappelt sich nach ihren häufigen Fehlgeburten immer wieder auf. Ein Foto zeigt sie um 1915 mit ihren beiden kleinen Töchtern; vielleicht hat Johann das

Elisabetha Schäfer mit den Töchtern Gretel und Elise

Bild im Feld dabei gehabt, denn es ist ziemlich ramponiert, wenn auch zumindest die Gesichter der Porträtierten gut erhalten sind und durch die Schärfe der alten Schwarz-Weiß-Technik einen guten Eindruck der Dargestellten vermitteln. Elisabetha ist jetzt Anfang dreißig, und die fast brutale Kraft, mit der sie ihre an harte Arbeit gewöhnten Finger in den Arm der kleinen Elise drückt, verrät, dass sie keine sanfte Mutter ist. Margarethe, die ältere Schwester, die nur Gretel gerufen wird, schaut selbstbewusst, fast herausfordernd in die Kamera. Elise ist noch zu klein, um wirklich zu begreifen, was das alles soll. Wenn ihre Mutter sie nicht mit Nachdruck festhalten würde, dann wäre sie vermutlich längst davongerannt, um irgendwo in Ruhe mit ihrer Puppe zu spielen. Das Kleidchen, das sie trägt, ist ein abgelegtes von ihrer Schwester; die kleine Puppe hat Onkel Ludwig ihr geschenkt, der mittlerweile vom Oberkellner zum Teilhaber des Dom-Hotels in Wiesbaden aufgestiegen ist.

3. Brachland

Frankfurt, Februar 2011. Das Stakkato der Presslufthämmer. Nasse, unentschlossene Schneeflocken. Der Geruch von Ziegelstaub, der aus den toten Fensterhöhlen des ehemaligen Gesundheitsamtes in der Braubachstraße dringt. Gegenüber klafft in der Häuserzeile ein riesiges Loch, und dahinter schauen die großen Eulenaugen des Doms auf die Brache, die der kürzlich erfolgte Abriss des Technischen Rathauses aus den Siebzigerjahren hinterlassen hat. »Fast im Jahrestakt steigen und fallen die Bauten«, hatte neulich ein Journalist geschrieben. »Ein Stück Altstadt wiedergewinnen«, hieß es von der einen Seite. Die andere beharrte darauf, dass alles offen bleiben müsse für die Moderne. Herausgekommen war nun ein fauler Kompromiss – Rekonstruktion einiger mittelalterlicher Prachtexemplare, wie man es in den Achtzigerjahren mit der Häuserzeile auf dem Römer gemacht hatte. Historisierende Neuschöpfungen ihnen benachbart, mit modernem Innenleben, damit sich die groß gewachsenen Leute von heute nicht in winzigen, niedrigen Räumen die Köpfe an den Eichenbalken stießen.

Als ich ein Kind gewesen war, gab es in der kriegszerstörten Stadt noch viele Häuserleichen, die uns Vorübereilenden das Innenleben ihrer ehemaligen Stockwerke preisgaben. Reste von Treppen waren zu sehen, alte, teils herabhängende Tapeten, und ich erinnerte mich gut an die rosa oder pastellgrüne Ölfarbe, mit denen die ehemaligen Nassräume gestrichen waren. Nun besaßen sie keinen Fußboden mehr, aber abgebrochene dicke Rohre ragten aus den Wänden, und ab und zu hing da noch eine Kloschüssel in der Luft.

»Das war der Krieg«, sagte meine Mutter. »Alles war kaputt.« Wenn wir an dem großen Bretterzaun auf dem Opernplatz vorbeikamen, fragte ich, was dahinter verborgen sei. »Hier war mal die Alte Oper«, bekam ich zur Antwort, aber über den Zaun gucken durfte ich nie, er war viel zu hoch. Jahrelang fragte ich mich, was das wohl für ein Gebäude war, von dem alle so ehrfürchtig sprachen. Als dann der Prachtbau wieder stand, hatte er für mich jeden Reiz verloren. In einer Stadt, die sich jedes Jahr neu erschuf, zwischen den Glastürmen der Deutschen Bank, dem – mittlerweile längst abgerissenen – Zürich-Hochhaus, einem Wohnviertel aus den Sechzigerjahren und drei, vier übrig gebliebenen Renommierbauten aus der Gründerzeit, erschien mir der großbürgerliche Kulturpalast wie ein Ufo aus der Vergangenheit, das hier gelandet war, um uns zu verhöhnen.

Frankfurt veränderte sich in einer Geschwindigkeit, die abstumpfte. Jahrelang war ich deshalb ein blinder Flaneur gewesen, doch seit ich meine Reise in die Erinnerung angetreten hatte, riss mir die Geschichte meiner Großmutter die Augen auf; ich war gezwungen hinzuschauen.

Auf dem Weg in die Vergangenheit entdeckte ich zunächst vor allem die Moderne. In der Braubachstraße, kurz vor der Kreuzung Neue Kräme, rechts ein hübsches Café. Japanisch. Es duftete nach frischem Gebäck, drinnen spielte jemand einen Walzer von Chopin. Durchs Fenster sah ich ein altes Klavier, dessen Tasten sich von allein hoben und senkten. Die beiden Japanerinnen hinter der Theke waren jung und sehr schön und trugen weiße, lange Schürzen. Ich passierte den weiten Platz vor der Paulskirche. Große, leere Flächen machen Frankfurtern Angst. Jüngst hatte der Planungsdezernent von einer »räumlichen Fassung der Neuen Kräme auf ihrer Westseite«, also einer »Verkleinerung des Paulsplatzes« gesprochen. Ich hatte den Text drei Mal lesen müssen, um zu begreifen, was der Leiter des Planungsamtes damit meinte: zubauen. Wahrscheinlich litt auch er unter Agoraphobie.

Ich folgte geradeaus der Bethmannstraße, bis vor zur Einmündung in die Berliner Straße. Dort drehte ich mich um. Es gab hier nichts mehr zu sehen. Schüppengasse, Goldfedergasse, Citronengasse waren überbaut von einem monströsen, abweisenden Block aus den Fünfzigerjahren. Die Fenster waren dreckig, das Gebäude menschenleer. Das musste der Bundesrechnungshof sein. Neulich hatte ich einen Bericht darüber gesehen. Ein Luxushotel war geplant. Wenn sich ein Investor fand. Aus den Zimmern des Hotels konnten die Gäste dann direkt in den schwarzen Schlund des Tunnels in der Verlängerung der Berliner Straße gucken, der im Sekundentakt Autos verschlang.

Neben dem Computerausdruck eines Stadtplans von 1935 hatte ich noch ein Foto dabei, das ich kürzlich im Internet gefunden und das mich sehr berührt hatte. Bethmannstraße 1946. Helles Licht, es muss um die Mittagszeit sein, denn der Mann und der Handkarren im Vordergrund werfen kurze Schatten. Der Mann steht mitten auf der Straße, hat dem Betrachter den Rücken zugewandt, den linken Arm in die Hüfte gestützt. Mit der rechten Hand kratzt er sich hinterm Ohr, während er auf die weite Trümmerlandschaft schaut. Der Bürgersteig ist noch intakt, dahinter erstreckt sich mit Gras und niedrigen Büschen überwachsenes Brachland, ehe die ersten Mauerreste in den Sommerhimmel ragen. Auf dem Bürgersteig steht ein zweiter Mann; er wendet mir ebenfalls den Rücken zu, blickt aber nicht auf die Ruinen, sondern liest in aller Seelenruhe Zeitung. Es ist ein Bild der Stille, des Innehaltens, der Leere, und ich hatte das Gefühl, es schon lange zu kennen. Durch die Erzählungen meiner Urgroßmutter trug ich dieses und andere Bilder der zerstörten Stadt seit meiner Kindheit in mir; es kam mir vor, als sei ich dabei gewesen, als 1944 die großen Bombenangriffe geflogen wurden, obwohl ich, 1961 geboren, die Stadt erst wirklich kennengelernt hatte, als die Lücken zum größten Teil längst wieder geschlossen waren.

Ich ging die Bethmannstraße ein Stück zurück, links neben mir die Pfeiler, auf die der Architekt den schmutziggelben Betonkasten aufgebockt hatte. Gras vergilbte zwischen Waschbetonplatten, und es zog. Hier irgendwo war die Nummer 34 gewesen, hatte das Haus gestanden, in dem meine Vorfahren gewohnt hatten. Zwei Erwachsene, fünf Kinder zum Schluss, in einer Zweizimmerwohnung. Klo im Hof. Es gab eine Wohnküche, die aber mehr lang war als breit, und in die gerade mal ein Kohlenofen als Herd und Heizung, ein Spülstein, zwei Küchenschränkchen sowie ein Esstisch passten. Tageslicht gab es nur in den beiden Schlafzimmern; sie hatten Fenster zum Hof. Kleine Durchbrüche in der Wand zur Küche und ausgehängte Türen waren tagsüber die einzigen Lichtquellen in diesem Raum, in dem sich das Leben Elises, ihrer Eltern und Geschwister abspielte.

Ich schaute noch einmal auf meine Stadtplankopie, an der ich mich versucht hatte zu orientieren und die die Schneeflocken mittlerweile in ein fast unleserliches Gekleckse verwandelt hatten. Dann warf ich einen letzten Blick auf den Gebäudekomplex links von mir. Es fiel mir schwer, mir hier die alte Häuserzeile mit ihren Fachwerkgiebeln und dem unter Straßenniveau liegenden Bürgersteig vorzustellen, die ich von historischen Fotos kannte. Zwei Straßenbahnlinien waren hier durchgefahren, dort, wo die Bethmannstraße eine Kurve machte und nach oben abbog zur Kaiserstraße, hatten Kastanienbäume gestanden. Doch anders als für die Ruinen, von denen mir so oft erzählt worden war, bekam ich hier vor Ort kaum ein Gefühl für die Stadt vor neunzig Jahren, weil mir dafür die sonst so bilderreichen Erinnerungen meiner Großmütter fehlten. Nur eines vermochte ich vor mir zu sehen: die kleine Elise und ihre Schwester Gretel hinten am Hoffenster. Laute Stimmen, Schüsse, fremde Männer, die über die Dächer klettern, Angst in den Augen. Es sind Spartakisten, und sie sind auf der Flucht vor der Polizei. Als sie die Kinder entdecken, rufen sie ihnen zu: »Verratet uns nicht. Bitte, bitte verratet uns nicht!«

Ich zerknüllte das feuchte Papier in meiner Hand und warf es in einen Mülleimer. Keine Fassade mehr, kein Geräusch, kein Geruch, die meiner Fantasie auf die Sprünge helfen konnten. Nur der Schnee, der immer noch nass und unentschlossen fiel, wies vielleicht Ähnlichkeit auf mit dem Schnee, der am 17. Dezember 1913 gefallen sein mochte, jenem Tag, an dem meine Großmutter in der Bethmannstraße 34 zur Welt gekommen war.

4. Kinderland

Z audumm!« Elise klatscht die Nachmittagsausgabe des
Frankfurter Generalanzeigers auf den Tresen des Fri-
seurladens in der Großen Friedberger Straße. Lachend rennt
sie wieder nach draußen, wo ihre Mutter den Kinderwagen,
in dem Adolf liegt, das neue Baby, schon ein paar Häuser
weitergeschoben hat. Unten im Wagen stapeln sich die
druckfrischen Zeitungen, auf dem Titelblatt heute ganz
groß: »Reichsregierung zurückgetreten! Nationalversamm-
lung beugt sich dem Friedensdiktat der Westmächte. Das
Elsass verloren!« Elise reißt die nächste Ladentür auf und
knallt die Zeitung auf den Ladentisch. »Zaudumm!«

Die Straße ist ihr Spielgeländ, und sie trägt im Gegensatz
zu ihrer älteren Schwester Gretel Hosen, die eine Schneiderin, die regelmäßig in die Familie kommt, aus einem alten
Anzug des verstorbenen Mordechai Adler genäht hat.
Wenn Elise mittags aus der Schule kommt, wird gegessen,
dann heißt es: auf in die Schillerstraße, zum Verlagsgebäude
des Generalanzeigers, den Kinderwagen vollpacken und das
Revier abarbeiten. Ein gutes, ein großes Revier, über die
ganze Zeil hinauf bis zur Seilerstraße.

An diesem Tag jedoch spürt sie, dass ihre Mutter unruhig
ist. Irgendwann sagt Elisabetha zu ihrer Tochter Gretel: »Ihr
müsst mal allein weitermachen, ich muss heim und was
gucken.« Gretel ist schon neun Jahre alt, ein ruhiges, in sich
gekehrtes Mädchen, schmal und immer darauf bedacht, sich
ihre Schwester Liesel, wie Elise gerufen wird, vom Leib zu
halten. Wortlos schiebt sie den Wagen weiter; sie wirft
kaum einen Blick auf das schlafende Baby, und nur wenn

die sechsjährige Liesel nicht weiß, welcher Hauseingang, welcher Laden als Nächstes drankommt, gibt sie knappe Anweisungen. Dass die Mutter nicht da ist, bedeutet: hinterher kein Besuch bei der Fleischbank in der Braubachstraße, keine Wurstschnippel, keine Belohnung für die Mühe.

Als die Kinder abends nach sieben fertig sind mit ihrer Tour und nach Hause gehen, schreit das Baby schon seit einer Stunde, die Windel ist voll, es stinkt, und die Schwestern haben sich gestritten, weil Liesel unbedingt noch zur Fleischbank will. »Wir haben doch Geld«, quengelt sie. »Du hast doch bei denen da oben kassiert! Ich will ein Stück Fleischwurst. Ich will, ich will, ich will!« Gretel scheuert ihr eine. Jetzt heulen Liesel und Adolf um die Wette.

Zu Hause herrscht dicke Luft. Johann sitzt mit finsterer Miene am Tisch und raucht eine Zigarre. Die Mutter hat geweint. »Ab in euer Zimmer«, befiehlt sie den beiden Mädchen und nimmt Gretel den brüllenden Säugling ab, um ihn zu stillen, ehe sie ihn wickelt.

Was ist passiert?

Meine Großmutter erzählt: »Der Vater hat ein Verhältnis gehabt mit der Schneiderin, und die Mama ist heim und hat die beiden zusammen im Bett erwischt. Immer, wenn wir Zeitungtragen waren, kam die und hat mit ihm rumgemacht. Danach war aber Schluss.«

Während Johann Kriegsdienst leistete, irgendwo an der Westfront als Telefonist, war Ruhe zu Hause gewesen. Vier Jahre lang ein halbwegs stressfreies Leben, weniger Schläge, weniger Gebrüll, und Elisabetha erholte sich von der schweren Geburt ihres zweiten Kindes. Ihre Schwester Eva hatte ihr 1916 den Tipp mit dem Generalanzeiger gegeben, und so kam wenigstens ein bisschen Geld ins Haus. Jetzt hockt der Hausherr arbeitslos zu Hause, pafft seine Zigarren, wütet, wenn ihm etwas querkommt, und erzählt, wie toll es im Krieg gewesen ist.

Die Fotos im Familienalbum sprechen eine deutliche Sprache. Stolz sitzt der Telefonist und Pionier der Zweiten Division an seinem Schreibtisch, den schweren Telefonhörer am Ohr, im Hintergrund das Steckbrett für die Verbindungen. Es ist eines jener kleinen, scharfen Schwarz-Weiß-Fotos, die mit einer Faltkamera aufgenommen wurden, die viele Soldaten im Feld dabeihatten. Der Fotograf hat es signiert, und hintendrauf hat Johann Schäfer in seiner akkuraten Handschrift notiert: »Zur Erinnerung an meinen Telefondienst im Weltkrieg am 1. Januar 1917«. Auf einem weiteren Bild posiert er im gleichen Jahr neben einem Kameraden, den seine Armbinde als Sanitäter ausweist. Beide haben lässig den Daumen in den breiten Uniformgürtel gehakt. Johann ist nur ein einfacher Soldat, trägt keine Rangabzeichen, seine Uniform, seine Stiefel sind schäbig. Trotzdem – dabei sein ist alles, und als der Krieg verloren ist, haben die anderen Schuld. Er schimpft auf die Republik, auf die Roten, auf die Verräter und auf die Juden, und ist damit nicht allein.

Ich habe keine Erinnerung mehr an ihn, aber mir wurde berichtet, dass er ein herrschsüchtiger, gewalttätiger Mann gewesen sei, der ständig fremdging und Kinder, besonders seinen Enkel – meinen Vater –, hasste. Erst als ich geboren wurde, sei er vor Rührung und Zuneigung zerflossen, erzählte mir meine Großmutter. »Dich hat er geliebt!«, sagte sie oft mit der ihr eigenen Emphase, Betonung auf »geliebt!«. Immer habe er mich auf dem Schoß halten wollen. Doch anstatt mir mit dieser Information etwas Gutes zu tun, bewirkte sie, dass ich mich in einer Mischung aus schlechtem Gewissen meinem Vater gegenüber, den er nicht

Johann Schäfer und ein Sanitäter im Ersten Weltkrieg

gemocht hatte, und peinlicher Berührtheit ob der körperlichen Nähe, gegen die ich mich als Kleinkind ja nicht wehren konnte, noch posthum vor ihm ekelte.

Meine Großmutter leistete also Kinderarbeit, jeden Tag nach der Schule bis zum Abendbrot. Später, als sie älter war, schickte ihre Mutter sie auch zum Kassieren. Liesel kannte ja alle Abonnenten, und die waren oft säumig. Immer wieder musste meine Uroma die Treppen rauf, klingeln, nachfragen, sich vertrösten und wegschicken lassen. Einmal, da hat sie schon vierzig Mark zusammen, tut sie sie in eine Streichholzschachtel, gibt sie ihrer Tochter und schickt sie los zum Geldeintreiben. »Wenn du fertig bist, bringst du das Geld auf den Generalanzeiger«, sagt sie zu Liesel. Die, mit ihren zehn oder elf Jahren, rennt los, pflichteifrig, aber irgendwann greift sie in ihre Tasche und findet die Streichholzschachtel. So was Blödes, warum hab ich denn 'ne Streichholzschachtel?, denkt sie und wirft das Ding in den nächsten Abfluss.

»Da hab ich vierzig Mark in den Gully geschmissen! Stell dir das mal vor!«

Ich kann die Stimme meiner Großmutter noch hören, wie sie das sagte. Sie wusste, wie man einen Spannungsbogen herstellt und eine Pointe setzt. Dabei ließ sie ihre Stimme aus den tieferen Lagen aufsteigen, gestaltete jeden Satz in Koloraturen, endete in einem Tremolo und setzte als finalen Punkt oft ein triumphierendes Lachen, zwei Töne nur – ein schräger Tusch. Ihre Ausdrucksmöglichkeiten und ihr Stimmumfang waren bereits in ihrer Sprechstimme groß, und wirklich besaß sie auch eine ausgezeichnete Gesangsstimme, hell und klar. »Die hat sich fast aufgehängt, unsere Mutter. Das war ja wahnsinnig viel Geld! Oh Gott, ich denk noch dran, wie ich heimgekommen bin. Sie hat mich nicht geschlagen! Ich hab so geweint.«

Zum Ausgleich für ihren Arbeitstag verabschiedet sich Liesel nach dem Abendessen immer noch einmal nach draußen, verbotenerweise. »Ich muss noch mal aufs Klo«, ist ihr Standardspruch, und dann geht es ab auf die Kastanienbäume »an unserem Plätzchen«. Ob sie sich da mit Nachbarskindern getroffen hat? Oder ob es ein Vergnügen ist, das sie, die kleine Hosenträgerin, ganz allein für sich genießt? Wenn er sie erwischt, droht ihr Vater: »Das war das letzte Mal, sonst schlag ich dich tot!« Trotzdem lässt sie sich nicht davon abhalten, bis die Hosen durchgewetzt sind und sie ein neues Lieblingsspiel gefunden hat.

Ich empfand meine Großmutter immer als Solitär, sie trug das Kinn hoch – mir kann keiner. »Ich war gut«, hat sie oft gesagt. »Sehr gut. Ich war ein Saumensch. Aber gut.« Und sie war sich selbst genug. Als Kind muss sie vor Energie und Einfällen fast geplatzt sein. Sie war beweglich, wagemutig und wild. So wie ich immer gern gewesen wäre. Verglichen mit ihr war ich ein scheues, vorsichtiges, ja fast ängstliches Kind, das davon träumte, genauso gut Rollschuh rückwärts laufen zu können wie die Nachbarsmädchen oder mich genauso mit Felgaufschwung auf den Ast eines Kirschbaums schwingen zu können wie die beste Freundin. Was ich mit Elise gemein hatte, war, mir eigene Vergnügungen auszudenken, für die ich niemanden sonst brauchte. Doch während meine »Abenteuer« meist darin bestanden, stundenlang durchs Feld zu streifen und mir Geschichten auszudenken, erfand die kleine Liesel aufregendere Spiele.

1921 werden die Zwillinge Anna und Eva geboren. Unter dem Vorwand, die beiden ausfahren zu wollen, schiebt Liesel den Kinderwagen den Kornmarkt hoch, dreht um, wirft sich bäuchlings obendrauf und rollt die damals schon asphaltierte Straße hinunter. »Ich bin da runtergsaust wie eine Verrückte. Sonntags, weil wir da ja keine Zeitung tragen mussten. Immer wieder hab ich oben vom Kornmarkt runter Bauchplatscher gemacht. Das war mein größtes Vergnügen. Und mit den Füßen gebremst, sonst wär' ich ja unten mit dem Zwillingskinderwagen auf die Straßenbahnschienen gefahren. Aber die Leute, die kannten uns ja, die haben mich immer verpetzt. ›Die schmeißt Ihre Kinder tot, Frau Schäfer‹, haben die gerufen. Na ja, ab und zu hab ich halt mal umgeschmissen. Und irgendwann haben sie es mir dann verboten.«

Flugs findet sie einen Ausweg. Onkel Ludwig hat Gretel eine große Puppe mit Porzellankopf geschenkt, dazu einen Puppenwagen. Elise kann der Versuchung nicht widerstehen: »Ich hab heimlich die Puppe reingesetzt und bin rauf auf den Kornmarkt. Umgedreht und runtergesaust. Und umgekippt. Die Puppe kaputt. Aber ich war ja schlau, obwohl ich jünger war als die Gretel. Ich hab die Scherben zusammengesetzt und die Puppe bis obenhin zugedeckt. Zwei oder drei Tage hat niemand was bemerkt. Auf einmal schreit die Gretel: ›Meine Puppe, meine schöne Puppe! Die Sau! Meine schöne Puppe!‹ Da hab ich's vom Vater mit dem Rohrstock gekriegt. Aber ich habe keine Reue gehabt. Ich war neidisch. Habe mich zurückgesetzt gefühlt, weil mir der Onkel Ludwig nur so 'ne kleine Schlumpel geschenkt hatte. Natürlich wollte ich die Puppe nicht kaputt machen. Ich wollte ja auch nicht umschmeißen. Aber Reue hab ich nicht gehabt.«

Zwischen den beiden älteren Schwestern herrscht eine herzliche gegenseitige Abneigung. Gretel muss im Haushalt helfen, sich um die kleinen Geschwister kümmern. Liesel findet immer ein Schlupfloch, um sich zu verdrücken. Außerdem ist sie die bessere Schülerin, lernt schnell und leicht, hat Spaß am Kopfrechnen. Schule, Zeitungtragen, Herumstreifen. Alles Aktivitäten, die sie der bedrückenden Enge zu Hause und den Gewalttätigkeiten des Vaters entziehen. Als sie erfährt, dass ihre Schulklasse ausgewählt worden ist, eine Woche im Emma-von-Mumm'schen Schülerheim bei Johannisberg zu verbringen, ist sie Feuer und Flamme.

5. Landverschickung

Dreißig Frankfurter Altstadtkinder, sechs oder sieben Jahre alt, mangelernährt, schlecht gekleidet und blass, sollen sich im Emma-von-Mumm'schen Landschulheim Johannisberg bei Rüdesheim erholen. Liesel Schäfer ist eine von ihnen, aber obwohl ihre Kleidung geflickt ist, ist sie sauber, und sie hat auch kein Untergewicht, als sie von den evangelischen Nonnen im Kinderheim gewogen wird. Vom regelmäßigen Zeitungtragen und draußen Herumstreunen ist sie beweglich und kräftig. Blass ist sie wohl, aber das kommt von ihrem Typ – sie hat rötlich-braunes Haar, eine helle Haut und ein paar Sommersprossen.

Geschlafen hat sie gut in der ersten Nacht im großen Schlafsaal; am Morgen ist alles neu und aufregend, und sie vermisst ihre Familie kaum. Dass die Nonnen streng sind, macht ihr nichts aus. Auch ihre Mutter ist streng, und ihr Vater verschont niemanden in der Familie mit seinen gewalttätigen Ausbrüchen.

»Aufstellen zwei und zwei! Bildet eine Reihe! Wir gehen spazieren«, kommt nach dem Mittagessen das Kommando.

Endlich raus, denkt Liesel, sucht ihre Freundin Gerda und nimmt ihre Hand. Sie stellen sich in die Reihe, und los geht es im Gänsemarsch in den großen Park. Weit hinten kann sie das Mumm'sche Schloss sehen, und heimlich hofft sie, dass der Spaziergang sie in die Nähe führen wird. Dort wohnt eine Prinzessin, da ist sie ganz sicher, und es wäre doch herrlich, sie einmal zu sehen in ihrem schönen Kleid und mit ihrem Krönchen!

Ein Angestellter schiebt eine Schubkarre mit einem großen Sack über den Rasen.

»Anhalten!«, befiehlt eine der Schwestern.

Die Kinder bleiben stehen, neugierig, was jetzt wohl passiert.

Der Mann hebt den Sack aus der Schubkarre, stellt ihn auf die Wiese und öffnet ihn.

»Einzeln vortreten!«, kommt der nächste Befehl. »Jeder nimmt sich eine Birne. Aber nur eine!«

Folgsam geht ein Kind nach dem anderen zum Sack, greift hinein, holt sich eine Birne heraus und stellt sich wieder hinten an.

Endlich ist Liesel dran. Sie liebt Obst, besonders Birnen. Davon gibt es zu Hause immer viel zu wenig, und wenn, dann sind es kleine, holzige Früchte mit braunen Flecken, und manche sind, wenn man hineinbeißt, auch noch faul. Ein Blick in den Sack zeigt ihr, dass das hier nicht zu befürchten ist. Die Birnen sind groß, reif und sehen saftig aus. Liesel späht genau hin, wählt eine Frucht aus, verwirft sie wieder und greift sich schließlich die Birne, die ihr am einladendsten scheint. Begeistert schaut sie sie an und will zurück in die Reihe gehen.

Da trifft sie mit voller Wucht ein Schlag ins Gesicht.

Erschrocken lässt sie die Birne fallen und starrt die Nonne an, die ihr die Ohrfeige verpasst hat.

»Sofort gehst du aufs Zimmer!«, brüllt die Schwester sie an. »Und glaub nicht, dass du heute nochmal runterkommen wirst.«

Liesel fängt an zu weinen, die anderen Kinder tuscheln, ein paar lachen.

»Bist du noch nicht weg!«, herrscht die Frau sie an.

Schluchzend trollt sich das kleine Mädchen, begleitet von einer anderen Nonne. Liesel muss ins Bett, die Tür wird abgeschlossen, und sie bekommt den ganzen Tag nichts mehr zu essen. Ganz zu schweigen von der Birne, die man ihr selbstverständlich nicht gegeben hat.

»Alle anderen haben Birnen gegessen. Und ich hab doch so gern Birnen gemocht. Deshalb hab ich mir ja auch die dickste rausgeholt. Das war wohl unverschämt von mir. Die waren doch so vornehm. Die haben doch die Armut nie kennengelernt. Was es heißt, gierig zu sein, wenn du so was siehst. Das war eine Unverschämtheit von mir als Kind. Aber ich hab das damals natürlich nicht kapiert.«

Am anderen Morgen, als die Kinder geweckt werden, schreit die Schwester Liesel an: »Du hast ins Bett gemacht!«

Das Mädchen weint. Noch nie zuvor hat sie ins Bett gemacht. Weder sie noch ihre Geschwister sind Bettnässer. »Das muss mir jemand reingeschüttet haben«, verteidigt sie sich, was es in den Augen der Nonne nur noch schlimmer macht.

»Da hab ich dann den ganzen Tag in dem nassen Bett liegen müssen, und die ganze Nacht auch noch. Als ich dann wieder aufstehen durfte, bin ich von allen verstoßen worden. Ich hab nur noch geheult. Die waren so ekelhaft zu mir, diese dreckigen Schwestern. Und auch die anderen Kinder. Das hat mir so wehgetan.«

Kinderheime waren und sind kein Ort der Freude, und die Pädagogik war auch schon vor Johanna Haarer und ihrem faschistischen Erziehungsratgeber »Die deutsche Mutter und ihr erstes Kind« schwarz. Im feuchten Bett liegen zu müssen, weil ein Kind sich eingenässt hat, war auch zu meiner Zeit noch eine gängige Erziehungsmaßnahme.

Mein Kinderheim hieß »Hubertus«, war ein idyllisches Schwarzwaldhaus mit eigener Quelle und See, und es gab keine Schwestern in Ordenstracht, sondern Tante Trude und Tante Lore. Mehr als zehn bis zwölf Kinder waren nie dort untergebracht, und ich war Stammgast, weil ich oft an schwerer Angina litt und mir der Aufenthalt im Kindererholungsheim vom Arzt verschrieben wurde. Tante Trude war für den Haushalt zuständig, eine ältere, weißhaarige Frau, die nur wenig in Erscheinung trat. Tante Lore hatte dunkles Haar, war etwas jünger, drahtig und kompakt, und wenn ich an die beiden zurückdenke, stelle ich mir entweder zwei alt gewordene Lesben vor, die sich jetzt den Traum vom Zusammenleben und -arbeiten erfüllten, oder auch − im Falle Tante Lores − ein knackiges BDM-Mädel, das mit Begeisterung Arbeitsdienst in den neu eroberten Ostgebieten getan hatte. Jedenfalls wanderte sie mit uns jeden Tag bis zu vier Stunden, wir durften auf Felsen herumklettern, und zu Hause wurde oft gesungen. »Froh zu sein bedarf es wenig ...«

Ich war gern im Kinderheim Hubertus, und ich kann mich nicht daran erinnern, auch nur ein einziges Mal geweint zu haben, wenn meine Eltern mich abgeliefert hatten und wegfuhren. Heimweh kannte ich nicht.

Es gab einen geregelten Tagesablauf. Nach dem Frühstück wurde ein wenig gespielt, dann gewandert. Nach dem Mittagessen ging es zum Nickerchen in die kleinen Schlafsäle unter dem schrägen Schwarzwaldhausdach, danach durften wir raus, spielen. Was wir spielten, blieb uns überlassen. Rein ins Haus durften wir nicht. Selbst wenn wir klopften, machte uns niemand auf. Das Klo allerdings war drinnen. Wie es die anderen Kinder machten, wusste ich nicht. Ich jedenfalls hatte damit ein Problem, weil mir nie jemand beigebracht hatte, ganz einfach in die Büsche zu gehen, wenn ich mal musste. Wir bekamen nur zu den

Mahlzeiten etwas zu trinken, und abends nur sehr wenig, aber irgendwann trat ich unruhig von einem Bein aufs andere, und weil ich nicht rein durfte und keine Ahnung hatte, was ich tun sollte, und es nicht mehr einhalten konnte, machte ich in die Hose.

In dieser Nacht musste ich in meinen nassen Sachen schlafen und durfte den ganzen nächsten Tag nicht raus. Ich wurde geschimpft von den Tanten und ausgelacht von den anderen Kindern. Ich weiß nicht mehr, ob ich geweint habe. Aber geschämt habe ich mich entsetzlich. Die Tanten hatten ab da für mich etwas Bedrückendes, was durch einen anderen Vorfall noch verstärkt wurde. Neben mir saß ein kleiner Junge am Tisch, und entweder hatte er etwas Verdorbenes gegessen oder einfach einen Infekt, denn einmal erbrach er sich beim Mittagessen in seinen Teller. Tante Lore war äußerst zornig und befahl ihm, das Erbrochene aufzuessen. Das tat er nicht, und daher bekam er das Ganze abends noch mal vorgesetzt. Wie es schließlich ausging, das weiß ich nicht mehr.

Jetzt liegt der Ratgeber von Johanna Haarer neben mir auf dem Tisch, und ich kann nachlesen, dass man Kindern noch ganz andere Dinge antun sollte, damit sie ordentliche Menschen werden konnten. Mit ihrem Buch »Die deutsche Mutter und ihr erstes Kind« hatte die Lungenfachärztin und fanatische Nationalsozialistin Haarer in den Dreißigerjahren einen Bestseller gelandet, in dem Kinder als egoistische Monstren beschrieben wurden, deren Willen man so früh wie möglich brechen musste. Dazu dienten Schläge, Isolation, Erniedrigung. Und nach dem Krieg erlebte der Ratgeber, nun unter dem Titel »Die Mutter und ihr erstes Kind« und bereinigt von allzu offensichtlichem Nazi-Gedankengut, eine Auflage nach der anderen. In den Achtzigerjahren des vorigen Jahrhunderts erschien er dann endlich zum letzten Mal.

Aus diesem Buch erfuhr ich dann auch endlich, warum man Kinder, die ins Bett oder in die Hose machten, in ihren nassen Klamotten schlafen ließ oder ihnen das schmutzige Kleidungsstück sogar ins Gesicht drückte. Sie sollten sich ekeln vor ihren Exkrementen, sie sollten sich »nicht riechen können« und daher in Zukunft alles tun, damit es nicht noch einmal passierte. Mein Großvater mütterlicherseits kam jede Nacht ins Zimmer seines Sohnes – in dem auch meine Mutter, jünger als ihr Bruder, schlief –, und wenn der Kleine ins Bett gemacht hatte, was oft geschah, verprügelte er ihn an Ort und Stelle. Dabei war er eigentlich ein guter, wunderbarer Mensch, dazu streng katholisch und seinen Mitmenschen gegenüber eigentlich zur Liebe verpflichtet. Doch auch und gerade in der Kirche gab es jenes unselige Dogma, dass Schläge Kinder zu besseren Menschen machen. »Ich liebe dich, also schlage ich dich« – das predigen erzkonservative kirchliche Kreise heute noch. Was meine Mutter bei diesen nächtlichen »Liebesbezeugungen«, die sie ja jedes Mal mitbekam, empfunden haben muss, darüber will ich lieber gar nicht nachdenken.

Mit einem Jahr, so die gängige Meinung, die ich auch aus dem Mund meiner Groß- und Urgroßeltern hörte, solle ein Kind »sauber« sein. Kein Wunder, dass Generationen von Bettnässern heranwuchsen, ehe die 68er mit diesem Reinheits-Märchen Schluss machten und dafür neue, für die Kinder meist nicht viel weniger aufreibende Spielregeln erfanden.

Johannisberg war nicht die einzige Kinderlandverschickung, an der meine Großmutter teilnahm. Mit zwölf Jahren, also 1926, fährt sie mit ihrer Klasse nach Graal an der Ostsee.

Zum ersten Mal in ihrem Leben sieht sie das Meer. Das Schullandheim ist voller Kinder, auch aus Berlin. Liesel freundet sich vor allem mit Erich an, der ihr am langen Tisch beim Essen immer gegenübersitzt. »Ich hab so lachen müssen über den Erich, der konnte mit den Ohren wackeln. Erst hat er eine Grimasse geschnitten, dann hat er mit seinen großen Ohren hin- und hergewackelt. Wir haben so gelacht. Schön war's. Sehr schön.«

Sie fühlt sich wohl, ist anerkannt, hat Spaß. Doch kurz vor der Abreise passiert es. Abends im Schlafsaal turnt sie auf dem Bett herum, übermütig und selbst nach einem langen Tag am Meer noch voller Energie. An den Bettknäufen stemmt sie sich hoch und macht eine Kerze. Landet elegant, und alle Mädchen klatschen.

»Was ist denn hier los?« Die Schwester, die den Lärm gehört hat, betritt den Schlafsaal.

»Schauen Sie mal, was die Liesel kann!«, rufen die Kinder und erzählen ihr von dem Kunststück.

»Na, dann mach's halt noch mal«, fordert die Schwester das Mädchen auf.

Doch Liesel weigert sich. »Nein«, sagt sie. »Ich will nicht.«

Die Schwester lässt das nicht gelten. »Ich will nicht, gibt's hier nicht«, beharrt sie.

Einen Ausweg findet Liesel nicht. Ihr ist nicht klar, dass sie die Kraft nicht mehr hat. Alles, was sie weiß, ist, dass sie es nicht noch einmal machen will. Aber die Schwester lässt nicht locker, und Liesel gibt nach.

Gebannt schauen die Kinder zu, als sie sich aufschwingt und in die Kerze geht. Schon applaudieren die ersten, da rutscht Liesel ab, stürzt und knallt mit dem Kopf auf die Fliesen.

Sie ist zuerst bewusstlos, und als sie wieder zu sich kommt, spricht sie nicht mehr. Wahrscheinlich ist ein Arzt geholt worden, aber ins Krankenhaus bringt man sie nicht, vermutlich aus Kostengründen. Außerdem hat man wohl keine Lust, den Unfall an die große Glocke zu hängen.

Auf der Rückreise macht Liesel Station bei Lotte, einem Berliner Mädchen, mit dem sie sich angefreundet hat. Mit ihren Eltern lebt Lotte in einer großen Patrizierwohnung, und anscheinend kann sie damit umgehen, dass Liesel keinen Ton sagt. Einige Tage bleibt Liesel in Berlin, und ehe sie in den Zug nach Frankfurt gesetzt wird, nimmt Lotte ihre Freundin mit ins Kino. Es gibt einen Film mit Jackie Coogan: »Jackie, der kleine Lumpensammler«, und wie der nahezu gleichaltrige Jackie sich durchbeißt, ist Liesel sehr nah. Über seinen Kampf mit der Nudel lacht sie, bis es wehtut, und als ihm Joan Crawford in ihrer ersten Hauptrolle beibringt, Charleston zu tanzen, schaut sich Liesel jede Bewegung genau ab. Reden jedoch kann sie immer noch nicht, und sie weiß nur aus Lottes Bericht, was mit ihr passiert ist.

Am Bahnhof in Frankfurt wird sie von ihrer Mutter abgeholt. Als Elisabetha ihre Tochter erblickt, grün und blau im Gesicht, ruft sie entsetzt: »Um Gottes Willen, was habt ihr denn mit meinem Kind gemacht!« Niemand ist da, der ihr die Sache erklärt, der sich vielleicht sogar entschuldigt. Heute würde man die Institution auf Schadenersatz und Schmerzensgeld verklagen. Alle Mädchen haben schließlich gehört, wie die Schwester das Kind dazu angetrieben hat, den akrobatischen Unfug gegen seinen Willen noch einmal auszuführen. Die reichen Eltern von Lotte hätten sich vielleicht schon damals an einen Anwalt gewandt. Für arme Leute wie die Schäfers gibt es diese Möglichkeit nicht. Sie können froh sein, dass ihr Kind nicht gestorben ist oder einen bleibenden Schaden davongetragen hat. Zwar sagt Liesel auf dem ganzen Heimweg durch die Stadt kein Wort, aber zu Hause, inmitten ihrer Geschwister, im Ohr den vertrauten Frankfurter Dialekt, kommt die Sprache langsam wieder. Was genau geschehen ist, daran kann sie sich nicht erinnern. Ihr Sturz, ihr Koma, all dies weiß sie nur aus den Erzählungen anderer. Sie hat Glück, und nachdem die Hämatome verschwunden sind, bleibt von dem Unfall nichts zurück. Ihr Aufenthalt in Berlin, die große Wohnung von Lottes Eltern mit Teppichen und Stuck an der Decke, ihr erster Kinobesuch, Jackie Coogan, die Nudel, die schöne Joan Crawford und der Charleston hinterlassen jedoch einen bleibenden Eindruck.

6. Schwesterland

Zwischen ihrer drei Jahre älteren Schwester Gretel, ihrem verhätschelten Bruder Adolf und den 1921 gebo-renen Zwillingen Anna und Eva führt Liesel in den Zwanzi-gerjahren ein recht eigenständiges Leben. Während Gretel sich früh um den Haushalt und die kleineren Kinder küm-mern muss, weiß Liesel sich dem zu entziehen. Wenn ihr Vater ausnahmsweise gute Laune hat, spielt er mit ihr Mühle, weil sie die Einzige in der Familie ist, die das Brettspiel kapiert. Von ihren Geschwistern ist sie sowieso diejenige mit dem meisten Grips, den vielseitigsten Talenten und dem größten Selbstbewusstsein. Bei ihrer Kommunion mit etwa zwölf oder dreizehn Jahren, wie es damals üblich war, ist sie bereits ein molliger Teenager mit modischem Bubi-kopf, ein Haarschnitt, der ihre breiten Wangenknochen unvorteilhaft betont und ihr Gesicht fast derb wirken lässt. Da sie schnell auswendig lernt und Spaß am Deklamieren hat, zitiert ihre Lehrerin – die »Warzenkönigin«, wie sie von den Mädchen wegen ihrer vielen Warzen im Gesicht respektlos genannt wird – sie oft vor die Klasse und lässt sie Platens Gedicht über den Gotenkönig Alarich oder Schillers Glocke aufsagen.

Beim Schulfest spielt sie in einem Sketch mit. Stolz erzählte sie mir: »Ich war die große Unbekannte, durfte kein Wort sagen. Immer wieder haben sie mich gefragt: ›Wie heißt du? Woher kommst du?‹ Ich habe eisern geschwiegen. Dann haben sie's auf Englisch versucht, auf Französisch, auf Spanisch. Nichts hab ich gesagt. Zum Schluss hieß es: ›Jetzt wollen wir mal einen Bauern holen.‹

Elise Schäfer an ihrer Kommunion 1926

Und als der dann kam, hat der mich gefragt: ›No, Liesel, wolle mer aaner trinke?‹ Und da hab ich ganz laut gesagt: ›Jo, Hannes!‹ Alles hat gelacht und geklatscht. Hinterher hab ich in unserer Bude Brötchen verkauft und was zu trinken, und da sind die Leute gekommen und haben immer gerufen: ›Jo, Hannes!‹ Und alles hat gelacht.«

Auch den Charleston aus dem Film mit Jackie Coogan hat sie nicht vergessen. »Ich hatte das gesehen und mir abgeguckt, und als die Lehrerin einmal nicht da war, da hab ich zu denen in meiner Klasse gesagt: ›Ich zeig euch mal, wie man Charleston tanzt.‹ Da hab ich mich vorne hingestellt und denen vorgetanzt. In dem Moment kommt die Warzenkönigin rein und sieht das. ›Was machst du denn da!‹, hat die mich angebrüllt. Und ich sage: ›Ich hab denen mal einen Charleston vorgetanzt.‹ Da schreit sie mich an: ›Was fällt dir ein! Finger her!‹, und nimmt den spanischen Rohrstock und haut mir drei Mal über die rechte und drei Mal über die linke Hand. Danach habe ich sie nicht mehr angeguckt. Ich war doch ihr Liebling gewesen, weil ich so gut aufsagen konnte. Aber danach hab ich gemotzt. Wenn die gesagt hat: ›Komm vor und deklamier mal‹, hab ich gesagt: ›Ich kann das nicht.‹ ›Das hast du doch sonst immer gekonnt!‹, hat die gefaucht, aber ich war stur. ›Ich kann heute nicht sprechen‹, habe ich dann nur gesagt und mir gedacht, wenn sie mir eine Fünf gibt, ist mir das auch egal. Wie kann die mich mit vierzehn Jahren noch so strafen!«

Gretel ist zu dieser Zeit bereits in der Lehre bei einem Friseur in Frankfurt-Eckenheim; er ist ein gut aussehender Vierziger, der weit herumgekommen ist, in Straßburg, in Paris und London gearbeitet hat und regelmäßig bei Wettbewerben Preise holt. Das mit der Puppe hat Gretel ihrer Schwester nie verziehen, und sie lässt keine Gelegenheit aus, die Jüngere mit ihren Erfolgen als Modell zu piesacken. Stolz zeigt sie zu Hause zwei Fotos herum, auf denen sie schick gekleidet die neuesten Kreationen des Meisters präsentiert.

Eines Abends kommt er zu Besuch in der Bethmannstraße. Neugierig pflanzen sich Liesel, der neunjährige Adolf und die sieben Jahre alten Zwillinge in der Wohnküche auf, doch ihr Vater scheucht sie unter Androhung von Schlägen zurück in ihr Zimmer. Gretel hingegen darf bleiben. Sie steht mit gesenktem Kopf neben dem Tisch, aber ihre Demut ist nur Schein. Nebenan lauschen die Geschwister aufgeregt. Wenn sie auch nicht dabei sein dürfen, so können sie doch hören, was geschieht, denn es gibt in der Wohnung ja keine Türen, die man zumachen könnte. Alle wissen immer alles voneinander.

Kurz und knapp erklärt der Friseurmeister sein Anliegen. Gretel sei schwanger von ihm, er wolle sie heiraten.

Warum auch nicht? Sie hat ein hübsches Puppengesicht mit Kussmund, dunklen Augen und schönem, dunkelbraunem Haar, und der angejahrte Handwerksmeister denkt an die Geschäftsnachfolge. Das einzige »Problem«, erklärt er, sei seine Ehefrau Hermine, eine Französin, die er in Paris kennengelernt und in London geheiratet hatte. Eine Scheidung jedoch, sagt er, sei nicht nötig – er habe sich informiert: Diese in England geschlossene Ehe werde nach deutschem Recht nicht anerkannt.

Gretel hat den Blick mittlerweile gehoben und wirft triumphierende Blicke in Richtung Kinderzimmer, wo Elise, hin- und hergerissen zwischen Neid und Schadenfreude, um die Ecke lugt. Die Ältere triumphiert unverhohlen. Endlich raus aus dieser Enge, weg von den Schägen des Vaters, nie wieder arm sein. Einen eigenen Haushalt führen, geachtete Ehefrau sein. Mit achzehn Jahren wird Gretel Hausherrin in Eckenheim, und kurz nach ihrem neunzehnten Geburtstag wird ihre Tochter geboren. Ihr Mann wird mit zweiundvierzig Jahren das erste Mal Vater, aber es folgen noch drei Söhne, von denen zwei ebenfalls das Friseurhandwerk erlernen.

Erst Jahrzehnte später, als sie schon lange Witwe ist, wird Gretel ihrer Schwester erzählen, dass der Friseurmeister sie damals, als sie noch in die Lehre ging, gezwungen hat, ihm zu Willen zu sein.

Ich habe meine Tante Gretel erst kennengelernt, als sie eine alte, verbitterte Frau war, mit herabgezogenen Mundwinkeln und spöttischem Blick. Wann immer sie sprach, war es eine bissige Bemerkung, ein hämischer Kommentar. Dabei konnte sie durchaus witzig sein, allerdings nur auf Kosten anderer. Mein Vater bekam als Kind ihr gesamtes Repertoire an Sottisen zu hören. »Bankert« war davon noch die harmloseste. Ihre Tochter und ihre drei Söhne machten es ihr nach. Kein Wunder, dass meine Eltern diesen Zweig der Familie weitgehend mieden. Ich kannte eigentlich nur Tante Gretel und ihre älteste Tochter. Der Rest der Verwandtschaft war mir fremd. Als ich jedoch in den Achtzigerjahren einmal in einem archäologischen Seminar an der Frankfurter Uni saß, fiel mein Blick auf eine junge Frau, die mir gegenübersaß. Es war seltsam – ich hatte das Gefühl, ich sehe mich selbst, nur mit dunklem Haar, und ich musste sie immerzu anstarren. Erst Jahre später, bei einer Beerdigung, fand ich heraus, dass es sich bei dieser Frau um meine Cousine Jutta gehandelt hatte, eine Enkelin Tante Gretels.

Für meine Urgroßeltern sind die Umstände, unter denen ihre älteste Tochter einen Mann gefunden hatte, wohl zweitrangig gewesen. Wahrscheinlich hätten sie noch nicht einmal etwas gegen die Heirat einzuwenden gehabt, wenn sie die ganze Wahrheit erfahren hätten. Dass Gretels Ehemann über zwanzig Jahre älter war als seine zukünftige Frau, dass er seine langjährige Lebensgefährtin einfach rauswarf und sie mit zweitausend Mark abspeiste, interessierte sie nicht. Und dass er seine Macht- und Vertrauensstellung als Lehrherr ausgenutzt haben könnte – auf diese Idee zu kommen lag nahe, aber es wurde nie ausgesprochen. Die Vorteile überwogen, und Gretel war offensichtlich bereit, die Vergewaltigung zu vergessen, wenn sie dafür mit einem Ehering belohnt wurde.

Liesel ist nun die Älteste in der Bethmannstraße und hat die Volksschule nach der achten Klasse beendet. Einen Traumberuf hat sie nicht, und zunächst geht sie einfach Zeitungtragen mit ihrer Mutter. Da kommt das Angebot des Friseurmeisters, die Schwester seiner Frau in die Lehre zu nehmen. Liesel ist alles andere als begeistert, weil sie genau weiß, dass Gretel ihr das Leben sauer machen wird, aber sie hat keine Wahl. Es kommt wie erwartet.

Schon am ersten Tag macht Gretel ihr klar, dass sie hier ist, um ihr zur Hand zu gehen.

»Wann darf ich denn in den Salon?«, fragt Liesel.

»Wenn die Zeit dafür gekommen ist«, antwortet ihre Schwester.

Doch die Zeit kommt nicht. Liesel muss Fenster putzen, Vorhänge waschen, Gemüse schnippeln und die Treppe bohnern. »Die hat die Nase so hoch getragen, weil sie doch jetzt verheiratet war. Und ich musste schuften.«

Während ihre Schwester im Haus ist, achtet Gretel außerdem eifersüchtig darauf, dass Liesel nie mit dem Friseurmeister allein bleibt. »Dabei hatte ich doch überhaupt

Gretel Schäfer und ihr Friseurmeister 1928

kein Interesse an dem, der war ja uralt für mich. Aber die hat Angst gehabt, dass der sich an mich ranmacht.«

Nach drei Wochen hat Liesel die Nase voll. Als sie nach der Arbeit nach Hause kommt, erklärt sie: »Eben ist Schluss. Da gehe ich nicht mehr hin. Die lassen mich nichts lernen.«

Als Nächstes findet ihre Mutter für sie eine Ausbildungsstelle in einer Stickerei in der Seilerstraße. »Das war Pantoffelstickerei«, erzählt Elise. »Ich hab mit Kettenstich Muster auf Pantoffeln gestickt. Das habe ich wunderbar gekonnt. Ich bin so gelobt worden. Aber bezahlt haben die mir nichts. Oder jedenfalls nur ganz wenig. Und das Geld habe ich noch der Mama geben müssen. Ich habe ja gar nichts gehabt. Gar nichts.«

Wieder erklärt sie: »Ich kann das nicht mehr, Mama. Lieber gehe ich wieder mit dir Zeitungtragen.«

Noch einmal bemüht sich ihre Mutter um einen Ausbildungsplatz für ihre zweitälteste Tochter. Friseur Drexel in der Gelben Hirschstraße kennt sie seit langen Jahren, weil sie ihm jeden Tag die Zeitung bringt. Er erklärt sich schließlich bereit, Liesel in die Lehre zu nehmen. Und diesmal glückt es. Meister und Lehrling verstehen sich, es macht Liesel Spaß, mit Menschen umzugehen, und sie besitzt viel Geschick – was bei den neuen elektrischen Dauerwellen auch nötig ist, denn die sind heiß, und leicht verbrennt man der arglosen Kundin die Kopfhaut.

Eines Tages ruft ihr Chef sie zu sich und zeigt ihr das Titelfoto einer Zeitschrift. Darauf eine Filmdiva unter der Überschrift: »Vor Blondinen wird gewarnt.«

»Kennst du die?«, fragt er.

Liesel schüttelt den Kopf. Sie hat kein Geld, um ins Kino zu gehen, weil sie ihren Lehrlingslohn komplett zu Hause abliefern muss.

»Das ist Jean Harlow. Und genau so eine Frisur will ich dir machen. Dann sehen die Kundinnen gleich, was ihnen gefallen könnte. Na, wie findest du das?«

Liesel denkt an ihre Schwester Gretel, die so oft Modell gesessen hat für den Meister aus Eckenheim, und an die Preise, die sie für ihn gewonnen hat, und beginnt zu träumen. Einmal richtig schön sein, einmal glänzen. Sich einmal fühlen wie eine Kundin, die eine Vorzugsbehandlung bekommt. Dann fällt ihr etwas ein, und alle Hoffnung schwindet. »Das kann ich doch aber nicht bezahlen«, sagt sie und schaut zu Boden.

Der Friseur lacht. »Dummes Ding, das brauchst du auch nicht zu bezahlen. Das ist Werbung fürs Geschäft, verstehst du?«

Als Liesel ein paar Tage später die Zeil hinuntergeht, gucken ihr die Leute verwundert hinterher. Zu groß ist der Kontrast zwischen dem platinblonden Haar und dem ungeschminkten Mädchengesicht, den modischen Dauerwellen und der abgetragenen Kleidung. Sie spürt, dass sie auffällt, sieht Kritik in jenem Blick, Bewunderung in einem anderen, Ablehnung in einem dritten, aber sie lässt sich nicht einschüchtern, reckt das Kinn und schaut selbstbewusst zurück.

7. Landnahme

Frankfurt, 30. Januar 1933. Die Zeil hallt wider von Kampfgesängen und den schweren Schritten marschierender Männer. Es ist längst nach Einbruch der Dunkelheit, aber die Straße ist erleuchtet von Tausenden Fackeln. Der Verkehr ruht, eine dumpfe Angst hat die Menschen erfasst. Liesel hat den Laden in der Gelben Hirschstraße gerade verlassen; sie ist ja immer die Letzte, weil sie saubermachen muss. Sie sieht den Fackelzug der NSDAP an sich vorüberziehen. Keine Chance, über die Straße zu kommen. Es ist nicht das erste Mal, dass die Nationalsozialisten in der Stadt marschieren, und bald werden Liesels Befürchtungen wahr. Von überallher kommen Männer, die sofort beginnen, die Internationale zu singen, und wenig später entsteht aus kleinen Handgemengen ein Kampf auf Leben und Tod. Schrille Pfiffe der Polizei, Gummiknüppel werden geschwungen, schon gibt es die ersten Verletzten; man trägt sie weg, einen direkt an Liesel vorbei; sein Gesicht ist unkenntlich, Blut überall. Ängstlich drückt sie sich in einen Hauseingang. Da taucht ein Polizist neben ihr auf, ein älterer Mann mit Schnurrbart und Tschako. Es ist Herr Kopp, der sich regelmäßig im Salon Drexel rasieren lässt. Er kennt Liesel gut.

»Mal wieder kein Durchkommen«, bemerkt er jovial. »Darf ich?« Er bietet ihr den Arm, und sie hängt sich ein, lässt sich von ihm begleiten, bis sie die Gefahrenzone verlassen haben. Am Kornmarkt ist alles ruhig.

»Danke, Herr Kopp«, sagt Liesel. »Passen Sie auf, dass Sie nicht noch was abkriegen.«

»Keine Sorge, Fräulein Liesel. Ich hab Dienstschluss und gehe jetzt nach Hause. Gute Nacht.«

Sie trennen sich, und wenig später läuft Liesel die Treppen in der Bethmannstraße hoch. Ihre Mutter hat auf dem Küchentisch ein Gedeck für sie stehen lassen.

»Da war wieder was los«, berichtet Liesel. »Herr Kopp hat mich rübergebracht, sonst würde ich jetzt noch da stehen.« Sie schaut sich um. »Wo ist der Papa?«

»Auch da oben auf der Zeil. Zugucken. Erst sollte er sogar mitlaufen, aber er wollte nicht, weil er wusste, dass die Kommunisten wieder kommen.«

Johann Schäfer ist seit ein paar Jahren in der NSDAP. Für den Ortsverband verteilt er Flugblätter und macht Botengänge. Er ist einer von 80.000 Arbeitslosen in Frankfurt; die Stadt ist pleite, weil sie allein ein Viertel ihres Haushalts für Sozialhilfe ausgibt. 1929, als Johann bei den Kommunalwahlen zum ersten Mal NSDAP gewählt hat, bekam die Partei in der Stadt 9,9 Prozent; bei den Reichstagswahlen 1930 sind es bereits 20,8 Prozent. Seine Frau wählt traditionell sozialdemokratisch, aber er sagt: »Wenn wir an die Macht kommen, geht's den Roten an den Kragen.«

Und am 5. März 1933 ist es dann so weit. Hitler wird Reichskanzler – in Frankfurt erhält die NSDAP 44,1 Prozent der Stimmen. Wenige Tage später jagen SA-Leute den jüdischstämmigen Oberbürgermeister Ludwig Landmann aus dem Amt, und bereits am 1. April 1933 ruft die NSDAP einen reichsweiten »Tag des Boykotts« gegen jüdische Geschäfte, Ärzte und Anwälte aus. In Frankfurt organisiert die SA unter der Führung von Adolf Beckerle die Durchsetzung des Boykotts.

Als Liesel an diesem Morgen zur Arbeit geht, ist die Stadt gespenstisch still. Die großen Warenhäuser und Spezialgeschäfte werden nicht öffnen, Türen und Gitter bleiben zu. Um Punkt zehn erscheinen dann SA-Trupps, die vor den jüdischen Geschäften auf Posten gehen.

Abends – Johann ist nicht zu Hause – erzählt ihre Mutter, dass sie heimlich bei Recha Adler gewesen ist. Ihr Mann hat ihr jeglichen Kontakt zu der jüdischen Familie verboten, aber sie hält sich nicht daran, sorgt nur dafür, dass er es nicht mitbekommt. »Aufs Schaufenster haben die einen Aufkleber gepappt. ›Jüdisches Geschäft. Wer hier kauft, wird photographiert‹«, erzählt Elisabetha ihrer Tochter im Flüsterton, damit die Zwillinge nichts mitbekommen. »Die sind so gut zu mir gewesen«, seufzt sie. »Und jetzt wollen sie weg. Nach Antwerpen. Und von da nach Amerika.«

Für Johann Schäfer hingegen zahlt sich die Machtübernahme der Nazis aus, denn aufgrund seiner Parteimitgliedschaft findet er bald darauf tatsächlich noch einmal eine Anstellung, obwohl er schon fünfzig Jahre alt ist. Der Diesterweg-Verlag, der nicht weit entfernt von der Bethmannstraße im Salzhaus residiert, stellt ihn als Schreiber ein. Er verfügt über eine gute Handschrift – »wie gestochen«, heißt es im Jargon der Zeit –, er kann Schreibmaschine schreiben, und seine Rechtschreibkenntnisse sind tadellos.

Für mich war der Diesterweg-Verlag immer eine gute Adresse. Ich war von Kindheit an ein Bücherfreak, und wenn meine Uroma mir davon erzählte, wie gern ihr Mann dort gearbeitet hatte, wie angesehen der Verlag war und wie man die Dienste meines Urgroßvaters geschätzt hatte, dann war auch ich ein bisschen stolz auf diese Verbindung und sah mich, romantisch wie ich war, mit meinen literarischen Interessen in einer Tradition, die über zwei Generationen zurückreichte.

Um so irritierter war ich, als ich im Verlauf meiner Recherchen feststellte, dass sich der Diesterweg-Verlag, dessen Gründung ja auf einen Reformpädagogen – Adolph Diesterweg – zurückging, seit 1933 ganz klar als Propagandist der faschistischen Ideologie verstand und sein Programm danach ausrichtete. Neben den Schulbüchern für die Volks-, Mittel- und Oberschule, die besonders in den Fächern Deutsch, Geschichte und Geografie stramm auf nationalsozialistische Linie gebürstet wurden, war eines der Lieblingsthemen von Erich Herbst, dem Verleger, die »Rassenhygiene«. Im Fach Biologie fanden die faschistischen Ideen von »Familienkunde, Bevölkerungspolitik, Rassenkunde und Eugenik« direkten Eingang in das Schulpensum. Zu den Diesterweg-Autoren gehörten hochrangige Funktionäre wie Rudolf Benze, Ministerialrat im Reichsministerium für Wissenschaft, Erziehung und Volksbildung, Adolf Heinz Beckerle, Frankfurter SA-Führer und Polizeipräsident, oder der Naturwissenschaftler und Naturphilosoph Bernhard Bavink, der bereits 1933 das Buch »Eugenik als Forschung und Forderung« publiziert hatte. Für die Veröffentlichung von populären, weltanschaulichen Werken, die die Überlegenheit der »deutschen Rasse« aus dem »Arier- und Germanentum« ableiteten, kaufte Erich Herbst dann später noch den Leipziger Armanen-Verlag.

Wie üblich, fanden sich in den wenigen Publikationen zur Geschichte des Verlags, von denen die jüngste immerhin von 1990 stammt, kein einziger deutlicher Hinweis auf die nationalsozialistische Verstrickung von Herbst und seinen Mitarbeitern. Fried Lübbecke, der »Frankfurter Altstadtvater«, bezeichnete den Diesterweg-Verlag 1948 gar als »stilles, aber tiefes Sammelbecken der deutschen Erziehungsarbeit, aus dem bis in die letzte Dorfschule hinein jahraus, jahrein geistige Ströme ohne Unterlass sich durch ganz Deutschland ergossen«. Was nichts anderes bedeutet, als dass Zehntausende von Schulkindern zwischen 1933 und 1945 mithilfe der Bücher aus dem Diesterweg-Verlag mit nationalsozialistischem Gedankengut infiziert wurden. Natürlich war Diesterweg nicht der einzige Verlag, der sich in den Dienst der Nazis stellte, aber er besaß eine große Reichweite.

Während der Bombardements 1944 erlitt das Salzhaus – Sitz des Verlags – einen Volltreffer, bei dem auch das komplette Archiv verbrannte. 1945 stellten die Amerikaner den Verlag ein.

Meine Enttäuschung, als ich herausfand, dass mein Uropa für einen braunen Verlag gearbeitet hatte, war groß. Der Familie ging es allerdings finanziell wesentlich besser, nachdem Johann endlich wieder Arbeit hatte, und 1934 fand sich auch noch eine große, schöne Wohnung in der Alte Gasse 6, sogar mit Balkon. Alles scheint sich nun zum Besseren zu wenden. Der kleine Adolf, das Schoßkind, beendet die Schule und beginnt eine Friseurlehre beim Meister in Eckenheim. Er ist selbst im Vergleich zu seinen Eltern und Geschwistern klein geblieben und zeigt schon sehr früh einen Ansatz zur Glatzenbildung. Im Gegensatz zu seiner Schwester Liesel muss er in Eckenheim jedoch weder Fenster putzen noch Gemüse schnippeln, sondern erhält von Anfang an eine gute und umfassende Ausbildung. Die Zwillinge, die seit einiger Zeit am Neuen Theater in Kinderrollen engagiert sind, haben nicht ganz so viel Glück. Arthur Hellmer, der Intendant, ist Jude, und er wird von den Nazis systematisch aus dem Amt gedrängt. Als er 1935 die Stadt verlässt, um zukünftig das Theater an der Wien zu leiten, verlieren auch Anna und Eva ihren lukrativen Nebenjob, um den Liesel sie jahrelang glühend beneidet hat. Ihr eigener Lebensweg wiederum nimmt 1933 eine unvorhergesehene und dramatische Wendung.

Die Zwillinge Eva und Anna Schäfer 1932

8. Landei

Der Regionalzug fuhr durch die holsteinische Idylle, vorbei an sanften Hügeln und nebligen Wiesen, auf denen Kühe grasten, vorbei an Eichenwäldchen, gesäumt von Birken. Alles wirkte feucht, grün und zufrieden, ab und zu ein paar rote Backsteinhäuser. Um diese Mittagszeit waren nur wenige Reisende von Kiel nach Hamburg unterwegs, es war relativ still im Waggon, und ich schaute aus dem Fenster, weil ich zu faul war, mich jetzt schon mit meinem Recherchematerial zu beschäftigen. Das konnte warten, bis ich im ICE nach Frankfurt saß.

Hinter mir klingelte ein Handy, die junge Frau, der es gehörte, meldete sich mit »Hallo«. Ich hörte mit, weil ich nichts anderes zu tun hatte.

»Ja, das geht«, sagte sie, und nach einer Pause: »Hundert Euro.« Und dann: »Ich bin noch nicht im Haus, aber um drei habe ich Zeit für dich.«

Ich wurde neugierig. Gern hätte ich mich umgedreht, aber das wäre zu aufdringlich gewesen.

Ihr Handy klingelte erneut.

»Hallo?« – »Ja, das geht … nein, nicht ohne … ja, das mache ich. Um halb vier? … Hundert Euro. … Okay, bis gleich.«

Das nächste Gespräch dauerte etwas länger, sie konnten sich offensichtlich nicht einigen. Ich überlegte hastig, ob ich sie um ein Interview bitten konnte. Vielleicht in einem Café in Kiel? Wenn ich wieder zu Hause war? Das ist deine Chance, dachte ich. Jemand aus der Branche. Ich wollte so gern mehr wissen über Sexarbeit. Näher dran sein, nicht nur drüber lesen. Nachempfinden können. Aber was würde ich als Einstieg sagen? Wie konnte ich mich ihr nähern, ohne den Eindruck zu erwecken, ich wolle sie ausnutzen oder an den Pranger stellen? Vielleicht würde sie ja denken, ich sei eine Journalistin, die nur Stoff für eine zünftige Geschichte aus dem Rotlichtmilieu suchte?

Ich nahm an, dass es das Beste sei, einfach die Wahrheit zu sagen. Zum Beispiel, dass ich eine Oma hatte, die in derselben Branche gearbeitet hatte. Dass ich gern mehr darüber wissen würde. Wie es sich anfühlte, Sex gegen Geld zu haben. Was eine Prostituierte über ihren Job dachte. Was ihr wichtig war. Wie sie mit ihren Kolleginnen auskam. Wie sie überhaupt an den Job gekommen war. Ob es ihr um Geld ging. Oder um Sex. Oder beides. Ob sie Pläne für die Zukunft hatte.

»... ja, das geht auch, wenn du willst ... hundert Euro. Nein, achtzig geht leider nicht. Hundert ... ja, klar ... Ich bin noch nicht im Haus, aber um vier kannst du kommen. Ich freue mich auf dich.«

Es war eine verrückte Idee, und vermutlich würde es auch nicht klappen, aber ich war mittlerweile entschlossen, die junge Frau anzusprechen. Ich stand auf.

»Entschuldigen Sie«, sagte ich. »Dürfte ich mich einen Moment zu Ihnen setzen?« Sie war jung, mit einem ebenmäßigen, schmalen Gesicht, aber ihr genaues Alter war schwer zu schätzen, denn sie war professionell geschminkt mit relativ dunklem Make-up, Lidstrich und viel Wimperntusche. Ihr Lippenstift war braun, und ihr kurz geschnittenes Haar tiefschwarz gefärbt. Sie wirkte nicht ordinär, sondern nur etwas zu sehr zurechtgemacht für die Tageszeit. Ihr Make-up verlangte ein anderes Licht, und sie kam mir vor wie eine Bühnenschauspielerin, die sich nach der Vorstellung nicht abgeschminkt hat. Übrigens war sie mir sympathisch.

Sie nahm ihren kleinen Rucksack vom Sitz, und ich ließ mich neben ihr nieder. »Ich habe zufällig mitgehört, als Sie telefoniert haben, und ich würde Sie gern interviewen, weil meine Großmutter denselben Beruf hatte wie Sie«, sagte ich schnell. »Sie hat darin gearbeitet, bis sie sechzig war.«

Ich spürte die Zurückhaltung der jungen Frau, aber auch Interesse. »Hab ich wirklich so laut geredet?«, fragte sie. »Wie peinlich.« Aber sie meinte es nicht ernst. Das gefiel mir.

»Überhaupt nicht«, erwiderte ich und spürte, dass ich wie damals bei den Sitzungen mit meiner Oma keine Ahnung hatte, wie ich mich verhalten sollte, um mein Gegenüber nicht zu beleidigen. »Wohnen Sie in Kiel?«, fragte ich.

»Ja.«

»Ich schreibe ein Buch über meine Großmutter«, erklärte ich.

»Cool«, bemerkte sie.

»Glauben Sie, wir könnten uns mal treffen? Ich würde Ihnen gern von meiner Großmutter erzählen, und vielleicht haben Sie ja Lust, mir ein bisschen von sich zu erzählen?«

Zuerst zögerte sie, schien zu überlegen. Dann sagte sie: »Klar, warum nicht?«

»Darf ich Ihnen meine Handynummer geben?«, fragte ich. »Dann können Sie mich anrufen, wenn Sie Zeit haben.«

Sie nahm ihr Handy, und ich diktierte ihr meine Nummer. Ich wusste, dass ich ihr hätte sagen müssen, dass ich das Interview bezahlen würde, aber ich brachte es nicht über die Lippen. Hundert Euro, dachte ich. Sag, dass du ihr hundert Euro für die halbe Stunde zahlst. Das war ja wohl ihr Honorar. Aber ich konnte nicht.

»Danke«, sagte ich und ging mit klopfendem Herzen wieder nach vorn zu meinem Sitzplatz.

Ihr Handy klingelte.

Fünf Stunden später fuhr ich mit der U-Bahn von meinem Hotel in Sachsenhausen zur Hauptwache, ein bisschen Großstadtluft schnuppern. Nicht, dass Kiel keine Großstadt gewesen wäre. Für Schleswig-Holsteiner Verhältnisse war Kiel groß, dazu Landeshauptstadt, aber trotz der angeblich 250.000 Einwohner wirkte die Stadt dünn besiedelt, das Umland sowieso. Die Luft war klar, der Wind blies stetig, das Meer war nicht weit, und ich fuhr dort oberirdisch Bus oder mit der Bummelbahn über Geest und Marsch.

Ich stieg aus der U3 und fuhr mit der Rolltreppe nach oben. Die Pommesbude auf dem breiten Treppenabsatz zwischen Hauptwache und Untergrund dampfte fettig vor sich hin. Oben neben dem barocken Sandsteinbau blieb ich kurz stehen, und das Erste, was mir auffiel, war, wie geräuscharm es hier war. Dann fiel es mir wieder ein: Verkehrsberuhigung rund um die Katharinenkirche; Rossmarkt und die Verbindung zur Großen Eschenheimer für Autos gesperrt. Ich aber hatte seltsamerweise immer noch die alte Tonspur aus meinen Studentenzeiten drauf. Baugetöse auf der Zeil, während der U-Bahn-Tunnel gegraben wurde und wir zehn Jahre lang eingezwängt zwischen Bretterzäunen und Kaufhausfassaden liefen, dazu das Dauerforte der Motoren rund um die Hauptwache, ewiges Warten an der Ampel, die Ohren zugedröhnt. Heute mischten sich bloß noch Musikfetzen einer Wohltätigkeitsorganisation mit dem Rollen der Skateboards, die von Jugendlichen über den abgestuften Platz getrieben wurden. Die verhaltene Geräuschkulisse klang für mich so fremd, als wäre ich in einer anderen Stadt.

Je weiter ich Richtung Kaiserstraße ging, desto mehr gewann Frankfurt für mich den alten Lärm, die alte Hektik zurück. In der Schlucht zwischen den Banken prallten die Geräusche von den Glasfassaden zurück, knallten in mein

Ohr. Feierabendverkehr, hastende Menschen, Fahrräder, auf denen Männer in gut geschnittenen Anzügen saßen, den Laptoprucksack auf dem Rücken. Es roch nach Abgasen, Baustellendreck, verbrauchter Luft, und ich kam mir irgendwie fehl am Platz vor. Das Landei hatte sich in die Stadt verirrt.

Was suchte ich hier?

Eine Spur meiner Großmutter, sicher. Deshalb Kaiserstraße, Moselstraße, Elbestraße, Münchener Straße. Es dämmerte und würde bald dunkel sein. In jedem der Häuser, an denen ich vorbeikam, ganz gleich ob heruntergekommener Gründerzeitbau oder Sechzigerjahre-Block, waren im Erdgeschoss Geschäfte geöffnet. Billige Elektronik, stapelweise Gemüse, aber keins von der Sorte, die man bei REWE oder EDEKA bekam, sondern Gewächse aus Asien, aus Afrika, bunt, bizarr geformt, duftend. Ich blieb stehen und starrte fasziniert, doch als ein hochgewachsener Afrikaner im langen, blau-weiß gebatikten Gewand aus dem Laden trat, am obersten Treppenabsatz stehen blieb und mich lächelnd mit einer Handbewegung aufforderte, einzutreten, schüttelte ich nur verlegen den Kopf und ging schnell weiter. Nebenan ein Handel mit Wasserpfeifen und Messern. Wenige Schritte danach eine Autowerkstatt, kaum breit genug für einen Mittelklassewagen. Je näher ich der Kaiserstraße wieder kam, desto zahlreicher wurden die Kneipen mit undurchsichtigen Fenstern und Erotikbildchen neben dem Eingang. Die Leuchtreklamen waren rot, zeigten Herzen, stilisierte Girls, der Schriftzug enthielt meist das Wort »sexy«.

Fast wäre ich mit einem Mann zusammengeprallt, der aus einem Hauseingang kam; im Weitergehen zog er seinen Pullunder über, die Krawatte hing ihm halb aus der Hosentasche. Der schnelle Feierabendfick? Und jetzt nach Hause zu Frau und Kindern? Oder in die einsame Wohnung, Bier vor dem

Fernseher, Pizza vom Lieferservice? Oder nichts von beidem, sondern ein anderes Klischee? Und die Dame oben? Was tat sie jetzt gerade, nachdem der Kunde gegangen war? Wusch sie sich? Verknotete sie das Kondom und warf es in den Mülleimer? Zog sie sich etwas anderes an? Legte sie das Geld in ihre Kassette oder stand schon der Zuhälter neben ihr und kassierte ab? Wie viel hatte sie bekommen? Fünfzig Euro? Hundert? Klingelte das Telefon, und der Nächste fragte, ob sie frei war? Ich musste an die junge Frau im Zug nach Hamburg denken. Ob sie mich wohl anrufen würde? Vielleicht war sie ja Studentin. Ich hatte neulich gelesen, dass sich laut einer Studie jede vierte Studentin und jeder vierte Student vorstellen konnten, sich zu prostituieren. Ziel: Spaß und Geld. Konnte ich es mir für mich selbst vorstellen? Auch meine Großmutter war mit fünfzig noch einmal ins Bordell gegangen, nachdem sie jahrelang gekellnert hatte. Der Grund: Spaß und Geld, sich noch einmal austoben, ehe es vorbei war mit der Schönheit, den Männern und den guten Verdienstmöglichkeiten. Aber schließlich kannte sie das Milieu, wusste, worauf sie sich einließ.

Ich bog um die Ecke, ging die Kaiserstraße langsam zurück Richtung Innenstadt und rief mir in Erinnerung, was meine Großmutter mir über ihre Anfänge als Prostituierte erzählt hatte.

Frankfurt, Kaiserstraße, Herbst 1933. Hübsch sieht Elise aus, als sie in ihrem neuen Kleidchen, das ihr Willi hat machen lassen, nach Einbruch der Dunkelheit auf- und abschlendert, wie sie es bei ihren erfahrenen Kolleginnen gesehen hat. Ab und zu wagt sie es, einem gut gekleideten Passanten ins Gesicht zu schauen. Sie versucht ein Lächeln. Er geht vorbei, ohne sie zu beachten. Ist ihr Ehrgeiz geweckt? Wird sie bald offensiver?

Spürt sie den Druck ihrer Schulden? Willi beobachtet sie aus sicherer Entfernung. Und dann spricht ein Mann sie an. Sie einigen sich, gehen zum Hauseingang, wo Willi ihr eine Absteige gemietet hat. Elise schließt auf … Oben in dem kleinen Zimmer macht sie die Nachttischlampe mit dem Jugendstilschirm aus Milchglas an und zieht die Vorhänge zu. Der Mann entledigt sich schweigend seines Mantels, knöpft die Hose auf. Auch Elise sagt kein Wort. Sie hat Herzklopfen, aber jetzt gibt es kein Zurück mehr, und der Mann hat es offenbar eilig, wartet kaum, bis sie sich ausgezogen hat. Immerhin denkt sie an das Kondom, und er akzeptiert es. Was fühlt sie, als sie auf dem Rücken liegt, der fremde Mann auf ihr, in ihr? Fühlt sie überhaupt etwas? Ekel? Furcht? Oder sogar Neugier? Nach zwei Minuten ist er fertig, steht auf, macht die Hose zu, zieht seinen Mantel an und legt den vereinbarten Betrag auf den Nachttisch. Grußlos verlässt er den Raum. Elise liegt noch einen Moment da, die Augen geschlossen, bis sie anfängt zu frieren. Da richtet sie sich auf, schaut auf das Geld. Nimmt es in die Hand. Starrt es an. Lange. Dann tut sie es in ihr Portemonnaie, kleidet sich an, macht das Licht aus und geht wieder runter auf die Straße. Zweite Runde.

Doch schon an einem der folgenden Abende, an dem Elise auf- und abwandert, kommt plötzlich ein Mann auf sie zu und drückt ihr im Vorbeigehen einen Strauß weißer Nelken in die Hand. Verblüfft schaut sie ihm hinterher, dann nimmt sie die Blumen und legt sie in einen Hauseingang. »Das waren Pechnelken, das wusste ich in diesem Moment. Und einen Tag später geh ich verschütt. Da muss mich einer von den Zuhältern angezeigt haben.«

Sie wäre gern Straßenbahnschaffnerin geworden, und ich konnte mir gut vorstellen, wie sie die Linie 11, oder wie sie damals hieß, von Fechenheim durch die gesamte Stadt bis hinauf nach Höchst fuhr. Ein Job, in dem sie autonom war, selbst entscheiden konnte, allein verantwortlich war und ein wenig Macht genoss, hätte ihr gelegen.

Ich blieb stehen und schaute so intensiv auf alles, was sich dem Blick hier darbot, bis die Bilder vor den Augen zu verschwimmen begannen. Die ersten Neonlichter flackerten auf, mit denen Herrenausstatter und Flittchenboutiquen, Im- und Exportfirmen, eine Sprachschule und eine Personalagentur, Pornokinos, Peepshows und Restaurants auf sich aufmerksam machten. Ich fühlte mich plötzlich einsam inmitten all dieser Reizüberflutung, wusste nicht, ob ich in mein Hotelzimmer flüchten oder mich einfach mit den Feierabendmenschen in die eine oder andere Richtung treiben lassen sollte, bis ich ein nettes Restaurant fand, in dem ich zu Abend essen wollte. Ich hatte versucht, Kontakt mit meiner Großmutter aufzunehmen, ein wenig in ihre Welt zu schauen, aber was ich gefunden hatte, war nur die Oberfläche dieses Paralleluniversums, das meine Eltern, die früher ab und zu ganz gern als Nachtschwärmer unterwegs waren, genießerisch »Halbwelt« nannten.

Aber wie es auf der anderen, fremden Seite unserer gediegen-bürgerlichen Welt wirklich zuging, davon – das spürte ich in diesem Moment deutlicher als je zuvor – hatten weder sie noch ich eine Ahnung.

»Ich stand immer mit einem Bein im Knast, mit dem anderen im Grab«, hatte Elise einmal zu mir gesagt.

Und von dem Lebensgefühl, das aus dieser permanenten Bedrohungssituation entstanden sein musste, verstand ich noch viel weniger. Trotzdem wollte und konnte ich nicht einfach aufgeben. Immer noch konnte ich ja darauf hoffen, dass mich die junge Prostituierte, die ich im Zug kennengelernt hatte, anrief und mit mir einen Termin vereinbarte. Dann würde ich vielleicht endlich all jene Dinge fragen können, die ich damals in den Achtzigerjahren meine Oma hätte fragen müssen. In der Zwischenzeit musste ich mich mit dem Material begnügen, das ich hatte, und ich stellte im Verlauf der Arbeit fest, dass es gar nicht so wenig war, wie ich ursprünglich gedacht hatte.

9. Vaterland

Es ist ein warmer Frühsommertag, Juni 1932, und Liesel hat sich mit einer Freundin bei Mosler, der großen Badeanstalt am Main, verabredet. Sie hat Mitte Mai ihre Lehre bei Friseur Drexel beendet, und obwohl sie ein gutes Zeugnis sowohl von ihrem Lehrherrn als auch von der Berufsschule erhalten hat, ist sie zurzeit arbeitslos. »Für mein Gesellenstück – eine Hochsteckfrisur – hätte ich eine Eins kriegen können. Die haben zu mir gesagt: ›Hättest du noch eine Blume gehabt oder irgendwas zum Schmücken, dann hätten wir dir die beste Note gegeben.‹ Aber ich wusste das nicht, und ich hatte ja auch gar kein Geld für so was. Ich musste ja alles zu Hause abgeben. Jeden Pfennig hat mir die Mama abgenommen. Und wir Lehrlinge mussten alles selber bezahlen. Ja, so war das.«

Jeden Tag meldet sie sich auf dem Arbeitsamt und fragt nach freien Stellen. Ab Juli hat sie eine Aushilfe ergattert, bei einem Friseur in der Stiftstraße. Nur vier Wochen, aber vielleicht auch länger. Wenn sie danach wieder auf der Straße steht, bekommt sie Arbeitslosengeld wie achtzigtausend weitere Frankfurter. Bis zum nächsten Kurzzeitjob.

Jetzt aber sitzen die beiden Mädchen in ihren Badeanzügen an der Reling bei Mosler und schauen den Booten auf dem Main zu. Schwimmen ist nicht Liesels Sache, seit sie als Kind einmal fast ertrunken ist, aber sie kommt gern hierher, weil hier immer was los ist. Man kann Leute angucken und ein bisschen träumen. Mit ihren blonden Locken, den hohen Wangenknochen und den großen, braunen Augen, betont von sorgfältig gezupften Brauen, den dezent geschminkten Lippen und dank ihrer üppigen Oberweite zieht sie viele Blicke auf sich. Auch Gerda, ihre Freundin noch aus Schulzeiten, die als Verkäuferin in einem großen Kaufhaus arbeitet, kann sich sehen lassen – ein brünetter Typ, etwas mollig, mit einem frischen Lachen.

Gerade kommen unten zwei junge Männer in Kanadiern vorbei. »Hallo!«, rufen sie Liesel und Gerda zu und winken.

»Hallo!«, rufen die beiden Mädchen zurück.

Die Männer bringen ihre schmalen Boote längsseits. »Ich bin der Willi«, sagt der Blonde mit dem kräftigen Oberkörper und den muskulösen Armen. »Das da ist der Heiner.«

»Gerda«, sagt Liesel und deutet auf ihre Freundin. »Und ich bin die Liesel.« Ihr gefällt der muskelbepackte Typ, obwohl sie eigentlich keine blonden Männer mag – ganz abgesehen davon, dass sie bisher sowieso noch nicht allzu viel Erfahrung auf diesem Gebiet gesammelt hat. Sie weiß, dass sie Männern gefällt, aber sie hat sich noch auf keinen ihrer Verehrer eingelassen, auch nicht beim Tanzen – ihrer großen Leidenschaft –, wenn ihr Partner hinterher fragt, ob er sie nach Hause begleiten darf.

Eine Weile unterhalten sich die Mädchen mit den Jungs in den Kanadiern, dann sagt Willi: »Ich krieg'n steifen Nacken, wenn ich ständig nach oben gucken muss. Kommt doch einfach mit, wir wollen in die Gerbermühle.«

Liesel und Gerda sind begeistert. Rasch laufen sie zur Umkleidekabine, holen ihre Sachen und gehen dann runter zum Bootsanleger, der zur Badeanstalt gehört. »Ich bin bei dem Willi Reger eingestiegen, der hat so kräftig ausgesehen, da hab ich gedacht, das wär' so ein großer Mann. Ich hab doch nur große Männer gemocht. Das hat mir imponiert. Sein Freund, das war so ein Schmächtiger.«

Zuerst paddeln sie rüber auf die andere Mainseite, wo sich das Bootshaus befindet. Willi und Heiner bringen die Kleider der Mädchen in ihren Spind. Danach geht es den Main hoch in die Gerbermühle. »Mensch, waren wir stolz. Was haste da 'ne Chance gehabt! Aber wie der Reger dann ausgestiegen ist, da hab ich gedacht: Uh, was für'n kleiner Kerl. Aber er war kräftig und sauber und gut gekämmt. Wirklich wahr. Da hab ich als Friseuse natürlich drauf geachtet. Ästhetik habe ich in meinem Beruf schon kennengelernt. Und zu Hause waren wir ja auch sehr sauber.«

Der Ausflug wird ein Erfolg. Als die vier wieder zurück am Bootshaus sind, ziehen die Mädchen sich um. Hinterher werden sie zu Handkäs' mit Musik und Äppelwoi eingeladen. »Das hat uns mächtig imponiert. Später hat der Schmächtige die Gerda heimgebracht, und der Reger mich. So hat das angefangen. Der Willi war Metzgergeselle bei Müllerleile auf der Zeil. Das war ein prima Geschäft, eins der ersten Geschäfte, so wie der Kirchenbauer. Und ich hab ihm erzählt, wo ich arbeite. Der hat viel früher Feierabend gehabt als ich, ist heim und hat gebadet. Jeden Tag hat der gebadet. Und wenn ich aus dem Laden kam, hat er mich abgeholt, und wir sind mit seinem Boot gefahren oder ins Kino gegangen. Jeden Abend hat der mich abgeholt. Und immer bezahlt.«

Ein oder zwei Monate geht das so, ohne dass Willi sich mit seinen Zärtlichkeiten über ein paar Küsse und Berührungen hinauswagt. Ihrer Mutter hat Liesel von Willi erzählt, aber vor ihrem Vater verschweigt sie, dass sie einen Freund hat. Sagt er ihr doch bei jeder Gelegenheit: »Wenn du mit einem unehelichen Kind heimkommst, schlag ich dich tot«. Wie man zu einem Kind kommt, davon hat sie allerdings nicht die geringste Ahnung. Niemand hat sie aufgeklärt, und so weckt jede Annäherung vonseiten Willis Neugier und Angst zugleich.

Ende August lädt er sie ein, mit ihm auf einen großen Sommerball zu gehen. Tanzen ist ihr größtes Vergnügen. Aber dann fällt ihr etwas ein.

»Muss man da nicht schick angezogen sein? Ich hab doch nur das eine olle Kleid«, sagt Liesel. Es ist ein hübsches Kleid im Marinestil, aber es wurde schon so oft getragen und gewaschen, dass man es ihm ansieht.

»Ich lass dir eins machen«, verspricht Willi. »Meine Mutter hat eine Schneiderin, die ist gut und preiswert. Da gehen wir hin.« Zusammen suchen sie sich den Stoff aus, und Liesel ist begeistert, als sie das fertige Kleid anprobiert. Es ist geblümt, schmal in der Taille, mit weitem, schwingendem Rock.

Sie dreht sich vor Willi. Dann hält sie inne, weil sie sich im Spiegel gesehen hat. »Ist der Ausschnitt nicht zu tief?«

»Sie können das doch tragen«, sagt die Schneiderin. »Das bringt Ihre schöne Büste wunderbar zur Geltung.«

Liesel lächelt geschmeichelt. Bisher hat sie ihre großen Brüste eher als lästig empfunden, und die Blicke der Männer waren ihr unangenehm. Jedes Mal, wenn Willi sie streicheln will, schiebt sie seine Hand weg.

Wenn sie tanzt, vergisst sie alles um sich herum. Auch das schäbige blaue Kleid hat dann nie eine Rolle gespielt. Doch auf dem Sommerball fühlt sie sich zum ersten Mal wirklich schön, und sie genießt die festliche Atmosphäre. Willi ist, wie viele kleine Männer, ein guter Tänzer. Spät in der Nacht, als er sie küsst, ist sie wie berauscht.

»Komm mit zu mir«, flüstert er.

»Aber meine Eltern ...«, wendet sie ein.

»Ach, lass doch deine Eltern. Wir wollen doch nur ein bisschen Spaß haben.«

Liesel zögert.

»Willst du nicht ein klein wenig nett zu mir sein? Jetzt, wo ich dir das schöne Kleidchen geschenkt habe?«

Erschrocken schaut sie ihn an, denkt daran, wie oft er sie eingeladen hat ins Kino, denkt daran, wie viel das Kleid gekostet hat – sie war ja dabei, als er es bezahlt hat. Wenn sie jetzt nein sagt – wird er das Geld dann von ihr zurückfordern? Sie weiß ja genau, dass sie es nicht bezahlen könnte.

Er küsst sie auf den Nacken. »Ich lieb dich doch«, wispert er ihr ins Ohr. »Das musst du mir glauben.«

Hand in Hand laufen sie durch die Sommernacht bis nach Bornheim, wo Willi bei seinen Eltern in der Berger Straße wohnt. Er ist der Älteste, aber seine beiden jüngeren Schwestern sind längst verheiratet und ausgezogen.

»Pst.« Als er die Haustür aufschließt, legt er einen Finger an den Mund. »Keinen Mucks, damit sie nicht aufwachen.«

Leise schleichen die beiden die Treppe hinauf ins oberste Stockwerk, wo Willi sein Zimmer hat. Er schließt auf und macht Licht. Die Kammer ist sparsam eingerichtet, ein Bett, ein Schrank, ein kleiner Tisch mit Stuhl, ein Waschbecken mit fließend Wasser. »Hier oben bin ich für mich, verstehst du?«, sagt Willi. »Keiner kann mich kontrollieren.«

Verlegen und stumm steht Liesel da, unschlüssig, was jetzt passieren wird. Dann geht alles ganz schnell.

»Als er sich ausgezogen hat, hab ich gesehen, dass der überall behaart war. Blonde, kräftige Haare. Das hat mich schon angekotzt, da musste ich weggucken. Ich war ja noch unschuldig. Aber in dieser Nacht ist es dann halt passiert. Das hat so wehgetan!«

Am anderen Morgen, ganz früh, geht sie auf Zehenspitzen die Treppe runter. Willi schläft tief und fest, aber sie hat es in dem schmalen Bett nicht mehr ausgehalten. Es ist

Sonntagfrüh, und die Glocken läuten zur ersten Messe. Die Stadt duftet sommerfrisch, es wird ein herrlicher Tag werden. Doch Liesel hat zu viel Angst, um den Heimweg zu genießen. Zu Recht, wie sich bald herausstellt.

»Wo hast du dich die ganze Nacht rumgetrieben!«, brüllt ihr Vater sie an, als sie zur Tür hereinkommt. Die Familie sitzt noch beim Frühstück, aber er hat bereits eine Zigarre in der Hand; die Wohnküche ist voller Qualm.

Wortlos schaut Liesel ihn an; sie weiß, was jetzt kommt. Die erste Ohrfeige trifft sie, da hält Johann Schäfer seine Zigarre noch in der Linken. Gleich darauf legt er sie weg. »Du verdammte Hure. Du Dreckstück!«, schreit er und schlägt wieder zu. Liesel wehrt sich nicht, sie läuft nicht weg, sie schreit nicht, weint nicht. Als er sich ausgetobt hat, liegt sie am Boden, das Gesicht zugeschwollen, eine Rippe geprellt, die Beine voll blauer Flecken. Ihr schönes neues Kleid ist zerrissen.

»Pack deine Sachen und verschwinde!«, brüllt ihr Vater sie an. »Raus, ich will dich nie wieder sehen!«

»Johann, das meinst du nicht ernst!«, ruft seine Frau, die weinend die ganze Zeit auf einem Küchenstuhl gesessen hat. »Wo soll sie denn hin?«

Er ist zu befriedigt, um auch sie zu schlagen. »Das ist mir doch egal. Soll sie doch in der Gosse landen, wo sie hingehört, das Saumensch.« Er geht zur Tür und wendet sich drohend an Liesel. »Wenn ich heute Abend wiederkomme, und du bist noch da, dann …« Damit geht er und knallt die Tür hinter sich zu.

Adolf und die Zwillinge haben alles mitbekommen. Ängstlich und neugierig zugleich haben sie zugeschaut, tränenlos. Auch sie haben die Gewalttätigkeit ihres Vaters oft genug zu spüren bekommen. Seltsamerweise ist keines der Kinder verschlagen oder gemein. Misstrauisch vielleicht.

Hart im Nehmen. Immer auf der Hut. Verstehen Anna und Eva mit ihren elf Jahren überhaupt, weshalb Liesel ihre Sachen packen muss?

Wenig später sitzt sie auf dem Bett, zerschlagen, unfähig, sich zu rühren. Ihre Mutter kommt zu ihr, schickt die anderen Kinder weg, setzt sich neben Liesel und nimmt ihre Hand. »Was haste bloß gemacht«, sagt sie immer und immer wieder. »Wo willste denn jetzt hin?«

Liesel sagt kein Wort. Der Schock sitzt zu tief. Irgendwie weiß sie, ganz tief innendrin, dass etwas Entsetzliches geschehen ist, und sie spürt eine so tiefe Einsamkeit, dass sie, die doch so wenig ängstlich ist, sich auf einmal fürchtet. Weggehen, die Mutter und Geschwister verlassen. Keine Bleibe, kaum Geld. Zurzeit hat sie mal wieder eine Aushilfe ergattert. Zwei Wochen noch. Und dann? Alles ist dunkel und kalt. In ihrem Kopf ist es leer. Sie hat keine Ahnung, was sie tun soll. Sie weiß nur: Wenn der Alte heute Abend wiederkommt, muss sie weg sein. Noch einmal lässt sie sich nicht so schlagen. Ihr tun alle Knochen weh, ein Auge ist völlig zugeschwollen. Es fällt ihr ein, dass sie noch nicht einmal einen eigenen Koffer besitzt. Sie will aufstehen, doch ihre Mutter hält sie fest.

»Bleib, Liesel, ich red noch mal mit ihm.«

»Damit er dich auch noch zusammenschlägt?« Der Gedanke, dass ihre Mutter wegen ihr leiden muss, ist ihr plötzlich unerträglich, und die Wut, die in ihr aufsteigt, gibt ihr Kraft. »Nein, Mama. Ich geh zum Willi. Der wird was für mich finden. Vielleicht kann ich putzen gehen, wenn ich nichts anderes kriege.«

»Aber …«

»Ich komm schon irgendwie durch, Mama.« Und nun weint sie doch, gemeinsam mit ihrer Mutter. Als es vorbei ist, holt ihre Mutter den kleinen Koffer unter dem Ehebett hervor, den alle Kinder im Schullandheim benutzt haben. Viel besitzt Liesel nicht; das Wichtigste ist ihr Friseurbesteck: die beiden guten Scheren, eine davon glatt, die andere zum Effilieren, und die drei Welleisen in verschiedenen Größen.

Ehe sie geht, steckt ihr die Mutter schnell noch zehn Mark zu. Sie umarmen sich, und Liesel küsst die kleine Frau auf die zarte, schiefe Wange. »Bis bald, Mama. Ich komm schon zurecht. Mach dir nicht so viel Sorgen.«

Sie ist noch minderjährig, aber es fällt ihr nicht ein, sich an die städtische Fürsorge zu wenden, um einen Heimplatz zu bekommen. Auch Willi gibt ihr keinen dementsprechenden Rat. Stattdessen überredet er seine Eltern, Liesel zunächst in der Berger Straße wohnen zu lassen. Sie hat Glück, und im Oktober 1932 stellt ihr ehemaliger Lehrherr, Friseur Drexel, sie noch einmal als Vertretung für eine erkrankte Kollegin ein.

In dieser Zeit wird Willi krank. Er hat eine seltsame Beule am Arm, und ein Arzt schickt ihn ins Krankenhaus. Dort entfernt man das Geschwür, ohne ihn weiter zu untersuchen. Währenddessen haben seine Eltern entschieden, dass Liesel nicht mehr bei ihnen wohnen soll. Es gibt Gerede in der Nachbarschaft, und sie befürchten, wegen Kuppelei angezeigt zu werden. Der entsprechende Paragraf, der tatsächlich erst in den Siebzigerjahren abgeschafft werden wird, ermöglicht es der Obrigkeit, Personen, die ihre Wohnräume nicht verheirateten Paaren zur Ausübung sexueller Handlungen zur Verfügung stellen, mit Gefängnis oder Geldbußen zu bestrafen.

Also besorgt Willi seiner Freundin im Dezember 1932 ein billiges Dachzimmer zur Untermiete in der Hammelsgasse

12, direkt neben dem berüchtigten Frankfurter Unter-
suchungsgefängnis.

Liesel hat zum ersten Mal ein Zimmer für sich allein. Ein
eigenes Bett, ein eigenes Waschbecken. Die Toilette ist auf
halber Treppe, aber das Haus ist ein ordentliches Miets-
und Geschäftshaus, und sie kann kommen und gehen,
wann sie will, ist niemandem Rechenschaft schuldig, wird
von niemandem angebrüllt oder geschlagen. Es dauert ein
wenig, bis sie sich eingewöhnt hat, oft fühlt sie sich einsam,
nachdem sie ihr ganzes Leben mit ihren Eltern und
Geschwistern verbracht hat. Doch nach und nach empfindet
sie ein nie gekanntes Gefühl von Unabhängigkeit, ja, Freiheit. Sie hat Arbeit, einen Freund und ein Dach über dem
Kopf. Sie ist jung, sie hat ihr ganzes Leben vor sich, und so
schlecht sieht es im Moment für sie gar nicht aus.

»Siehst du, Mama«, sagt sie, als sie sich mit ihrer Mutter
heimlich beim Gemüsehändler in der Bethmannstraße trifft,
»ich hab's geschafft. Bin ich froh, dass ich den Alten nicht
mehr ertragen muss. Eigentlich hat er mir einen Gefallen
getan.«

10. Freudenland

Ende Mai 1933 kündigt ihr Friseur Drexel. »Ich bin wieder los, aufs Arbeitsamt, Aushilfen schrubben, mal zwei Wochen hier, mal 'ne Woche dort. Wenn ich knapp bei Kasse war, ist der Willi eingesprungen, aber ich wollte es ihm natürlich zurückzahlen.«

Schulden sind etwas, das sie hasst. Zu oft hat ihre Mutter sie und ihre Geschwister über die Straße zum Bäcker oder zum Gemüsehändler geschickt und gesagt: »Holt Brot. Holt Kartoffeln. Holt Wirsing. Lasst anschreiben«, weil sie genau weiß, dass selbst eine hartgesottene Verkäuferin traurigen Kinderaugen nicht widerstehen kann. »Bittsteller sind wir gewesen, und die haben es uns spüren lassen, dass wir arm sind, bettelarm.« Zu oft haben ihr die anderen Kundinnen im Laden ihre Verachtung gezeigt. Zu oft hat man ihr mit auf den Weg gegeben: »Sag deiner Mutter, wenn sie nächste Woche nicht bezahlt, gibt's nichts mehr«. Liesel weiß genau, wie es ist, abends hungrig zu Bett zu gehen. »Wenn du kein Geld hast, bist du aufgeschmissen.«

Und im Sommer 1933 ist es so weit. Sie ist nicht nur aufgeschmissen, sie ist verzweifelt. Kein Friseur hat Arbeit für sie, die Stütze läuft aus, und ihre Schulden bei Willi wachsen. Von Zeit zu Zeit steckt ihre Mutter ihr ein paar Mark zu, aber Liesel schämt sich dafür, weil sie genau weiß, dass es dann in der Familie hinten und vorne nicht reicht.

Als Willi eines Abends bei ihr auftaucht, steht bereits die Vermieterin, Frau Gerlach, in ihrem Zimmer.

»Sie kommen mir gerade recht«, sagt sie zu Willi. »Das Fräulein hier weigert sich, mir drei Monatsmieten im Voraus zu geben. Aber nachdem sie erst heute für letzten und vorletzten Monat bezahlt hat, kann ich das ja wohl als Sicherheit verlangen. Sonst …«

Sie lässt die Drohung in der Luft stehen, aber Liesel weiß, was es bedeutet. Sonst fliegt sie raus.

Willi, großspurig, die Hände in den Hosentaschen, klärt die Situation. »Haben Sie sich nicht so, gute Frau. Bisher ist die Miete immer bezahlt worden. Sie wissen doch, wie es zurzeit ist. Ich komme morgen vorbei, dann kriegen Sie Ihr Geld. Und da wir gerade dabei sind …« Er deutet nach oben zu einem nassen Fleck an der schrägen Decke. »Da regnet's rein. Wollte ich nur mal gesagt haben.«

Die Vermieterin murmelt etwas, das vage so klingt wie: »Ich kümmere mich darum«, aber sowohl Willi als auch Liesel wissen, dass sich an dem undichten Dach nichts ändern wird.

»Ich kann dir das doch nie zurückzahlen«, sagt Liesel, als sie allein sind, und schaut trostlos zu Boden. »Was soll ich denn bloß machen?«

»Das, was andere Mädchen in deiner Situation auch machen«, erwidert er.

Hoffnungsvoll hebt sie den Kopf. »Was denn?«

»Sie nehmen einen Mann mit rauf. Der bezahlt dafür, und sie sind aus dem Schneider.«

»Du spinnst wohl! Das kann ich nicht!«

»Das kann jede, wenn sie nur will. Ist doch nicht weiter schlimm. Ein bisschen nett sein, ein bisschen was zusammen trinken, dann läuft es wie von selbst.«

Liesel schüttelt sich. »Niemals!«

Er grinst. »Wie du meinst. Wollte dir bloß einen Weg zeigen, wie du aus deinem Schlamassel rauskommst. Wäre es nicht schön, wenn du dir mal was Neues zum Anziehen leisten könntest? Wenn du der Alten da unten 'ne Nase drehen könntest? Dir ein Zimmer suchen könntest ohne Schimmel an der Wand?«

Sie schweigt, und er sieht, dass sie nachdenkt.

»Überleg's dir. Du brauchst ja nicht auf den Strich gehen. Es gibt Cafés, wo die Mädchen einfach nur charmant zu den Gästen sind. Je besser sich einer amüsiert, desto größer ist am Ende dein Trinkgeld.«

»Und … und da muss man … da müsste ich hinterher nichts machen?«

»Genau. Du bist so hübsch, du hättest bestimmt viele Verehrer.«

»Und du? Wärst du denn nicht eifersüchtig?«, fragt sie.

»Ach was. Wegen diesen Kerlen ist man nicht eifersüchtig. Du bist doch mein Mädel.«

Sie nickt, dann schaut sie ihm fest in die Augen. »Ich kann das trotzdem nicht.«

»Wie du willst. Aber ich sage immer: Einmal ist keinmal. Wenn du's nicht ausprobiert hast, kannst du ja gar nicht wissen, ob du was kannst oder nicht.«

Auf einem Foto von 1933 trägt meine Großmutter ein blaues Samtkleid, tief ausgeschnitten, mit üppig gerüschten kurzen Ärmeln. Um den Hals liegt jene goldene Gliederkette, die ich von ihr geerbt habe. Sie ist geschminkt – ihre schmale Oberlippe ist wie bei einem Filmstar überzeichnet, damit der Mund voller wirkt. Als Friseuse hat sie professionelles Schminken gelernt; sie braucht niemanden, um sich für ein Foto herzurichten. Was bei ihrer Gesellenfrisur einst fehlte – der Haarschmuck –, ist nun vorhanden und ziert ihre Frisur aus blonden, weichen Wellen, schmeichelnd ums Gesicht gelegt.

Elise Schäfer 1933

Es ist ein Foto im Stil der Zeit, aber für mich ist es auch noch etwas anderes. Es zeigt mir etwas von ihrer Selbstwahrnehmung, von ihrem Charakter. Und es zeigt mir, dass sie nie zuließ, dass die Härte ihres Schicksals sie kleinmachte, ihr den Mut und die Lebensfreude raubte. Sie war bis zu ihrem Tod eine sehr attraktive Frau, das Gesicht fast faltenfrei, ihr Blick offen. Sie konnte sich über kleine lustige Dinge sehr laut und ehrlich freuen. Sie sagte immer ihre Meinung. Sie spielte ab und zu die Dame und gab mit französischen Floskeln an, um gleich darauf wieder ins Frankfurterische zurückzufallen. Sie war weder fürsorglich noch besonders rücksichtsvoll, und sie redete gern und ausführlich über Geld. Ihre Kleidung bestand vorwiegend aus schicken Kostümen – vorzugsweise in ihrer Lieblingsfarbe Weiß –, und wenn sie eingeladen war, tuschte sie sich die Wimpern, legte ein wenig Puder auf und zog die Lippen nach. Mehr brauchte sie nicht, um sich aus meiner adretten Oma in eine Frau zu verwandeln, die zwar nicht mehr jung war, aber immer noch die Blicke auf sich zog. Natürlich konnte sie schrecklich ordinär sein, vor allem, wenn sie etwas getrunken hatte und sich in Gesellschaft ihrer Schwestern befand. Die Art, wie sie das Wort »Kerls« aussprach, mit rollendem R und zischendem S, ist mir noch in bester Erinnerung. Auch als ich noch keine Ahnung von Omas Karriere als Prostituierte hatte, war mir klar, dass sie diese Kerrrls gleichzeitig begehrte und verachtete.

Was sie mit ihrer Trauer tat, mit ihrer Wut, ihrer Verzweiflung, ihrer Einsamkeit – keine Ahnung. Sie ließ davon niemanden etwas sehen oder hören. Ein einziges Mal während unserer Interviews sagte sie allerdings zu mir: »Wenn ich könnte, würd' ich um mich weinen. Aber da sind keine Tränen mehr. Schon lange nicht mehr. Alles vorbei.« Gleich darauf lachte sie wieder und malte mir eine neue Anekdote aus. Sie hatte eine theatralische Art zu erzählen, die mich faszinierte. Auch im ganz normalen Umgang liebte sie es, sich in Szene zu setzen. Mir hatte man von klein auf immer gepredigt: Zeig dich nicht, sei zurückhaltend, spiel dich nicht auf. Wie Oma sich benahm, so durfte eine Frau nicht sein. Gerade deshalb fühlte ich mich wohl zu ihr hingezogen. Und deshalb mag ich auch dieses überkandidelte Foto von 1933. Meine Großmutter hatte Freude am Posieren – und vor allem Talent dazu. Wenn ich mich fotografieren lasse, mache ich mich immer so klein wie möglich, denke an all meine Unzulänglichkeiten, und so sehen die Bilder dann auch aus. Von Oma besitze ich mehrere Porträts – das älteste ist jenes von 1933, das jüngste ist eine Ganzfiguraufnahme am Strand von Rimini von 1963. All diese Porträts sind Bilder einer Frau, die weiß, dass sie schön ist und wie sie sich am besten zur Geltung bringt. Eine Naturbegabung. Eine Mischung aus Esprit, Eitelkeit und natürlicher Grandezza.

Ob sie das Weinen schon damals verlernt hat, als sie sich von Willi schließlich überreden lässt, mit ihm eines Abends in das berühmt-berüchtigte Café Windsor auf der Kaiserstraße zu gehen? Sie trägt das blaue Samtkleid, ist geschminkt und frisiert, und die Blicke, mit denen man die »Neue« taxiert, sind ihr unangenehm. Am liebsten wäre sie sofort wieder umgedreht, aber sie spürt Willis Hand im Rücken, und außerdem ist sie pleite. Sie hat nichts mehr, und sie weiß, dass das hier ihre Chance ist, will sie nicht demnächst in der Gosse landen. An einem der Tische sitzt ein einsamer älterer Herr, gut gekleidet, vor einem Glas Bier. Im Saal ist es laut, Stimmengewirr, Gelächter, Livemusik – es gibt auch eine kleine Tanzfläche, wo sich ein, zwei Paare drehen. Liesel sieht viele geschminkte Frauen, die sich mit den anwesenden Männern bestens zu amüsieren scheinen. Sie rauchen, sie trinken, sie kokettieren.

Willi gibt ihr einen Schubs. »Da drüben, der Kerl, der allein am Tisch sitzt. Da gehst du jetzt hin. Sei nett zu ihm, lass dir was zu trinken bestellen.«

Liesel tut, was er gesagt hat, und hofft insgeheim, dass der Mann sie wegschicken wird. Aber er lädt sie ein, sich zu setzen. Sofort ist ein Kellner am Tisch. »Was darf ich bringen?«

Der Mann wendet sich zuerst an Liesel: »Du bist neu hier?«, fragt er, und als sie nickt: »Wie heißt du?«

Einen Moment überlegt sie. Es kommt ihr komisch vor, einfach »Liesel« zu sagen. Liesel, das ist der Name, mit dem ihre Mutter, ihre Geschwister sie rufen. Liesel, das ist sie selbst. Liesel klingt nach Altstadtmädchen, arm, naiv, neugierig. Doch es gibt ja auch noch ihren Taufnamen – und der macht was her! Also lächelt sie hoheitsvoll und antwortet: »Ich heiße Elise.« Er lacht und schaut zum Kellner. »Sekt für Elise. Eine Flasche und zwei Gläser.«

Sie hat bisher höchstens mal in einer Kneipe ein Glas Apfelwein getrunken, und der Sekt steigt ihr schnell zu Kopf. Willi beobachtet aus sicherer Entfernung, wie sie bald zu plaudern beginnt, wie sie lacht und sich an den Komplimenten ihres Verehrers, der sich von ihr Alfi nennen lässt, freut. Ein zweiter Mann kommt hinzu, wird von Alfi an den Tisch gebeten. Hermann heißt er, ist jung, dunkelhaarig und trägt einen schmalen Schnauzbart. Er ist Elise nicht unsympathisch. Ab und zu wirft sie einen fragenden Blick zu Willi, der am Tresen steht und sich mit dem Barkeeper unterhält, als wären die beiden alte Freunde. Wenn er ihren Blick auffängt, nickt Willi ihr aufmunternd zu, und irgendwann schiebt sie Hermanns Arm, den er ihr um die Taille legt, nicht mehr weg. Seltsamerweise scheint Alfi, der für die Getränke sorgt, nichts dagegen zu haben, ja, es scheint ihm sogar zu gefallen, denn er ordert gleich noch eine Flasche Sekt.

Elise schwirrt der Kopf. Hübsch hat Hermann sie genannt, charmant. Hat ihre zarte, helle Haut bewundert, ihre rehbraunen Augen. Sie ist verwirrt und beschwingt zugleich. Die Sache kommt ihr mittlerweile viel weniger schlimm vor, als sie befürchtet hatte. Als sie auf die Toilette geht, schiebt ihr Alfi einen Geldschein in die Hand. Ohne nachzudenken, steckt sie ihn ein. Allein im Waschraum, fühlt sie, dass ihr schwindlig ist. Schwindlig und schlecht. Trotzdem geht sie zurück zum Tisch, setzt sich und trinkt hastig noch ein Glas Sekt.

»Braves Mädchen«, flüstert Alfi ihr ins Ohr und will sie küssen.

Da springt sie auf, wirft dabei den Stuhl um, rennt auf die Straße, hält ein Taxi an und springt hinein. »Hammelsgasse«, presst sie hervor, und sobald der Wagen losfährt, muss sie sich übergeben.

Doch ein Anfang ist gemacht, und bald wird es ernst. »Ich hab ja gesehen, was die in der Bar alles ausgegeben haben für mich. Ohne dass ich was mit denen hatte. Nur für Trinken. Und der Willi, der hat mir ständig in den Ohren gelegen: ›Dann kannst du deine Miete bezahlen und dir mal was Schönes kaufen.‹ So auf die süße Tour. Der hat mich nicht geschlagen. Der nicht. Ich war dem nicht hörig. Aber das Geld hat mich gereizt. Der hat genau gewusst, dass ich weich werde, und hat alles organisiert. Auf der Kaiserstraße hat der eine Absteige für mich besorgt.«

Bei solchen Absteigen handelt es sich um Zimmer in einer großen Wohnung, die ausschließlich an Huren untervermietet werden. Auf der Straße sprechen sie potenzielle Kunden an und nehmen sie dann »mit rauf«. Bett, Stuhl, Spiegel, ein Waschtisch oder oft sogar fließend Warm- und Kaltwasser, ein Ofen, Vorhänge, vielleicht ein Teppich. Elises Absteige ist besser ausgestattet als ihr eigenes Zimmer in der Hammelsgasse – den Freiern soll ja etwas geboten werden. Bei der Wirtin bezahlt sie drei Reichsmark pro Tag, Bettwäsche, Wasserverbrauch und Licht inklusive. Getränke gehen extra, die muss sie bei der Vermieterin bestellen, die auch Kondome verkauft, wenn auch zu erhöhten Preisen. Willi sagt ihr, welchen Preis sie pro Freier verlangen soll, um das Geld wieder reinzuholen. Natürlich Verhandlungsbasis. Wenn sie geschickt ist und der Kunde freigiebig, kriegt sie fünf Mark. Wenn sie unsicher ist und ein Mann geizig, dann drei. Wenn einer ihr dumm kommt oder sie ihn nicht will, kann sie ablehnen, erklärt Willi, und: »Will einer nicht zahlen oder macht sonstwie Ärger, rufst du mich, und ich mache das klar.« Er hat offensichtlich Ahnung vom Geschäft, klärt sie auf über Geschlechtskrankheiten. Tripper, Syphilis, Filzläuse, Scheidenpilz. Ihr ganzes Leben ist sie zur Sauberkeit erzogen worden, und Elise, so unerfahren sie ist, nimmt sich vor, sich um jeden Preis zu schützen. Sie besorgt sich einen Irrigator und Borwasser und lässt sich von einer Kollegin zeigen, wie man sich nach dem Sex damit reinigt. Es gibt viele Dinge, die sie lernen muss. Aber sie ist bereit dazu. Hat sie eine Wahl?

Ganz so schlau ist Willi allerdings doch nicht gewesen, denn er hat nicht bedacht, dass eine Neue im Bezirk den anderen Zuhältern auffallen muss. Sie macht den anderen Huren, die auf der Kaiserstraße ihr festes Revier haben, die Kunden streitig. Die Sache mit den weißen Nelken hat Folgen. Schon am dritten Tag, nachdem Elise angefangen hat als Prostituierte zu arbeiten, wird sie von einer Streife der Sittenpolizei festgenommen, als sie gerade mit einem Freier in ihre Absteige gehen will. Kann auch sein, dass einer der Anwohner oder Ladenbesitzer sie denunziert hat. Die Nazis, die seit März an der Macht sind, bekämpfen den »wilden« Straßenstrich und sind dabei auf Zuträger aus der Bevölkerung angewiesen.

Was Elise nicht wissen kann, ist, dass das Gesetz, das es unter Strafe stellt, sich in der Öffentlichkeit im Sinne eindeutig sexueller Annäherung auffällig zu benehmen, seit Mai 1933 verschärft worden ist und es der Polizei nun gestattet, jegliche Person und natürlich besonders jede Frau, der man unterstellt, sie habe jemanden »belästigt«, festzunehmen und mit Haft bis zu sechs Wochen und anschließender Arbeitshausunterbringung zu bestrafen. Das liberale »Gesetz zur Bekämpfung der Geschlechtskrankheiten« aus der Zeit der Weimarer Republik, das die Prostitution quasi freigegeben hatte, wird dadurch massiv eingeschränkt. Den Sozialpolitikern der Zwanzigerjahre war es darum gegangen, Prostitution zu entkriminalisieren und den Frauen, die aussteigen wollten, zu helfen. Die Nazis gehen genau den umgekehrten Weg, verfolgen vor allen Dingen freie Prostituierte und ihre Zuhälter mit aller Härte – was sie nicht daran hindert, die kontrollierte Prostitution zu fördern, denn damit werde angeblich die Ausbreitung von Geschlechtskrankheiten verhindert. Gesellschaftlich gelten Huren als »asozial«, als »gemeinschaftsfremde Subjekte«, die »volkszersetzend« wirken und daher eliminiert werden müssen.

Mit neunzehn Jahren sitzt Elise das erste Mal im Knast. Ihre Personalien werden aufgenommen, sie wird verhört. Dann die Nacht in der Zelle. Zusammen mit anderen Frauen. Ein Dienstmädchen, das wegen Diebstahls einsitzt. Eine blutjunge Frau, die ihr Kind getötet hat. Die Zelle ist winzig, es gibt ein Stockbett und ein Einzelbett, ein vergittertes Fensterloch zum Hof, einen stinkenden Kübel als Toilette, einen kleinen Tisch, drei alte Stühle.

Elise ist vollkommen verstört. Zum ersten Mal in ihrem Leben hat sie wirklich Angst. Da ist die Ungewissheit der Untersuchungshaft: Werde ich bestraft? Wenn ja, wodurch? Muss ich ins Gefängnis? Für wie lange? Da ist die Erkenntnis der Schande: Ich bin kriminell, sonst wäre ich nicht verhaftet worden. Was werden meine Eltern sagen? Was soll ich bloß tun, wenn ich hier jemals wieder rauskomme? Da ist die Wut auf Willi: Der hat mich hier reingebracht. Der ist schuld an meinem Elend. Da ist das Gefühl unendlicher Verlassenheit: Ich habe niemanden, der mir hilft. Ich bin allein.

Nachdem sie dem Untersuchungsrichter vorgeführt worden ist, verwarnt man sie und verlegt sie ins Krankenhaus. Dort wird sie auf Geschlechtskrankheiten untersucht und drei Tage lang unter Beobachtung gestellt. Sie hat Glück und ist »sauber«. Schließlich erhält sie einen Gewerbeschein und vom Gesundheitsamt die Auflage, sich ein Mal wöchentlich zur Untersuchung einzufinden.

Was Elise ebenfalls nicht wissen kann, ist, dass die Gesundheitsbehörde die Pflicht hat, Personen mit häufig wechselndem Geschlechtsverkehr, sogenannte »HWG-Personen«, und Geschlechtskranke namentlich der Erb- und Rassenkartei zur Registrierung zu melden. Prostituierte, aber auch Frauen, die häufiger ihren Partner wechseln oder auch nur abends allein ausgehen, entsprechen nicht dem von den Nationalsozialisten propagierten Frauenbild, gelten als ursächlich für die »Verseuchung« der Männer mit Geschlechtskrankheiten und werden noch mehr als früher an den gesellschaftlichen Rand gedrängt. In den ersten Jahren des »Dritten Reichs« werden sie nur drangsaliert und – nach den Bemühungen der Weimarer Republik um Reintegration, Hilfe zur Selbsthilfe und Gesundheitsfürsorge – rekriminalisiert. Mit dem Geheimerlass des Reichsführers SS Heinrich Himmler vom 14. Dezember 1937 können »Asoziale« dann auch in Vorbeugehaft genommen werden, was gleichbedeutend mit der Einweisung in ein Konzentrationslager ist.

Elise kann es sich nicht leisten, ihren neuen Beruf aufzugeben. Sie schuldet Willi zu viel Geld. Vorsichtig wird sie in Zukunft sein, unauffällig wird sie bleiben, sich an die Vorschriften halten, Kondome benutzen und versuchen, so viel wie möglich von ihren Kolleginnen zu lernen.

Als sie nach der Entlassung aus der Klinik auf der Straße steht, kommt ihr die Stadt fremd vor. Laut, bedrohlich, voller feindseliger Menschen. Langsam, mit Schritten wie tastend, geht sie nach Hause, um sich auszuschlafen. Abends wäscht sie sich, frisiert sich, zieht frische Unterwäsche an und ein anderes Kleid. Sie schminkt sich, und dann geht sie zur Arbeit. Nicht auf der Straße diesmal, sondern in einem Café wie dem Rumpelmeier, dem Kaiserkeller oder dem Café Wien. Ihre Absteige ist sie los, weil sie mehrere Tage nicht da war und keine Miete gezahlt hat. Bis sie ein neues Quartier für ihre Liebesdienste gefunden hat, bleiben ihr nur die Nischen in den Bars, um ihre Kunden zu bedienen. Willi steht Schmiere und warnt sie, wenn eine Streife im Anmarsch ist. Für einen Moment herrscht dann immer Hektik, alle sortieren sich, und die Huren von der Straße kommen hereingerannt. Pause, für eine oder zwei Zigarettenlängen.

Elise etabliert sich in ihrem Beruf, passt sich an, fängt an zu rauchen, trinkt während der Arbeit einiges, genießt es zu flirten und mit ihren offenkundigen Reizen Kunden anzulocken, ihnen das Geld aus der Tasche zu ziehen. Geld und Anerkennung für ihre Schönheit sind der Lohn für ihre gefährliche Arbeit, und beides wird ihr Lebensthema werden. Sie weiß: Wenn Männer sie schön finden, verdient sie viel Geld, und wenn sie Geld hat, verfügt sie über Ansehen. Willi ist kein brutaler Lude, der sie verprügelt und sie zwingt, ihm ihre letzten Groschen zu geben. Es bleibt ihr genug, um sich ein paar Dinge zu gönnen. Eine goldene Kette, neue Kleider, Schuhe, einen warmen Mantel für den Winter. Sie beginnt, ihre Mutter finanziell zu unterstützen. Woher das Geld stammt, gibt sie lange nicht preis, aber Elisabetha Schäfer ist nicht dumm. Sie weiß Bescheid, und obwohl sie traurig ist, akzeptiert sie, was sie nicht ändern kann. »Hure« hat Johann seine Tochter genannt, als sie damals am frühen Morgen nach Hause gekommen ist. Er wird nie begreifen, dass es seine Schläge und sein Rauswurf gewesen sind, die Elise zur Hure haben werden lassen. Privat wird sie noch immer Liesel genannt; wenn sie diesen Namen von Willi, von ihrer Mutter oder ihren Geschwistern hört, fühlt sie sich wieder ein wenig wie das frische, naive Mädchen, das sie einst gewesen ist. Als Professionelle heißt sie Elise, und ebenso, wie sie als Friseuse oder Straßenbahnschaffnerin Erfolg durch Fleiß, Ehrgeiz, Geschick, Sparsamkeit, Ordnungsliebe und Zuverlässigkeit gehabt hätte, wird sie eine erfolgreiche Prostituierte, obwohl sie nur Standard macht. Kein Sadomaso, kein Analverkehr, aber französisch, falls gewünscht. Die gängigen Tricks beherrscht sie alle. »Ich habe mich immer sauber gehalten. Da waren bestimmt manche dabei, die verseucht waren. Aber ich habe ja niemanden berührt. Und alles unten durch, die sind ja gar nicht zu mir reingekommen, das war eine Taktik. Das muss man aber können. Das ist eine Kunst. Die Beine zusammenpetzen, sonst hat der ja kein Gefühl, und dann immer auf die Couch. Das geht natürlich nur, wenn der Kerl einen Schutz trägt. Und wenn einer französisch wollte – natürlich mit Gummi –, dann hat man sich den Penis hier unters Kinn geschoben und die Geräusche mit der Zunge dazu gemacht. So hat man eine Stange Geld verdient und seinen Körper geschont. Erst muss man die Kerle schön poussieren, damit man schön Geld bekommt, man trinkt ein Gläschen Sekt zusammen …«

Anfang 1935 meldet sich Willis Beule am Arm wieder. Diesmal wird bei ihm eine Hauttuberkulose festgestellt. Vermutlich hat er sich bei der Arbeit mit verseuchtem Fleisch angesteckt. Elise besucht ihn im Krankenhaus. »Ist ja logisch, wenn man mit einem so lange fährt. Der war ja quasi mein Mann, nicht wahr? Und da hat er gesagt: ›Bitte heirate mich, ich bin doch krank, und wir wollen doch ein bisschen leben‹. Er hat gebettelt und gefleht, und ich bin weich geworden.«

Als Willi aus dem Krankenhaus entlassen wird, bestellt er das Aufgebot, und am 8. Juli 1935 heiraten die beiden. Aus Elise Schäfer wird Elise Reger. Sie mieten in der Albusgasse eine Wohnung – Zimmer mit Küche, Toilette auf halber Treppe –, und von Elises Geld werden zwei eiserne Bettgestelle und ein bisschen Hausrat angeschafft.

An ihrer Arbeit als Prostituierte ändert sich nichts, obwohl Willi nach wie vor eine feste Arbeitsstelle als Metzgergeselle hat. Doch diese Kombination »Mann hat Arbeit, Ehefrau geht auf den Strich« ist nichts Ungewöhnliches. Die Strafakten dieser Zeit zeigen, dass viele Frauen, die sich prostituieren, verheiratet sind. Ihr Mann, oft ein kleiner Angestellter oder Arbeiter, fungiert in seiner Freizeit als Zuhälter. Gefährlich ist es für beide.

Eines Tages ist Willi verschwunden. Elise hat tagelang keine Ahnung, wo er steckt. Nachts geht sie arbeiten, und wenn sie nach Hause kommt, ist die Wohnung in der Albusgasse leer, bleibt das zweite Bettgestell unbenutzt. »Von einer Kollegin hab ich dann erfahren, dass er mit einer Barfrau in Urlaub gefahren ist. Mit meinem Geld! Und ich, ich durfte nicht in Urlaub fahren. Das hat mir so einen Stich versetzt, und ich hab mir gedacht: ›So weit hast du mich schon, du Stromer. Ich dumme Kuh!‹ Und als er nach Hause gekommen ist, hatte ich mein Köfferchen schon gepackt.«

Sobald sie den Schlüssel in der Tür hört, geht sie hin und baut sich vor Willi auf. »Na, biste wieder da?«, sagt sie feindselig. »Ich bin weg. Adieu. Mit uns ist es aus.« Ehe er etwas erwidern kann, nimmt sie ihren kleinen Koffer, läuft die Treppen hinunter, auf die Straße, und hoch auf die Zeil. Dort hält sie ein Taxi an und lässt sich in ihre Absteige auf der Kaiserstraße fahren – das einzige Domizil, das sie noch hat.

Abgesehen von ihrer Wut auf Willi ist sie fast froh, dass sie einen Grund hat, ihn loszuwerden. Liebe ist es nie gewesen. Sie hat ihn gebraucht, als sie auf der Straße stand, aber er hat sie ausgenutzt und jetzt auch noch betrogen. Nach und nach entwickelt sie einen Plan, doch am übernächsten Abend passt Willi sie ab. »Komm heim«, sagt er. »Bitte, bitte komm zurück, Liesel. Ich brauch dich doch. Wir sind doch verheiratet. Du musst auch nichts mehr machen. Ich sorge für dich. Versprochen. Lass alles sausen und komm heim.«

Aber Elise bleibt hart. »Hör zu, Willi. Du hast mich hier reingebracht. Ich bin registriert. Das ist jetzt mein Beruf. Du kannst mich jetzt nicht mehr rausholen. Du hast es selbst versaut.«

Da er jedoch immer wieder auftaucht, sie zu einem Kaffee einladen will und alles tut, um sie zu überzeugen, fährt sie ein anderes Geschütz auf. »Wir müssen uns scheiden lassen«, erklärt sie ihm. »Wenn sie dich bei mir erwischen, gehst du rein.« Sie will ihn nur noch los sein und droht ihm ganz offen. »Die Polizei ist hinter dir her. Wenn wir uns scheiden lassen, passiert dir nichts.«

Elise sagt nicht: »Ich bring dich rein« oder »Dann lass' ich dich verschüttgehen«, sondern nimmt schlau alle Schuld auf sich: »Wenn sie dich bei mir erwischen, gehst du rein.« Und das wirkt. Willi muss davon ausgehen, dass die Polizei, die in ihren Methoden nicht zimperlich ist, aus Elise rausquetscht, dass er von ihr Geld bekommen hat. Und Geld angenommen zu haben, das aus käuflichen Liebesdiensten stammt, ist Grund genug für die Polizei, einen Mann zu verhaften, egal, ob die Frau, von der er das Geld bekommen hat, seine Freundin ist, seine Verlobte oder seine Ehefrau.

Während Prostitution, solange sie sich an die Regeln hält, geduldet wird, macht die Polizei seit 1933 massiv Jagd auf Zuhälter. Sie gelten als Parasiten, als arbeitsscheu und damit als Elemente, die es »auszumerzen« gilt. Andererseits ist es für Huren, die unter gewalttätigen »Beschützern« leiden oder sich ihrer aus anderen Gründen entledigen wollen, ein wirksames Mittel, sie bei der Polizei anzuschwärzen. Die Männer wandern sofort ins Gefängnis und danach oft genug ins Arbeitshaus, wo durch stumpfsinnige Tätigkeiten, Drangsalierung und Misshandlung aus »asozialen Elementen« wieder »anständige Bürger« werden sollen. Im Milieu kennt jeder einen, der »reingegangen« ist, und alle Zuhälter haben Angst. In Frankfurt stellt der neue Polizeipräsident Adolf Beckerle, dem die gegenwärtige Rechtslage immer noch nicht ausreicht, zudem beim Preußischen Innenministerium den Antrag auf Ausweitung der polizeilichen Machtbefugnisse gegenüber Prostituierten und ihren Zuhältern.

Eingeschüchtert lässt Willi sich auf die Scheidung ein und geht mit Elise zum Anwalt. Der, als er die Geschichte hört, ruft: »Sie – so jung und so gut wie Sie aussehen! Schämen Sie sich nicht? Machen Sie doch, dass Sie wieder in Ihren Beruf kommen!«

Doch Elise ist klar, dass sie mit ihrer Vergangenheit nie wieder Arbeit als Friseuse bekommen wird. Was sie zu Willi gesagt hat, stimmt. Sie hat ihren neuen Beruf akzeptiert und hat trotz der ständigen Bedrohung durch die Polizei nicht vor, ihn aufzugeben.

Für eine Hure geht es unter der Knute von Sittenpolizei und Gestapo immer zuerst um ihre Sicherheit. Selbst wenn sie sich wie Elise an die Auflagen hält, regelmäßig zur Untersuchung geht und nur die Orte frequentiert, die für die Prostitution freigegeben worden sind – es ist immer ein Spiel auf Zeit. Niemand im Milieu ist in der Lage, sich innerhalb der engen Grenzen, die seiner Bewegungs- und Handlungsfreiheit gesetzt sind, permanent im Sinne der rigiden Vorschriften wohl zu verhalten. Die, die sich der strengen Überwachung nicht unterwerfen, die mehrere Male nicht beim Arzt gewesen sind oder gar gegen den Zwang zur Kontrolle klagen, die das Pech hatten, mehrmals auf Kosten der Stadt im Krankenhaus gewesen zu sein, um sich wegen einer Geschlechtskrankheit behandeln zu lassen, die werden irgendwann festgenommen und weggebracht. Es gibt Fälle, wo junge Frauen wegen 35 Mark, die sie der Stadtkasse schulden, für mehrere Monate ins Arbeitshaus wandern. Eine Hure, die Kosten verursacht, die im Verdacht steht, Geschlechtskrankheiten zu übertragen, die das

»Strichverbot« für bestimmte Straßen nicht akzeptiert oder sich in ihrer Freizeit in Gegenden aufhält, die für sie generell gesperrt sind, »geht rein«. Im schlimmsten Fall drohen Entmündigung wegen »moralischen Schwachsinns«, Zwangssterilisation, und später auch die Einlieferung ins Konzentrationslager.

Angst vor der allgegenwärtigen Polizei, Misstrauen gegen Kolleginnen und deren Zuhälter, drückende Geldsorgen, Furcht vor Filzläusen, Tripper oder gar Syphilis, unangenehme Begegnungen mit brutalen Freiern, Schläge ihres Zuhälters, wenn sie zu wenig Geld verdient, begleiten eine Prostituierte bei ihrer Arbeit und in ihrem Privatleben, das sie meist ebenfalls mit Leuten aus der Szene verbringt.

Elise ist eine dieser jungen Frauen; sie hat dieselben Ängste, dieselben Probleme. Noch ehe die Scheidung durch ist, haut sie zunächst ab nach Kassel, weil ihr der Boden in Frankfurt zu heiß geworden ist. »Dort in der Absteige waren Wanzen drin. Furchtbar. Und ich hab eine Nierenbeckenentzündung gekriegt. Und musste doch arbeiten. Zuerst hab ich für meine Bude den Kammerjäger geholt und bezahlt. Dann bin ich heim zu meinen Eltern. Sie haben mich aufgenommen, und ich konnte mich auskurieren. Da hab ich auch meine Scheidungsurkunde bekommen. Die ist zu meinen Eltern geschickt worden, weil ich ja unter meiner Adresse in der Albusgasse nicht mehr erreichbar gewesen bin. Jetzt war ich frei.«

11. StadtLandPuff

Schon als Heranwachsende hatte ich einen Traum, den ich – mit geringen Varianten – in unregelmäßigen Abständen immer wieder träumte. Ich bin in einem großen, alten Haus mit riesigen Zimmern, Holzfußböden, hohen, teils mit dunkelgrünen Samtvorhängen verdeckten Fenstern, schwarzen Möbeln, massig mit gedrechselten Säulen als Verzierung. Ein riesiger vergoldeter Spiegel. Seltsamerweise keine Treppen, sondern ein enger Fahrstuhl. Langsam wandere ich von Zimmer zu Zimmer; ich suche etwas oder jemanden, aber ich weiß nicht, was oder wen. Von den antiken Möbeln und den halb verdunkelten großen Zimmern geht eine unglaubliche Faszination aus, aber ich habe auch Angst. Manchmal steige ich zum Schluss in den Fahrstuhl, aber da drin ist es eng und stickig, und ich kann mich nicht daraus befreien. Das ist meist der Moment, in dem ich aufwache.

Bestimmt hat dieses alte, dunkle Haus mit den riesigen Zimmern und den dunklen, schweren Möbeln viele Bedeutungen. Aber ich weiß, dass dieses Haus existiert, wenn auch nicht so groß wie im Traum, und auch die Möbel und den Spiegel kenne ich. Oder besser: Ich habe sie gekannt. Als Kind. Das Haus gehörte den Eltern meines Großvaters Walter Samstag, und es steht in Mannheim-Sandhofen. Nur der Fahrstuhl, der kommt von woanders her – es sei einem Psychologen überlassen, dieses Bild zu deuten. Was ich auch weiß, ist, dass ich in diesem Haus auf der Suche bin. Nach einem Menschen, nach dem Ausgang, wer weiß? Das letzte Mal habe ich diesen Traum mit Anfang vierzig gehabt. Kurz danach habe ich vom Internationalen Suchdienst auf meine Anfrage ein Schreiben bekommen, das mir die Gefangenennummer meines Großvaters im Konzentrationslager Dachau mitteilte, seinen Einlieferungsgrund »Polizeiliche Sicherungsverwahrung« und den Hinweis »zug. 7.9.40, ü. 3.3.42 Inv. Trsp.«

Zu diesem Zeitpunkt kannte ich Walters Briefe aus Dachau an seine Eltern bereits, und ich kannte auch das handschriftliche Telegramm, das der Lagerkommandant, SS-Obersturmbannführer Piorkowski, am 28. Mai 1942 an meine Mannheimer Urgroßeltern geschickt hatte: »Walter Samstag ist hier am 27.5.1942 an eitriger Angina mit Sepsis verstorben. Leiche wurde hier feuerbestattet. Wegen Urnenüberführung mit dem Krematorium K L Dachau 3 K in Verbindung treten. Sterbeurkunden beim Standesamt Dachau 2 anfordern«.

Wenig später bin ich nach Dachau gefahren, um endlich, nach so langer Zeit, Kontakt aufzunehmen mit meinem unbekannten Großvater. Im dortigen Archiv habe ich dann erfahren, was es mit dem Vermerk »Inv. Trsp.« auf sich hat. Zwischen 1942 und 1944 wurden über 3000 Dachauer KZ-Häftlinge, die nicht mehr arbeitsfähig waren, in sogenannten Invaliden-Transporten in die Vernichtungsanstalt Schloss Hartheim bei Linz in Österreich gebracht und dort mit Kohlenmonoxid vergast. Mein Großvater war einer von ihnen.

Zwischen meiner Erkenntnis, dass der Satz »Der Walter ist ins KZ gekommen, aber das war auch ein schlechter Mensch« – den ich als Kind gelernt und bei einigen Gelegenheiten auch aufgesagt hatte – mich mitschuldig machte, und jenem ersten Besuch bei ihm im KZ Dachau waren mindestens fünfzehn Jahre vergangen, wenn nicht mehr. Das mir von meiner Familie auferlegte Schweigen war ein

Marie und Georg Samstag um 1918

Gebot, das zu brechen ich mich lange nur halbherzig traute. Ich hatte ja meinen Großvater nie persönlich kennengelernt, und die sachliche Atmosphäre in den Archivräumen der KZ-Gedenkstätte war auch nicht dazu angetan, heftige Emotionen zu wecken. Trotzdem – als ich endlich, nach so vielen Jahren, die Wahrheit darüber erfuhr, wie mein Großvater tatsächlich umgekommen war, wurde mir schlecht, und mir zitterten die Knie. Ich bin dann relativ schnell gegangen und habe mir die Ausstellung nur oberflächlich angesehen, aber ich erinnere mich, dass ich auf dem riesigen Foto, das Hunderte von ausgemergelten Häftlingen mit hoffnungsleeren Augen auf dem Appellplatz zeigte, minutenlang das Gesicht meines Großvaters suchte. Natürlich vergeblich. Das Erstaunliche jedoch war: Seitdem ich das erste Mal in Dachau war, habe ich den Traum von dem alten, großen Haus nie wieder geträumt.

Wie gesagt, das Haus war im Original gar nicht so groß, aber mir als Kind kam es riesig und geheimnisvoll vor. Es lag mitten in dem kleinen Arbeiter- und Bauernvorort Sandhofen an einer Straßenecke, war aus gelbem Backstein, einstöckig, mit ausgebautem Dachgeschoss. Genau dort, wo Falken- und Sonnenstraße sich trafen, war an der Ecke der Eingang zum Kolonialwarenladen meiner Urgroßmutter gewesen. Jetzt war der Laden schon lange zu, die Tür abgeschlossen. Darüber, im ersten Stock, befand sich ein kleiner Balkon mit geschwungenem Eisengitter. Im Vergleich zu den umliegenden niedrigen Häuschen der Straße war das Haus der Samstags ein stattliches Bauwerk.

Hier war mein Vater etwa 1957 als junger Mann zwischen Abitur, Militärdienst und Studium auf einer Fahrradtour, die ihn von Frankfurt bis an die Alpen und zurück geführt hatte, angekommen und hatte geklingelt. Ein spontaner Einfall, das

Bedürfnis, seine Großeltern väterlicherseits kennenzulernen, vielleicht auch der tiefe Wunsch, mehr über seinen Vater zu erfahren, als ihm seine Mutter bereit gewesen war zu erzählen.

Marie und Georg Samstag wohnten im Erdgeschoss, in der Wohnung hinter dem Laden. Der Rest des Hauses war seit etwa 1930 an zeitweise bis zu zwölf Einzelpersonen untervermietet, wobei nur wenige Mieter jahrelang, zwei oder drei sogar jahrzehntelang in der Sonnenstraße 34 blieben.

Es muss ein Schock für Marie gewesen sein, als ihr Enkel so unvermutet auftauchte. Sie war damals Anfang siebzig, und ihr Mann – fünfzehn Jahre älter – war krank und bettlägerig. Unschlüssig, was sie tun sollte, entschied sie sich für das Falsche. Sie schickte meinen Vater weg, weil, so argumentierte sie, sich ihr Mann nicht aufregen durfte. Mein Vater musste also unverrichteter Dinge wieder abreisen. Er hat mit mir darüber nie gesprochen – was ich darüber weiß, habe ich von meiner Mutter. Ein Jahr später erhielt er eine vorfrankierte Blanko-Postkarte. Darauf stand: »Lieber Dieter, Opa ist tot. Ich bin sehr einsam. Marie Samstag.«

Bei seinem nächsten Besuch stand ihm die Tür weit offen. Marie gestand, dass ihr Mann ihr schwere Vorwürfe gemacht hatte, weil sie seinen Enkel weggeschickt hatte. Sie muss ihm erst kurz vor seinem Tod überhaupt von dem Besuch erzählt haben, sonst hätte er sie vermutlich sofort aufgefordert, seinen Enkel zu kontaktieren. Mir ist im Laufe meiner Nachforschungen klar geworden, dass ihre Taktik aus Vermeidung und widerwilliger Kontaktsuche Methode hatte. Der Grund dafür: meine Großmutter Elise. Aber davon später. Marie erzählte meinem Vater, die letzten Worte ihres Mannes seien gewesen: »Kümmere dich um meinen Dieter.« Auch das weiß ich nicht von ihm selbst, sondern von meiner Mutter.

Von da an gab es regelmäßige Besuche in Sandhofen; wann meine Erinnerung daran einsetzt, weiß ich nicht mehr so genau – vielleicht war ich auch in meinen ersten Lebensjahren gar nicht dabei. Ich war begeistert von Oma Samstags Wohnung. Die großen, hohen Räume, das Herrenzimmer mit den schweren, schwarzen Eichenmöbeln und dem riesigen Schreibtisch, dessen viele Fächer ich zu gern erkundet hätte. In der Küche stand ein altes Büffett, und darauf befand sich ein Käfig mit einem Kanarienvogel. Im Schlafzimmer mit den zwei massiven Betten und dem monströsen Kleiderschrank hing ein hoher, goldgerahmter Spiegel. Im Gegensatz zu diesen Räumen war das Wohnzimmer geradezu modern eingerichtet. Möbel der Fünfzigerjahre, darunter eine Stehlampe mit beweglichen Armen und je einer roten, einer blauen und einer gelben »Tüte«. Es gab immer Torte satt, und die Stimmung war jedes Mal gedrückt, sodass ich bald fragte: »Darf ich in den Laden?« Das war für mich das Spannendste. Ein echter alter Kaufladen, mit Tresen und Schubfächern, auf denen in altmodischer Schrift »Mehl« stand, »Zucker«, »Reis«. Es war dämmrig, der Fliesenboden war kalt, aber ich malte mir aus, wie ich hinter dem Tresen stand und Eier verkaufte, Möhren auf die alte großen Waage legte und sagte: »Genau ein Pfund, wie gewünscht.« Es gab auch ein altes Holzkästchen mit Gewichten. Die holte ich heraus und legte sie auf die Waage. Irgendwann kam dann immer meine Mutter. »Komm, wir fahren. Verabschiede dich von deiner Oma.«

Ich weiß nicht mehr, ob ich Marie Samstag je umarmt habe oder ob ich ihr immer nur die Hand gegeben habe. Ich war scheu, die Atmosphäre war immer leicht deprimierend, und sie war eine recht große, dicke Frau, tiefschwarz gekleidet, vor der ich mich etwas fürchtete, obwohl sie sich kaum bewegen konnte.

Meine Mutter hat mir berichtet, dass Marie meinem Vater oft von Walter erzählt hat. Was genau – das konnte ich bis heute nicht in Erfahrung bringen. Die Bereitschaft meiner Mutter, darüber zu sprechen, ist nach wie vor gering; viele Details hat sie vermutlich einfach auch vergessen – oder, wie ich glaube, verdrängt. Es ist seltsam. Meine Uroma Elisabetha und meine Oma Elise haben immer gern von früher erzählt, auch meine Großmutter mütterlicherseits, die ich sehr mochte, war erzählfreudig. Meine Mutter kann stundenlang mit Begeisterung Szenen ihrer Kindheit und Jugend in Schlüchtern entwerfen. Sie wuchs in einer streng katholischen Großfamilie auf; ihre Eltern hatten eine Gastwirtschaft und einen Bierverlag; morgens vor der Schule mussten die neun Kinder in die Frühmesse. Alle waren sportlich, musikbegeistert – die älteste Tochter studierte Musik, während meine Mutter Noten eher mied, jedoch ein Stück, das sie einmal gehört hatte, sofort auswendig konnte. Sie war jazzbegeistert, improvisierte auf dem Klavier gekonnt durch alle Tonarten und spielte später, wenn meine Eltern durch die Frankfurter Kneipen zogen, am Barpiano für ein Bier. Meinen Vater kannte sie schon von der Schule, er war eine Klasse über ihr. Als sie nach ihrer Lehre als Zahnarzthelferin nach Frankfurt ging, um eine zweite Ausbildung bei der Post zu machen, trafen sie sich wieder und verliebten sich. Sie war fasziniert von seiner Familie. Alle lebten auf engstem Raum zusammen, es wurde geraucht, gesoffen, die Sprache war drastisch, man stritt, man lachte. Als mein Vater nach Schlüchtern fuhr, um bei ihren Eltern formell um ihre Hand anzuhalten, beschied ihm mein Großvater: »Sie sind nichts, Sie haben nichts, außerdem sind Sie evangelisch, ich gebe Ihnen meine Tochter nicht.« Als meine Eltern daraufhin doch heirateten und meine Mutter nach meiner Geburt sehr geschwächt war, suchte sie Zuflucht in Schlüchtern. Mein Vater war in Frankfurt durch eine Prüfung gefallen und hatte sich für ein Semester in Erlangen eingeschrieben, um den Kurs nachzuholen, damit er sein Stipendium nicht verlor. Ich, sechs Wochen alt, war in Schlüchtern bei Tante Mizzi untergebracht. Als meine Mutter zu Hause klingelte, öffnete ihre Großmutter: »Sieh zu, wo du bleibst«, beschied sie meiner Mutter und wies sie ganz klassisch von der Schwelle.

Meine Eltern gemeinsam gegen den Rest der Welt. Wir waren die typische Burgfamilie, wie sie in den Büchern über die Kriegskinder beschrieben wird. Auf niemanden angewiesen sein, stark sein, sich unbedingt aufeinander verlassen können. Dazu gehörte das einvernehmliche Schweigen über Walter Samstag. Mein Vater sprach mit mir nie über das Kind, das er gewesen war; er sprach überhaupt nur mit meiner Mutter über sich und seine Gefühle. Ich hatte keine Ahnung, ob er sich nach einem intakten Elternhaus gesehnt hatte. Nach dem Zweiten Weltkrieg wuchsen 2,5 Millionen Kinder ohne Vater auf. Vor Kurzem habe ich einen Dokumentarfilm gesehen, in dem einige dieser vaterlosen Kinder, heute alle über siebzig, zu Wort kamen. Auch hier herrschte in den Familien oft Schweigen, auch hier begann erst spät die Suche nach Dokumenten, nach Informationen, nach der Wahrheit über einen Menschen, den die Kinder vermisst, verehrt, teilweise sogar verklärt hatten. In dem Film ging es vor allem um Soldaten, die aus dem Krieg nicht mehr heimgekehrt waren. Ein Mann wie mein Großvater Walter Samstag, der als »Berufsverbrecher« von den Nazis umgebracht worden war, kam nicht vor. Mein Vater war nie in Dachau. Er wollte über das Schicksal seines Erzeugers nichts wissen. Zu sehr schämte er sich für ihn. Meine Mutter selektiert bis heute die Informationen, schützt – so sieht sie das – meinen Vater, schützt die Familie. Wenn ich früher fragte, bohrte, neugierig war, gab sie weiter, was sie für erzählenswert hielt. Vor allen Dingen warb sie, wenn es zwischen mir und meinem Vater Schwierigkeiten gab, um Verständnis für ihn, indem sie Splitter seiner Geschichte preisgab. Das vaterlose Kind. Die egoistische Mutter. Sie achtete Elise und schätzte sie auf gewisse Weise, doch sie blieb ihr vom Wesen her immer fremd.

Elise, frisch geschiedene Reger, meldet sich am 25. September 1937 in Mannheim an. Der Meldebogen verzeichnet als Beruf: Dirne. Sie hätte auch »ohne Beruf« angeben können oder »Friseuse«, aber sie ist selbstbewusst genug, um sich und ihre Profession nicht zu verstecken. Warum ausgerechnet Mannheim? Ein Grund könnte sein, dass sie ihrem Exmann Willi aus dem Weg gehen möchte. Das Frankfurter Pflaster ist ihr zu heiß, außerdem hat sie das Leben als freie Prostituierte satt und sucht eine gewisse Sicherheit. Das Pendeln zwischen Animierkneipe und Absteige ist ihr lästig; sie ist jetzt vierundzwanzig und will in diesen gefährlichen Zeiten einen festen Arbeitsplatz. Den kann sie in Mannheim haben, denn die Stadt ist eine der wenigen in Deutschland, die ihre Prostituierten seit jeher in einen streng reglementierten Bordellbezirk, die Gutemannstraße, zwingt. Die Häuser dort werden von Bordellwirtinnen geleitet, die Zimmer an die Frauen vermieten. In den Dreißigerjahren gibt es jedoch nach wie vor auch ganz normale Wohnhäuser in der Gutemannstraße, in denen Arbeiter und Angestellte leben. Heute heißt die Straße »Lupinenstraße«, alle Häuser beherbergen Puffs, und an beiden Straßenenden sind hohe Blenden angebracht, damit die anständigen Bürger der unmittelbaren

Nachbarschaft nicht von dem liederlichen Treiben belästigt – oder gar animiert werden.

Elise nimmt ihren Wohnsitz in der Hausnummer 17 bei Frau Wilhelm, doch schon am 3. Oktober wird sie verhaftet. Die »Neue« muss sich bei der Polizei registrieren lassen und wird zur Untersuchung ins Krankenhaus gesteckt. Am 6. Oktober ist sie wieder frei und zieht in die Gutemann-straße 4 zu Frau Gruber, doch es kommt zwischen den bei-den Frauen sofort zum Streit über Geld, und Elise zieht wei-ter in die Gutemannstraße 9 zu Frau Schanker. Dort fühlt sie sich wohl, wird von den anderen Frauen akzeptiert, und dort lernt sie im Herbst 1937 Walter Samstag kennen.

Er hat die letzten viereinhalb Jahre im Knast und im Arbeitshaus verbracht, ist ausgehungert nach Sex, ist voller Wut und Lebensgier. Was sieht Elise, als er den Salon des Bordells Gutemannstraße 9 betritt? Einen jungen Mann, mittelgroß, schlank, dunkelblond, mit vollen Lippen und intensivem Blick. Sein Gang ist lässig, seine Gesten breit, sein Auftreten vielleicht ein bisschen zu großspurig. Er gefällt ihr – und sie gefällt ihm auf den ersten Blick. Früher ist er immer in die Nummer 5 gegangen, zu Christel, die sich »die Nonne« nannte, oder zu Hanna, dem »Schneewitt-chen«. Der Schlosser, der bei den Samstags im Haus ein Zimmer gemietet hat, ist damals mit Hanna gegangen und hat Walter in die Welt der käuflichen Liebe eingeführt. Er ist es auch gewesen, der dem Jungen beigebracht hat, wie man im Bordell Geld verdient, statt es auszugeben. Die »Nonne« ist ganz vernarrt in den siebzehnjährigen Novizen gewesen, sie kauft ihm einen Anzug, eine schicke Kappe, neue Schuhe, und an ihren freien Tagen lässt sie sich von ihm ausführen, gibt mit ihm an vor ihren Kolleginnen, und wenn er Geld braucht, unterstützt sie ihn freigiebig. Er darf

bei ihr ohne Kondom, und es ist ihm egal, dass sie die drei
ßig längst überschritten hat.

Eines Tages jedoch ist sie weg. Einfach weg. Ohne eine
Nachricht zu hinterlassen. Walter will von den Frauen wissen, wo sie ist, aber niemand kann oder will ihm Auskunft
geben. Nur Hanna flüstert ihm irgendwann zu, die »Nonne«
habe jemanden kennengelernt und sei mit ihm durchgebrannt. Wohin? Keine Ahnung.

Ohne sie sitzt Walter auf dem Trockenen. Von seinem
Vater, in dessen Kolonialwarengeschäft er eine kaufmännische Lehre macht, bekommt er bloß Taschengeld. Fünfzehn Mark in der Woche. Die lässt er im Bordell, diesmal
bei Lili mit der tiefen Stimme, die Zigarre raucht und behauptet, von Adel zu sein. Er glaubt bald, Lili herumgekriegt
zu haben. Ein, zwei Mal gelingt es ihm, Geld von ihr zu
schnorren. Doch dann hat sie genug.

»Scher dich zum Teufel«, sagt sie zu ihm. »Du kriegst von
mir keine müde Mark mehr. Was glaubst du, wer du bist?«

Walter hat getrunken, er hat Schulden, nicht hoch, aber
er braucht dringend Geld. Wut, Demütigung und Alkohol
sind eine ungesunde Mischung für einen jungen Mann, der
zum Jähzorn neigt. Immer hat er bisher bekommen, was er
wollte. Von Christel, der »Nonne«, die ihm, wie sie oft
gesagt hat, »den Arsch verzuckern« wollte, von seiner Mutter, die ihn vergöttert, von seinem Vater, der zwar oft mit
ihm schimpft, aber dann jedes Mal einknickt, weil Walter
der einzige Sohn ist, der ihm geblieben ist.

Es ist das erste Mal, dass Walter eine Frau schlägt, und es
hat Folgen.

»Dich bring ich rein!«, schreit Lili ihm hinterher, als die
Bordellwirtin und ihr Hausknecht ihn nach draußen schaffen.

Walter Samstag um 1928

Sie hält Wort und zeigt ihn bei der Polizei wegen Zuhälterei an. Am 15. Juni 1933 – Walter ist neunzehn Jahre alt – wird er vom Schöffengericht Mannheim zu fünfzehn Monaten Gefängnis abzüglich drei Monaten Untersuchungshaft verurteilt. Lili hat ausgesagt, ihm Geld gegeben zu haben, das aus käuflichen Liebesdiensten stammt. Damit ist er nach geltendem Recht als Zuhälter klassifiziert.

Sein Vater sitzt bei der Verhandlung im Gerichtssaal, ein kleiner, schmächtiger Mann, bereits über sechzig, noch nicht ganz ergraut und mit hellen Augen. Er schämt sich, schämt sich so sehr für seinen Sohn, dass er ihm keinen Rechtsanwalt besorgt, der ihn vielleicht herauspauken könnte, indem er die Schuld auf die Prostituierte abwälzt und ein Plädoyer für den »minderjährigen Ersttäter« hält. So wird Walter das höchstmögliche Strafmaß aufgebrummt.

Dabei war alles so gut gewesen, damals, als er, Georg Samstag, Witwer mit drei halbwüchsigen Kindern, 1911 noch einmal geheiratet hatte. Marie Bohrmann, fünfzehn Jahre jünger als er, eine hübsche, zur Fülle neigende Frau mit ebenmäßigen Zügen, leicht verhangenem Blick und üppigem dunkelbraunem Haar. Am 6. September 1913 bringt sie einen Sohn zur Welt; sie taufen ihn Walter Theodor; er wird das einzige Kind dieser Verbindung bleiben.

Ein Foto zeigt ihn im Alter von etwa drei Jahren, herausgeputzt im hellen Anzug: schicke Jacke mit Samtschleife und breitem Lackgürtel, modische Bermudas, darunter schwarze Strumpfhosen, an den Füßen blankpolierte schwarze Stiefelchen. Der Junge wird verwöhnt, daran besteht kein Zweifel.

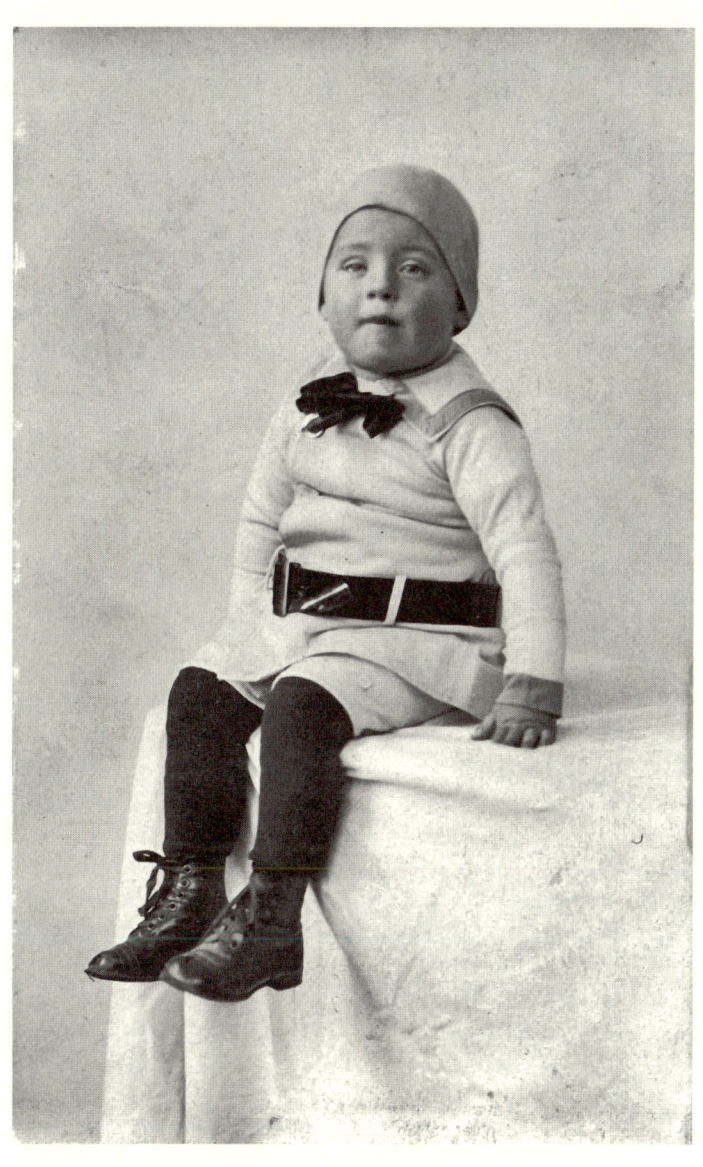

Walter mit drei Jahren

Georg Samstag ist lange Jahre Werkmeister in der Zellstoff-fabrik in Sandhofen gewesen. 1925 wird er arbeitslos und eröffnet in seinem geerbten Eckhaus, Sonnenstraße 34, einen Lebensmittelladen, der gut läuft. Wohlhabend sind die Samstags trotzdem nicht.

Im Ersten Weltkrieg wird Georg eingezogen, ebenso wie sein Sohn aus erster Ehe. Während der Vater mit dem eisernen Kreuz dekoriert wieder nach Hause kommt, fällt der Sohn 1918. Danach ist Walter Theodor Samstag unbestrittener Stammhalter, alle Hoffnung einer aufstrebenden Familie ruht auf dem Jungen, bei dem an nichts gespart wird. Später gründet sein Vater im Dachgeschoss des Hauses vorausschauend eine kleine Zigarrenmanufaktur – »damit mein Sohn einmal ein Auskommen hat«.

Walter ist ein aufgewecktes, sportliches Kind, äußerst selbstbewusst und mit einem ausgeprägten Willen. Seine Handschrift ist groß, schwungvoll, seine Initialen im Stil der Zeit kalligrafisch gestaltet. Ob er ein guter Schüler war? Zeugnisse sind nicht überliefert, dafür aber einige Urkunden, die er bei Wettkämpfen seines »Turnvereins Mannheim-Sandhofen 1887« gewonnen hat. Erste Preise im Vier- und Siebenkampf – die letzte Urkunde datiert von 1929. Da geht er schon bei seinem Vater in die Lehre, paukt Buchführung und kaufmännisches Rechnen, lernt alles über Warenbeurteilung und -einkauf, Preisgestaltung, Lagerhaltung.

Und jetzt das. Minderjährig und wegen Zuhälterei verurteilt. Was sollen die Nachbarn denken? Die Freunde? Die Kunden?

Für mehr als vier Jahre verschwindet Walter aus Sandhofen. Zuerst bringt man ihn ins Zuchthaus Marienschloss in Rockenberg. Dieses ehemalige Zisterzienserinnenkloster, wuchtig auf einem Hügel in der Wetterau gelegen, dient seit 1811 als Gefängnis und »Besserungsanstalt«. 1933 ist dort für vier Monate auch der frühere hessische Innenminister Wilhelm Leuschner inhaftiert, der später in den Widerstand geht und 1944 von den Nationalsozialisten hingerichtet wird.

Walter, der verwöhnte Junge, der sich so gern gut kleidet und so gern über seine Verhältnisse lebt, wird in Sträflingskleidung gesteckt, bekommt die minderwertige Anstaltsnahrung zu essen und muss stumpfsinnige Tätigkeiten verrichten. Er, der immer ein Zimmer für sich allein hatte, teilt seine Zelle nun mindestens mit drei weiteren Gefangenen. Der Ton im Gefängnis ist rau, wer aufmuckt, wird sofort bestraft. Entzug von Hofgang, Mehrarbeit, Ausfall von Mahlzeiten bis hin zu Schlägen und Einzelarrest.

Doch Walter ist nicht der Typ, der sich unterkriegen lässt. Sein Temperament ist aufbrausend, und wenn er gereizt wird, wehrt er sich, auch wenn er weiß, dass er dafür büßen muss. Er ist aufsässig, streitlustig, schmuggelt und leiht sich aus der Gefängnisbibliothek Bücher über die große weite Welt aus. Eines davon ist »Land und Leute in Nordamerika«, bei Langenscheidt erschienen, ein fast neues Exemplar, das irgendwie verloren geht und das man ihm später in Rechnung stellt. Er träumt davon, auszuwandern, wenn er hier wieder rauskommt. Diese Sehnsucht nach Freiheit, seine Wut und seine Energie bündelt er schließlich darin, mit anderen Häftlingen einen Ausbruchsversuch zu organisieren. Der scheitert, und statt der ersehnten Freiheit brummt ihm das Bezirksschöffenbericht Mainz wegen der »Anstiftung zur Gefangenenbefreiung« eine zusätzliche Freiheitsstrafe von zwei Jahren auf.

Zu seinen Eltern hat Walter während seiner Haft keinen Kontakt. »Ich hatte mich damals über das Verhalten meines

Sohnes Walter sehr geschämt«, sagt sein Vater. »Als er damals im Gefängnis seine Strafe verbüßte, hatte ich mich auch nicht um ihn gekümmert.«

Nachdem er seine Zeit im Marienschloss endlich abgesessen hat, wird Walter zunächst in die Strafvollzugsanstalt Preungesheim überwiesen, und von dort geht es für ein halbes Jahr ins Arbeitshaus Kislau. Der Gefängnisarzt in Preungesheim bescheinigt Walter Samstag am 31. März 1937, frei von Hautkrankheiten und Ungeziefer und transport- und arbeitsfähig zu sein. Am 1. April verzeichnet das Landesarbeitshaus Kislau Walter Samstag als Zugang mit folgender Personenbeschreibung:

Alter:	24 Jahre
Größe:	1,73 m
Gewicht:	73,5 kg
Gestalt:	schlank
Gesichtsform:	rund
Gesichtsfarbe:	gesund
Haare:	dunkelblond
Augenbrauen:	dunkelblond
Augen:	blau
Nase:	normal
Mund:	dsgl.
Zähne:	gut
Beine:	gerade
bes. Kennz.:	keine

In seinem persönlichen Besitz befinden sich 1 Hut, 1 Überzieher, 1 Rock, 1 Weste, 1 Paar Schuhe, 1 Kragen, 1 Krawatte, 2 Taschentücher, 1 Hemd, 1 Gürtel, 1 Paar Socken, 1 Paar Sockenhalter, 1 Fingerring, 1 Zahnbürste und 1 Paar Manschettenknöpfe.

Das Urteil des Anstaltsarztes fällt kurz und bündig aus: »Arbeitsfähig, darf Haare lang tragen«.

Am Tag, an dem Walter in Kislau eingeliefert wird, ergeht auch ein Fragebogen an das für ihn zuständige evangelische Pfarramt in Mannheim-Sandhofen. Neben allgemeinen Fragen zu Eltern, Familienstand, Schulbesuch und Beruf wird in dem Fragebogen auch um Auskunft über den Gesundheitszustand der Familie mit besonderer Berücksichtigung von Alkoholismus, Geistesstörungen – darunter fallen auch Epilepsie und Selbstmord sowie »absonderliches Benehmen« – sowie über das religiös-sittliche Verhalten im Hinblick auf »Alkoholmissbrauch, geschlechtliche Exzesse, Bekanntschaften und Geschlechtskrankheiten« gebeten. Konkret wird gefragt, ob sich körperliche oder geistige Erkrankungen bemerkbar gemacht haben.

Die Antwort des Pfarrers, der Walter Samstag vermutlich bei dessen Konfirmation zum letzten Mal zu Gesicht bekommen hat, da die Familie nicht besonders religiös ist, lautet: »Ein Onkel des Bestraften hatte eine sogenannte leichte Ader in geschäftlichen Dingen, sodass das ererbte väterliche Geschäft in anderen Besitz kam. Walter Samstag ist früh verwöhnt worden … Früh schon beschäftigte er sich mit Alkohol und vor allem: Weibern. Nach meinen Erkundigungen handelt es sich hier um einen schwierigen Fall. Die Aussichten auf Besserung werden allgemein als sehr gering beurteilt. Der Grund des Walter Samstag ist schlecht«.

Der Grund des Walter Samstag ist also schlecht, und im Arbeitshaus soll er sich bessern. Walter hat zu diesem Zeitpunkt vier Jahre Gefängnis hinter sich; er ist als Minderjähriger mit neunzehn Jahren inhaftiert worden und im Zuchthaus zum jungen Mann geworden.

Ursprünglich ist der Gedanke, der hinter der Einrichtung von Arbeitshäusern steht, »Korrigendinnen und Korrigenden« durch Disziplin und regelmäßige Arbeit dazu zu bringen, nach ihrer Freilassung nicht mehr »auffällig« oder kriminell zu werden. Tatsächlich ist die Anstalt nicht besser als ein Gefängnis, und eine Verhaltenskorrektur somit völlig illusorisch. Zuhälter wie Walter Samstag gelten überdies als widersetzlich, aggressiv und selbstbewusst; sie wiegeln die Mithäftlinge auf, prügeln sich und unternehmen Fluchtversuche. Im Arbeitshaus Breitenau beispielsweise werden daher nach 1933 keine Zuhälter mehr zur »nachkorrektionellen Nachhaft« aufgenommen; man verlängert einfach deren Haftzeit in den »normalen« Strafgefängnissen.

Walter kommt laut seiner Strafakten nach Kislau, in ein ehemaliges Jagdschloss in Nordbaden bei Bad Schönborn, das seit 1819 als Strafanstalt und Arbeitshaus dient. Unter den nationalsozialistischen Machthabern wird es neben seiner Funktion als Arbeitshaus auch zum Konzentrationslager, in dem vor allem politische Gefangene inhaftiert werden – so der Karlsruher Sozialdemokrat Ludwig Marum, der 1934 in Abwesenheit des Lagerleiters von vier SS-Männern in seiner Zelle erdrosselt wird.

Anders als die Arbeitshäusler in ihrer hellen Kleidung tragen die KZ-Häftlinge dunkelblaue Anstaltskluft. Im Vergleich zu Breitenau ist Kislau ein fast »humanes« Arbeitshaus, das von den Nazis als Vorzeige-KZ benutzt wird, wenn Staatsgäste aus dem Ausland kommen. Aufgestanden wird um sechs, der Arbeitstag beträgt zehn Stunden, das Essen ist halbwegs ausreichend, und es gibt eine einstündige Mittagspause. Um acht Uhr abends geht es ins Bett – harte Pritschen mit Strohsäcken. Persönlicher Besitz ist nicht gestattet; die »Korrigenden« müssen sämtliche Habseligkeiten am Tag ihrer Einlieferung abgeben. Alles wird dokumentiert und weggeschlossen. Ein Anstaltsarzt und je ein Pfarrer katholischer und evangelischer Konfession kümmern sich um die körperliche und seelische Gesundheit der Häftlinge. Gearbeitet wird in der Landwirtschaft, beim Küchendienst oder bei Sanierungen am Schlossgebäude.

Walter Samstag ist in Kislau eine Art Hausmeister, ihm obliegt unter anderem die Gebäudereinigung.

Bald schon gibt es die ersten Konflikte, schreiben Gefängniswärter die ersten Meldungen. Beim Mittag- und Abendessen werden Häftlinge bestimmt, die den großen Suppenkessel aus der Küche in den Speisesaal tragen, wo die Hungrigen an langen Tischen auf die karge Kohl- oder Nudelsuppe warten. Walter ist einer derjenigen, die beim Kesselschleppen mittun müssen. Lust dazu hat er keine, und so trödelt er im Schlafsaal.

Der Aufseher kommt: »Samstag, Abmarsch zum Kesseltragen.«

Walter lümmelt sich auf seine Pritsche.

»Haben Sie nicht gehört! Los, machen Sie, dass Sie in die Küche kommen.«

Lässig steht Walter auf und sagt: »Mir ist der Inspektor maßgebend, nicht Sie.«

»Darüber werde ich Mitteilung machen!«, schreit ihn der Aufseher an und verlässt wutschnaubend den Schlafsaal. Walter lacht nur und schlendert hinunter zum Essen.

Doch die Strafe folgt auf dem Fuß. Der Aufseher hat eine schriftliche Meldung gemacht, Walter wird vorgeladen und gerügt, kommt aber diesmal mit einem Verweis davon. Das nächste Mal geht es nicht so glimpflich ab. Streit unter Mitgefangenen gibt es häufig, und Walter ist jemand, der sich leicht provozieren lässt. Dabei rutscht ihm oft die Hand aus. Sein Kumpan, der den Fausthieb abbekommen hat, steckt es weg, doch der Aufseher macht Meldung. Beide werden vor den Anstaltsleiter gebracht.

»Haben Sie den Mitgefangenen L. geschlagen?«, wird Walter verhört.

»Er hat meine Zigaretten geklaut«, verteidigt er sich.

»Haben Sie dem Angeklagten Zigaretten gestohlen?«, will der Anstaltsleiter von L. wissen.

»War doch nur eine Kippe«, murmelt der. »Dafür hat er mir fast das Auge ausgeschlagen.«

»Können Sie das bestätigen?«, wird der Aufseher gefragt.

Der nickt, und damit ist die Sache erledigt.

»Zwei Hungerkosten für Samstag«, ordnet der Leiter des Arbeitshauses an und lässt den Anstaltsarzt bestätigen, dass der Gefangene Samstag körperlich in der Lage ist, die Strafe zu erleiden.

»Hungerkost« ist eine bei den Nazis beliebte Strafe – das zynische Wort bedeutet schlicht, dass der Gefangene nichts zu essen bekommt.

Walters Widersetzlichkeit wird dadurch nur gesteigert. Er fühlt sich den dumpfen, brutalen Gefängniswärtern überlegen, lacht sie aus, erledigt seine Aufgaben nachlässig, und wenn er mit einem Kumpel Streit hat, erledigt er das mit den Fäusten, ohne an die Konsequenzen zu denken.

Hilfsaufseher F. meldet: »Der Gefangene Walter Samstag schlug dem Gefangenen D. ins Gesicht. Ich sah, dass der Gefangene Samstag in den Schuppen mit den Wäschebassins ging und den Gefangenen D. suchte. Beide kamen daraufhin heftig gestikulierend aus dem Schuppen. Unter der Tür schlug Samstag dem D. ins Gesicht, dass er aus der Nase blutete.«

Das »Ergebnis der Ermittelungen« ergibt, dass Walter geständig ist. Seine Strafe beträgt drei Tage Arrest, das heißt Einzelhaft. Wenig später kommt es erneut zu einer Schlägerei zwischen Walter und einem Mitgefangenen, doch diesmal leugnen beide, sich geprügelt zu haben, und entgehen so einer Strafe.

Ein Mal pro Tag gibt es frische Luft. Das nennt sich »Spazierhof«, und die Häftlinge marschieren in Reih und Glied immer rundherum.

»Alle sofort anhalten!«, brüllt der Aufpasser. »He, Samstag, setzen Sie Ihre Mütze richtig auf!«

»Das geht Sie einen Scheißdreck an, wie ich meine Mütze aufsetze!«, ruft Walter zurück.

»Raustreten, sofort!«, kommt der Befehl.

Doch Walter tritt nicht nur aus der Reihe, wie befohlen, sondern geht drohend auf den Vorgesetzten zu. »Sie setzen mir die Mütze nicht gerade auf. Rühren Sie mich bloß mal an!«

Sechs Tage Arrest folgen, und danach weitere Widersetzlichkeiten, geahndet durch Bestrafung wie Essensentzug und Einzelzelle. So geht es weiter, bis Walter sein halbes Jahr in Kislau endlich abgesessen hat.

Was auch immer das Ziel der »korrektionellen Nachhaft« für Walter Samstag gewesen sein mag – als er auf Beschluss der Direktion des Landesarbeitshauses Kislau am 25. September 1937, genau jenem Tag, an dem Elise Reger sich zum ersten Mal in der Gutemannstraße in Mannheim anmeldet, entlassen wird, kehrt er weder gebrochen noch versehen mit nützlichen Kenntnissen oder Einsichten ins Leben zurück. Er bekommt seine Sachen wieder, dazu einen vorläufigen Pass, der ihm nur gestattet, nach Mannheim-Sandhofen, Sonnenstraße 34, zu fahren – oder zu laufen, denn sein Guthaben durch die Entlohnung der Anstaltsarbeit, 47 Reichsmark und sechs Pfennige, wird ihm nicht ausbezahlt. Im Entlassungsformular sind auch die Punkte »Reiseunterstützung«, »Zehrgeld« und »Fahrkarte nach …« durchgestrichen. Wie er also von Kislau nach Mannheim kommt, ist seine Sache.

Und welches Willkommen haben ihm seine Eltern bereitet, als er Ende September plötzlich mittags im Laden steht? Herzlich wird der Empfang nicht gewesen sein. Marie Samstag weint. Freut sie sich? Macht sie sich bereits schon wieder Sorgen, wie es weitergehen soll mit ihrem einzigen Sohn? Georg Samstag ist ein rechtschaffener Mensch, ehrlich, warmherzig und offen. Aber das Unglück, das Walter über die Familie gebracht hat, hat ihn gebrochen. Er bleibt seinem Sohn gegenüber reserviert, fast stumm, während Marie später beim Abendessen in einem fort redet. Sie erzählt von den Kindern der Stieftöchter, von Bekannten und Verwandten, davon, wie der Laden läuft und die kleine Zigarrenfabrik. Beides soll Walter einmal übernehmen. Mit Zigarren lässt sich gutes Geld verdienen – Baden-Württemberg ist das größte Tabakanbaugebiet in Deutschland. Rollmaschinen sind noch nicht erfunden; alle Zigarren werden von Hand hergestellt, meist von Frauen.

Walter hört zu, schweigt. Er hat nichts zu erzählen; seine Tage im Gefängnis sind deprimierend eintönig gewesen. Aber es fragt ihn auch niemand danach, seine Eltern wollen nichts davon hören, wie Menschen jahraus, jahrein nebeneinander auf Strohsäcken schlafen, ihre Notdurft in Kübel verrichten, niemals allein sein dürfen, außer in der Einzelhaft, angebrüllt und gedemütigt werden, sich jeden Tag darauf freuen, im Hof hintereinander immer im Kreis marschieren zu können, über ihnen der graue oder der blaue

Himmel, die Wolken und die Vögel. Mag sein, dass seine Mutter sich erkundigt: »Wie geht es dir?« Was soll er anderes antworten als: »Gut, Mutter.« Er ist gesund. Er ist wieder zu Hause. In dieser Nacht schläft er das erste Mal seit viereinhalb Jahren wieder allein in seinem eigenen Zimmer, in einem Bett mit Federkissen, Plumeau und Rosshaarmatratze.

Am nächsten Tag bittet er seine Mutter um Geld und fährt mit dem Fahrrad nach Mannheim in die Gutemannstraße. Er feiert seine Freiheit im Bordell. Lachen, trinken, tanzen und dann mit dem Mädchen seiner Wahl aufs Zimmer. Einen weiblichen Körper spüren, nachdem er jahrelang mit Männern zusammengepfercht gewesen ist. Parfüm riechen statt alten Schweiß, glatte Haut berühren, in Frauengesichter schauen, die, wenn sie auch bei Tageslicht vielleicht verhärmt, faltig oder blass aussehen mögen, unter der Schminke bei Lampenschein verführerisch wirken. Ein freundliches Lächeln statt des Gebrülls des Aufsehers, auch wenn dieses Lächeln gekauft ist und die Zuwendung berechnet wird.

Walters Partnerin ist Elise, die »Neue aus Frankfurt«, eine schöne junge Frau seines Alters, die ihm ähnlich ist in ihrem Mut, ihrem Trotz, ihrer Lebensglut. Ein Porträt aus jener Zeit zeigt sie in adretter, hochgeschlossener Bluse und Kostumjacke, nur leicht geschminkt, ein schickes Hütchen in den blonden Locken, die Hände flach und artig übereinandergelegt. Ihr Lächeln, ihre Augen, kokettieren mit der Bravheit der Pose.

Womit weder Elise noch Walter gerechnet haben, geschieht. Zum ersten Mal in ihrem Leben sind sie wirklich verliebt. Und weil sie es nicht anders kennen, leben sie diese Liebe nach den Regeln ihres Milieus. Es ist Ehrensache für Elise,

Elise Reger um 1937

ihren Kerl zu finanzieren. Sie selbst legt Wert auf gute Kleidung und sieht es gern, wenn auch Walter schick angezogen ist. Sobald Walter seinen Führerschein gemacht hat, kauft sie ihm ein Auto. Damit machen sie Ausflüge aufs Land, nehmen Freunde mit, kehren ein, essen, trinken, zeigen, dass sie Geld haben und es zu gebrauchen wissen. Sie sind ein schönes Paar, wenn sie sich in der Öffentlichkeit präsentieren, aber dass die wohlanständigen Bürger, dass die Nazi-Behörden Menschen wie sie als »asozial« brandmarken, als »Gemeinschaftsschädlinge« und Verbrecher, wissen sie genau. Es vergeht kein Tag, an dem sie keine Angst haben, verhaftet zu werden. Aber es vergeht auch kaum ein Tag, an dem sie es sich nehmen lassen, das Leben in vollen Zügen zu genießen.

Walters Eltern bekommen davon entweder nichts mit oder verschließen die Augen davor.

»Als er nach Hause gekommen war, war eine Zeit lang alles in Ordnung«, erzählt sein Vater. »Er ging seiner Arbeit nach und ich hatte nichts zu klagen. Er ging dann abends ab und zu nach Mannheim und kam abends gewöhnlich wieder nach Hause. Es kam auch vor, dass er erst morgens am anderen Tage nach Hause kam. Ich habe mich weiters nicht mehr um ihn gekümmert. Ich war der Meinung, dass er ein Mädchen in Mannheim hätte.«

Anfang 1938 bringt Walter seine Freundin das erste Mal mit nach Hause und stellt sie seinen Eltern vor.

Vor Gericht wird sein Vater später sagen: »Eines Tages brachte Walter ein Fräulein mit in meine Wohnung. Er sagte zu mir, dass dies sein Mädel sei, und dieselbe sei Bedienung. Dieses Fräulein war einen Tag bei uns. Genächtigt hat sie nicht in meinem Hause. Später habe ich dann in Erfahrung gebracht, dass dieses Fräulein eine Dirne war. Walter muss mit dieser Dirne längere Zeit verkehrt sein.«

Georg Samstag wird bei der zweiten Vernehmung leugnen, den Namen »dieser Dirne« zu kennen. Tatsächlich aber hat Walter seinen Eltern 1938 schnell klargemacht, dass sie sein Verhältnis zu Elise zu akzeptieren haben, ob sie wollen oder nicht. Zwar bleibt der persönliche Kontakt zwischen ihr und Walters Eltern sporadisch, aber dass »Liesel«, wie er sie ruft, ein fester Bestandteil seines Lebens ist, nehmen sie irgendwann hin, obwohl besonders seine Mutter voller Abneigung gegen die junge Frau ist. Ihrer Meinung nach ist Elise schuld daran, dass Walter erneut auf Abwege geraten ist, sie ist die Verführerin, die ihn ködert mit ihrem Aussehen und ihrem Geld. Das hindert sie jedoch nicht daran, an Elises gutem Verdienst zu partizipieren. »Die Sau hat von mir noch jeden Monat Geld verlangt. Nicht persönlich. Durch ihn! ›Sag deiner Liesel, sie soll mir achtzig Mark geben, ich kann die Steuer nicht bezahlen‹. Lauter so Sachen.«

Im Mai 1938 erfährt Elise, dass sie schwanger ist. »Ich war ja noch drei Monate unwohl. Ich wusste ja gar nicht, dass ich schwanger war. Ich habe jedem Morgen Eier im Glas gegessen. Vorher habe ich nie Eier im Glas gegessen. Mir war ab und zu schlecht. Aber ich hätte nie gedacht, dass ich schwanger wäre. So dumm war ich noch mit fünfundzwanzig. Vorher bin ich ja auch nie schwanger geworden. Bei der Arbeit habe ich mich ja immer geschützt. Aber ein Loddel, der macht es ja nicht mit Schutz. Der sagt: ›Das ist für die Freier, und nicht für mich.‹ In der Nacht mit dem Walter hatte ich das erste Mal einen Orgasmus. Und da hab ich wohl empfangen. Vorher war ich ja auch schon mit ihm zusammen. Aber ich habe nichts empfunden. Und dann … Ich muss in dieser Nacht wohl Zips auf ihn gehabt haben.

Wenn ich es gewusst hätte, hätte ich es ja noch … Ich bin ja regelmäßig zur Untersuchung gewesen. Aber erst Ende des dritten Monats hat der Arzt es mir gesagt. Da hat der zu mir gesagt: ›Vor zwei Wochen hätte ich es Ihnen noch wegmachen können. Aber jetzt nicht mehr.‹«

Als sie Walter das nächste Mal sieht, sagt sie: »Weißt du was? Ich bekomme ein Kind.«

Eben noch hat er sie geküsst, jetzt schreit er sie an: »Aber nicht von mir!«

Sie ist an seine jähzornigen Ausbrüche gewöhnt, weiß, dass er sich meist gleich wieder einkriegt. »Von wem denn sonst«, erwidert sie ruhig. »Ich habe doch mit niemandem ohne Gummi was gehabt, außer mit dir.«

»Lass es wegmachen«, brüllt er. »Der Balg muss weg!« Eine schwangere Freundin kann er sich nicht leisten. Wenn sie schwanger ist, kann sie nicht arbeiten, und wenn sie nicht arbeiten kann, sitzt er auf dem Trockenen. Verantwortung tragen, eine Familie gründen – so etwas kommt für ihn überhaupt nicht infrage. Sowieso arbeitet er, seit er mit Elise zusammen ist, nur, wenn er Lust hat. Sein Vater nimmt es hin, so wie er alles hinnimmt. Er ist alt, Walter ist sein einziger Sohn, und wenn es zum Streit kommt, hat der kleine, schmächtige Mann dem athletischen, wenn auch vom guten Leben mittlerweile etwas aufgeschwemmten jungen Kerl nichts entgegenzusetzen.

Erschrocken von seiner heftigen Ablehnung und voller Angst, dass er sie schlägt, sagt Elise schließlich schwer atmend: »Ich kann es nicht mehr abtreiben. Es ist zu spät.«

»Das ist mir egal! Wer weiß, wer dir das angehängt hat.«

Doch sie ist sich sicher, und diese Gewissheit gibt ihr Kraft. »Wie du willst«, sagt Elise. »Dann ist es aber auch nur meins. Und das wird auch groß.«

Aufgewühlt erzählt er es trotzdem seinen Eltern. Seine Mutter fährt auf: »Du wirst die doch jetzt nicht heiraten! Walter, die macht doch mit jedem rum, das weißt du doch! Woher willst du denn wissen, dass sie dir das nicht nur erzählt, weil sie Geld von uns will? Die will sich hier breitmachen mit ihrem Bankert, wenn du das alles mal erbst.«

Einerseits stimmt er seiner Mutter zu, andererseits hat er nicht vor, Elise den Laufpass zu geben. Auf seine Weise liebt er sie wirklich, und vor allem ist sie fleißig, verdient gut, und er hat sich an seinen neuen Lebensstandard viel zu sehr gewöhnt, um seiner Mutter den Gefallen zu tun, wieder brav zu Hause zu sein, im Laden die Kundschaft zu bedienen und von seinem Vater ein Taschengeld dafür zu bekommen – alles im Hinblick darauf, dass er Haus, Ladengeschäft und Zigarrenmanufaktur ja später mal erben wird.

Was seine Mutter allerdings erreicht, ist, dass er während der nächsten Monate Elise ständig Vorwürfe macht, sie beim kleinsten Anlass beschimpft und sie manchmal, wenn er zu viel getrunken hat und seine Aussichten ihm plötzlich düster erscheinen, auch schlägt. Seine Stimmungen wechseln sowieso ständig, und wenn Elise ihm klarzumachen versucht, dass sie für sich und das Kind sparen muss, rastet er aus. Er ist die Hauptperson, er bekommt den Löwenanteil, er braucht alle Zuwendung, die sie erübrigen kann. So hat er es als Kind gelernt, so kennt er es, so will er es haben.

Elise sucht nach Möglichkeiten, der Situation zu entkommen. »Ich hätte ihn umbringen können, weil der Drecksack mich so geschlagen hat und mir noch das letzte Geld abgenommen hat. Aber ich habe mit Freude mein Kind getragen.«

Im Juni 1938 sagt eine Kollegin zu ihr: »Lass uns nach Hannover gehen. Da ist Messe, da kann man gutes Geld verdienen.«

Elise ist sofort dabei. Endlich weg aus Mannheim, weg von den Schlägen, der Abzocke, weg von einem Mann, den sie liebt und zugleich hasst.

12. Landflucht

Hannover. Messe. 1938. Das waren die Informationen, die ich besaß, als ich begann, die Monate zwischen Elises Flucht aus Mannheim und der Geburt ihres Sohnes im November 1938 nachzuzeichnen. Ein Blick ins Internet bewies, was ich befürchtet hatte. Die große Hannover Messe gab es erst seit 1947. Also Fehlanzeige. Was war es dann, was Elise und ihre Kollegin nach Hannover zog? Vielleicht eine Luftfahrtschau? Walter, der Elise zu deren Verdruss sofort nachgereist ist, hat seinen Eltern aus Hannover eine Postkarte nach Mannheim geschickt, darauf ein Zeppelin. »Bitte seid so gut und schickt mir den Gürtel von meinem Übergangsmantel«, schreibt er – offenbar stellt er sich auf einen längeren Aufenthalt ein. »Gruß von Liesel« fügt er hinzu, obwohl er doch wissen muss, wie sehr die Erwähnung dieses Namens seine Mutter ärgert.

Ein E-Mail-Wechsel mit der Pressestelle der Stadt Hannover ergab, dass es im Juli 1938 keine Luftfahrtschau dort gegeben hatte. Das Nächstliegende teilte mir die PR-Frau allerdings nicht mit – so weit ging der Service dann wohl doch nicht. Ein Freund brachte mich schließlich darauf: »Sie war Prostituierte, sagst du?« Ich bejahte. »Dann gib mal andere Suchwörter bei Google ein. Fest. Oder Kirmes. Oder Volksfest.« Ich tat es, und schon hatte ich, was ich suchte. Seit dem 16. Jahrhundert findet in Hannover in den ersten beiden Juliwochen das größte Schützenfest der Welt statt. Ich forschte im Kalender nach dem Beginn 1938. Der erste Sonntag im Monat war der 3. Juli. Elise hatte sich am 1. Juli aus Mannheim abgemeldet. Auf der Karteikarte vermerktes Ziel: Hannover. Sie war zu diesem Zeitpunkt bereits im fünften Monat schwanger.

»Komm, wir fahren nach Hannover, da ist Messe, da kann man Geld verdienen«, hatte die Freundin zu Elise gesagt. Gemeint hatte sie Kirchweih, Dom, Kermesse, Kirmes. Vierzehn Tage Riesenrummel, ein Jahrmarkt der Möglichkeiten und damit das perfekte Jagdrevier für Prostituierte. Mit einer Einschränkung, wie Elise mir erzählt hatte: »In Hannover war es gefährlich, auf den Strich zu gehen. Da war überall die Geheimpolizei. Wenn die gesehen haben, dass du einen Mann ansprichst, dann haben sie dich verschüttgehen lassen.«

Walter, der wenig später als die Frauen in Hannover eintrifft, fährt das elegante große Cabrio, das Elise ihm finanziert hat, und er bringt einen Freund mit – Karl, den Zuhälter der Kollegin Erna. Die Männer quartieren sich in Hannover ein und machen es sich bequem, während ihre Frauen anschaffen gehen. Wenn Elise und Erna nicht arbeiten, fahren sie zu viert aufs Land, kehren in Gartenwirtschaften ein, lassen es sich gut gehen, den weißen Spitz, der Erna und Karl gehört, immer dabei.

Eines Tages fahren sie ins Schloss Herrenhausen und lassen sich in einem der ältesten botanischen Gärten Deutschlands vor Palmen fotografieren. Von dort stammt das einzige noch existierende Foto, das Elise und Walter gemeinsam als Paar zeigt. Er wirkt äußerst selbstbewusst – im sommerlichen karierten Anzug mit dunkler Krawatte und Einstecktuch, eine Hand lässig in die Hüfte gestützt, das Jackett offen, die Bundfaltenhose ohne Gürtel, der Schlips etwas zu kurz gebunden. Sie, etwas müde, mit leicht gedunsenem Gesicht durch die Schwangerschaft, trägt ein helles Kostüm mit weißer Bluse, dazu weiße, halbhohe Sandalen, das Haar hat sie

Landpartie bei Hannover 1938 am Steuer Walter Samstag, hinten links Elise Reger

mit einem karierten Tuch zusammengebunden. Auch sie stützt den rechten Arm in die Hüfte, mit dem linken hat sie sich bei Walter untergehakt. Elise ist fülliger geworden, aber ein Babybauch ist nur zu erahnen.

Doch die Idylle trügt. Immer wieder kommt es zu Auseinandersetzungen zwischen Elise und Walter. Meist geht es um Geld, oft aber auch um das Kind, auf das sie sich freut. Walter ist schlicht eifersüchtig, zeitlebens ist er immer die Hauptperson gewesen, er duldet keinen Nebenbuhler, ganz gleich ob ausgewachsen oder ungeboren, und er lässt es seine Freundin auf jede erdenkliche Art und Weise spüren.

»Da hat er mich so geschlagen. Und ich hab's noch mal im Guten versucht. Hab zu ihm gesagt: ›Ich bekomme ein Kind. Du sagst, es ist nicht von dir. Also hast du kein Recht, mich oder das Kind jetzt noch kaputt zu schlagen. Verschwinde. Aber sofort. Ich muss jetzt für mein Kind sorgen. Du kriegst keine Mark mehr, sonst bring ich dich ins Kittchen‹. Da war ich gemein. Ich musste doch …«

Dann wird sie selbst geschnappt.

»Im Knast, in der Zelle, habe ich einen Anfall bekommen. Ich muss getobt haben wie eine Verrückte. Der Wärterin habe ich gesagt: ›Ich kann nicht hierbleiben, ich bin schwanger‹. – ›Das glauben Sie doch selbst nicht!‹, hat die mich angebrüllt. Anderntags haben sie mich vor den Medizinalrat geschleppt. Dort musste ich mich ganz ausziehen, und dann hat er den Bauch gesehen. ›Ja‹, hat er gesagt, ›sie ist schwanger. Sie wird sofort freigelassen.‹ Zu mir hat er gesagt: ›Sie haben noch vierzehn Tage Zeit, sich ein bisschen Geld zu verschaffen.‹ Der hat die Kriminalpolizei angerufen, weil ich gejammert habe, ich hätte kein Geld, ich sei von Mannheim extra zum Arbeiten hierher gekommen.«

Elise und Walter 1938

Walter hat den Ernst hinter Elises Drohung erkannt und sich diesmal von ihrem »Dann bring ich dich rein« abschrecken lassen. Während er nach Hause fährt, kehrt Elise von Hannover aus nicht nach Mannheim zurück, sondern sucht Unterschlupf bei ihren Eltern in Frankfurt, gleichgültig gegenüber den Vorwürfen ihres Vaters, der sie widerwillig aufnimmt. Ihre Mutter ist glücklich, sie wieder bei sich zu haben, und Platz ist in der Wohnung Alte Gasse 6 auch genug, obwohl die Zwillinge Anna und Eva, mittlerweile siebzehn Jahre alt, und Adolf, ihr Bruder, der ausgelernt hat und als Friseur arbeitet, auch noch zu Hause wohnen. Elise bringt alles Geld mit, das sie in Hannover noch zusammenraffen konnte.

Der November 1938 ist keine gute Zeit. In der »Reichskristallnacht« brennt die nahe gelegene Synagoge, jüdische Geschäfte auch in der Alte Gasse und auf der Zeil werden geplündert, jüdische Bürger verhaftet und zusammengeschlagen. Von all dem hat mir meine Großmutter nichts erzählt, obwohl sie es hautnah miterlebt haben muss. Nach dem Krieg haben die meisten Leute nicht über diese Ereignisse gesprochen, fragt man sie direkt danach, heißt es meist: »Daran kann ich mich kaum noch erinnern.« Johann Schäfer, überzeugter Nazi, Parteimitglied längst vor der Machtergreifung, Angestellter in einem Verlag, in dem das faschistische Denken gepflegt wird, hat die Ereignisse vermutlich begrüßt und entsprechend kommentiert. Für ihn, mittlerweile Ende fünfzig, ist es die beste Zeit seines Lebens. Er hat eine gute Arbeit, leistet sich eine Freundin und pafft seine Zigarren, nicht mehr die allerbilligste Marke − er kann sich jetzt was Besseres leisten. Um die Ausbildung seiner beiden Zwillingstöchter kümmert er sich nicht, aber als das Frankfurter »Institut für Erbbiologie und Rassenhygiene« ihn auffordert, Anna und Eva vorzustellen, kommt er der Aufforderung pflichtbewusst nach. Das Institut – eine universitäre Einrichtung – ist direkt nach der Machtübernahme der Nazis im von der Gestapo geschlossenen Institut für Sozialforschung eingerichtet worden. Es wird seit 1935 von Otmar Freiherr von Verschuer geleitet, dem »führenden Rassehygieniker der NS-Zeit«, wie ihn Karl Brandt, der Leibarzt Hitlers, später nennt. Obwohl Verschuer erst 1940 der NSDAP beitritt, forscht er ganz im Sinne des Regimes zur »menschlichen Erblehre und Eugenik«. Die These der Nationalsozialisten, dass sich nicht nur das Äußere, sondern auch Charaktereigenschaften bis hin zu gesellschaftlich erwünschtem bzw. unerwünschtem Verhalten vererben, soll mit diesen Forschungen untermauert werden. Ziel der faschistischen Erbbiologie und Eugenik ist es letztendlich, die Verfolgung und Ausrottung von »nicht-arischen« sowie als »wertlos für die Volksgemeinschaft« befundenen Menschen zu legitimieren, wozu nicht nur an Erbkrankheiten Leidende, sondern auch sogenannte moralisch Schwachsinnige und »Antisoziale« wie Prostituierte und Zuhälter gehören, dazu alle »Arbeitsscheuen«: Trinker, Wohnsitzlose oder »Berufsverbrecher«. Verschuer und seine Kollegen – darunter der Doktorand Josef Mengele, der später als »Todesengel von Auschwitz« grausame Menschenversuche vornimmt – interessiert ganz besonders die erbbiologische Forschung an Zwillingen.

Anna und Eva werden im Institut vermessen und einem Intelligenztest unterzogen. Ihr Vater muss Fragen zur Familiengeschichte und zu eventuellen Krankheiten beantworten; der soziale Status der Familie wird festgestellt. Ein kleines Foto zeigt Anna im Profil, das Haar feucht und

zurückgekämmt, damit jedes physiognomische Detail sichtbar ist; ihr Kopf ist eingespannt in ein Vermessungsgerät.
Das Pendant mit ihrer Schwester Eva ist verloren gegangen.

Ihrem Vater teilt man danach mit, dass es sich bei seinen
Kindern um zweieiige, gleichgeschlechtliche Zwillinge han-
dele, die im Gegensatz zu eineiigen Zwillingen nicht viel
mehr gemein haben als normale Geschwister. Damit sind
sie für Verschuer uninteressant, denn das Interesse der
faschistischen Erbbiologen gilt vor allem den »natürlichen
menschlichen Klonen«.

Am 26. November 1938 setzen bei Elise die Wehen ein. Mit
der Straßenbahn fährt sie in die Klinik. »Die haben mich
nicht gefragt, was ich arbeite. Vielleicht wussten sie es. Ich
habe einfach gesagt: ›Ich kriege ein Kind.‹ Dann musste ich
baden, obwohl ich doch ganz sauber war.«

Nach der Entbindung – einer Zangengeburt mit schwe-
rem Dammriss – fragt der Arzt: »Wissen Sie, was Sie haben?«

Sie schaut zu ihm auf. »Einen Bub?« Und als er nickt,
fragt sie hastig: »Hat er alle Fingerchen? Hat er alle Zehen?
Ist nichts verkrüppelt? Nichts kaputt?«

»Wie kommen Sie denn darauf?«, sagt der Arzt lachend.
»Nein, alles in Ordnung.«

Erleichtert schließt sie die Augen. Sie hat solche Angst
gehabt, dass Walter bei seinen Attacken etwas kaputt ge-
treten hat. Anfangs stillt sie, doch dann fängt sie wieder an
zu rauchen und setzt ab, als das Kind davon eine Gelbsucht
bekommt. Und dann steht Anfang Januar plötzlich Walter
vor der Tür. Er hat sich schon gedacht, dass sie bei ihren
Eltern Unterschlupf gefunden hat, und er kennt die Adresse;
Liesel hat oft von ihrer Mutter und ihren Geschwistern in
der Alte Gasse gesprochen, und es gibt ja die Durchschläge

der Abschnitte, auf denen sie regelmäßig Geld nach Frankfurt überwiesen hat.

»Bobbel, du musst kommen, ich hab Schulden, und die Polente ist hinter mir her«, sagt er. Seinen Sohn nimmt er zur Kenntnis, aber was ihn eigentlich interessiert, ist nur, dass alles wieder so wird wie früher. »Bobbel, ich brauch dich doch, wir gehören doch zusammen.«

»Und das Kind?«, fragt sie. »Ich hab jetzt ein Kind, für das ich sorgen muss.«

»Den Bub holen wir nach«, verspricht er. »Bald. Ganz bestimmt.«

Sie sieht es ganz klar. »Der hat, als ich weg war, eine andere poussiert, die muss er aufgewalkt haben, weil sie nicht genug Geld rangeschafft hat, und da hat sie wohl gesagt: ›Dich lass' ich verschüttgehen.‹ Und da hat er Schiss gekriegt und ist wieder zu seiner Bobbel.«

Trotzdem wirft sie ihn nicht gleich raus. Sie ist pleite, seit mehr als zwei Monaten hat sie nichts verdient, ist auf die Gnade ihrer Eltern angewiesen. Johann liegt ihr ständig in den Ohren: »Jetzt haste das Kind und kein Geld und keinen Mann, und wir müssen dich ernähren, wo wir selbst doch so knapp dran sind.« Ihren Vater hat sie längst schon wieder herzlich satt; sie liebt ihr Kind, lässt aber zu, dass meist ihre Mutter für den kleinen Jungen sorgt. Die nun vierundfünfzigjährige Frau ist früh gealtert, sie ist geplagt von Schmerzen in den Knien, geht aber immer noch Zeitungtragen. Dass ihr Mann eine Geliebte hat, nimmt sie mittlerweile hin, macht ihm keine Vorwürfe mehr, aus Angst, misshandelt zu werden. Vor zwei Jahren hat sich ihr Lieblingsbruder Ludwig das Leben genommen; er hatte Spielschulden, hat das Wiesbadener Dom-Hotel, dessen Teilhaber er war, in den Ruin gerissen. Eigentlich hat Elisabetha Schäfer keine

Kraft mehr, für ein weiteres Kind zu sorgen, aber sie freut sich riesig über ihren Enkel und gibt ihn kaum einmal her. Elise fühlt sich fast überflüssig und noch dazu eingesperrt, hilflos ohne eigenes Geld. Und Walter ist ihr nicht gleichgültig, obwohl er sie geschlagen und ausgenommen hat.

Eine Vorstellung davon, was sie arbeiten könnte, wenn sie aus der Prostitution aussteigen würde, hat sie nicht. Sie könnte als Bedienung gehen, aber in den Restaurants und Cafés werden von einer Kellnerin Zeugnisse verlangt, die sie nicht besitzt, und Kenntnisse, die sie erst erwerben müsste. Was bliebe dann? Spülfrau, Putzfrau? Für ein paar Groschen? Sie ist es gewöhnt, ausreichend Geld zu haben, gönnt sich was, kleidet sich gern schick. Und was ist, wenn sie tatsächlich einen neuen Arbeitgeber findet und der dann herausbekommt, dass sie vorher als Prostituierte gearbeitet hat? Dann wirft er sie raus, davon ist sie überzeugt.

Also ist sie am 27. Januar 1939 wieder in Mannheim und bezieht erneut ein Zimmer bei Frau Schanker in der Gutemannstraße 9. Ihren Sohn, Dieter, lässt sie bei ihren Eltern, unter der Vormundschaft ihres Vaters. Mehrmals sind Kontrolleure des Jugendamtes aufgetaucht – Elise sagt: »der Gestapo«. Sie wollen wissen, wer der Vater ihres Sohnes ist, obwohl sie keine Unterstützung beantragt hat. Doch sie verschweigt hartnäckig den Kindsvater und trotzt den Drohungen der Beamten, denn sie weiß genau, dass der Kleine in Gefahr ist, wenn bekannt wird, dass sein Vater ein mehrfach verurteilter Zuhälter ist. Sie selbst ist seit Langem als Dirne aktenkundig, und »moralischer Schwachsinn«, der allen Prostituierten unterstellt wird, gilt den Nazis als erblich. Sie halten »Asozialität« für eine unmittelbar fassbare Erbkrankheit.

Herbert Linden, der Organisator der Euthanasiemorde, schreibt: »Vom rassepolitischen Standpunkt ist es notwendig, jetzt schon das Gesetz zur Verhütung erbkranken Nachwuchses auch auf die Asozialen anzuwenden, bevor das Bewahrungsgesetz erscheint.« Auf diesem Weg dürfe man sich durch formaljuristische Bedenken nicht aufhalten lassen.

Gesundheitsamt, Fürsorgeämter, Polizei und Arbeitsverwaltung arbeiten Hand in Hand, um Nachwuchs von Menschen, die »nichts leisten« und dadurch beweisen, dass mit ihrem »Rassewert« etwas nicht stimmt, entweder zu verhindern, indem man die potenziellen Eltern zwangssterilisiert, oder die Kinder aus ihren Familien zu entfernen, indem man sie in Heime steckt und dort quält wie Elvira Hempel und ihre Brüder – einer der wenigen Fälle, die sehr viel später autobiografisch aufgearbeitet und veröffentlicht worden sind. Elviras Mutter wendet sich, als sie und ihre Kinder obdachlos werden, an das Fürsorgeamt – mit dem Ergebnis, dass die Behörde die Jungen abholen und in ein katholisches Heim in Thüringen stecken lässt. Elvira kommt zu ihren Großeltern, hat aber das Pech, lungenkrank zu werden. Aus dem Krankenhaus entführen sie Mitarbeiter des Jugendamtes und bringen sie in ein Kinderheim nach Magdeburg. Von dort geht es in die Gaskammer – doch während sie zusehen muss, wie ihre Schwester umgebracht wird, verhindert das spontane Eingreifen eines Arztes, dass auch sie vergast wird. Ein kleines Wunder!

Ein anderer Fall ist Paul Brune, 1935 geboren. Zu seiner »asozialen« Herkunft kommt noch das Stigma des unehelichen Kindes hinzu. Er ist das Ergebnis einer außerehelichen Beziehung, und sein Stiefvater misshandelt seine Ehefrau daraufhin dermaßen, dass sie versucht, sich und ihre Kinder im Dorfteich zu ertränken. Dabei stirbt eines der Kinder. Damit sie nicht wegen Kindsmord hingerichtet wird, lassen ihre Verwandten sie für geistesgestört erklären.

Paul Brune kommt in ein katholisches Waisenhaus. Dort wird er, neben den üblichen Misshandlungen, als »Frucht der Sünde« zusätzlich beschimpft und gequält. Stigmatisiert verbringt der hochintelligente Junge seine gesamte Kindheit und Jugend in psychiatrischen Anstalten, auch nachdem das »Dritte Reich« längst zusammengebrochen ist. Noch in den Siebzigerjahren wird seine Krankenakte herangezogen, um ihm nachzuweisen, er sei geistesschwach.

Im Jahr 1938 beginnt das Reichsministerium des Innern mit dem Aufbau einer reichsweiten zentralen »Asozialenkartei«, in der die Datensätze aller Behörden und Arbeitshäuser zusammenfließen. Natürlich ist das ein langfristig geplantes Unternehmen und kann deshalb im Zeitalter von Karteikarten und Schreibmaschine nicht, wie in unserer heutigen Computerwelt, flächendeckend sein. Diejenigen aber, die in dieser Kartei erfasst werden, kommen in Arbeitshäuser und Konzentrationslager oder werden an die Jugendfürsorge überwiesen.

Elise sieht nur eine einzige Möglichkeit, um zu verhindern, dass ihr Sohn eines Tages abgeholt und weggeschafft wird, und überträgt ihren Eltern das Sorgerecht. Ihr Vater ist Parteimitglied und hat eine feste Arbeitsstelle, der Leumund ihrer Mutter ist gut. Daher ist Dieter bei seinen Großeltern einigermaßen sicher – was seine Tante Gretel, den Friseurmeister aus Eckenheim und deren Kinder nicht daran hindert, ihn bei jedem Zusammentreffen als Bankert und als Hurensohn zu beschimpfen, ihn aus ihren Spielen auszuschließen und ihn spüren zu lassen, dass er nicht willkommen ist. Demgegenüber verliebt sich seine siebzehnjährige Tante Anna, eine der Zwillingsschwestern, sofort in ihn. Sie ist es, die ihm – neben seiner Großmutter – Zuneigung, Wärme und Geborgenheit schenkt. Seiner Mutter wird er nie verzeihen, dass sie ihn im Stich gelassen hat.

13. Landsknechte

Zwei Männer sind hauptverantwortlich dafür, dass mein Großvater ins KZ und meine Großmutter ins Wehrmachtsbordell kamen, und beide haben, wie sie sagen, nach den Gesetzen gehandelt und nur ihre Pflicht getan. Der eine ist Kriminalkommissar Georg Blank aus Mannheim, der andere ist Kriminaloberinspektor Alois Eisele vom Polizeipräsidium Karlsruhe.

Bei meinen Recherchen bin ich erst spät auf die beiden Polizisten gestoßen, und als ich die Aussage las, die Blank in Sachen des Wiedergutmachungsverfahrens für Walter Samstag 1956 zu Protokoll gegeben hatte, schien mir eines klar zu sein: Das war ein strammer Nazi, einer, der Menschen jagte, weil sie nicht in sein Weltbild passten.

Doch so einfach ist es nicht, wie ich bald darauf feststellen musste.

Blank geht 1936 als Kriminalinspektor aus Karlsruhe nach Mannheim, was seiner Aussage nach einer Strafversetzung gleichkommt. Vor der nationalsozialistischen Machtergreifung ist er Mitglied der SPD gewesen, bis zu deren Verbot 1933. Nur die Fürsprache eines vorgesetzten SA-Mannes bewahrt ihn davor, aus dem Polizeidienst entlassen zu werden. 1935 steht er in Karlsruhe zur Beförderung zum Kriminaloberinspektor an, doch ein Schriftwechsel zwischen Innenministerium und Gauamtsleitung belegt, dass man ihn politisch nicht für zuverlässig hält. Von einer Beförderung wird also Abstand genommen, und stattdessen wird Blank die Leitung des Zweiten Kommissariats in Mannheim übertragen. Dort ist er, in seinen eigenen Worten, »für die

Bekämpfung des Dirnen- und Zuhälterwesens, das gesamte Fahndungswesen, die Bekämpfung des Zigeunerunwesens und die damals bestehenden arbeitsrechtlichen Bestimmungen« zuständig. Er ist verheiratet und hat einen Sohn, und erst Ende 1938 stellt er einen Antrag auf Aufnahme in die NSDAP. Erneut gibt es eine politische Beurteilung, die diesmal wesentlich positiver ausfällt. Blank stehe heute positiv zur nationalsozialistischen Bewegung, sei in charakterlicher Hinsicht einwandfrei, ehrlich, bescheiden, kameradschaftlich und hilfsbereit. Gegen ihn spräche lediglich, dass er sich politisch nicht betätigt und sich erst spät um einen Parteieintritt bemüht habe.

Weitere Akten, die belegen könnten, dass er tatsächlich 1939 in die Partei aufgenommen wurde und bald befördert wurde, gibt es nicht. Alles wurde von den Nazis selbst vernichtet oder ist bei Bombenangriffen verbrannt. Erst 1946, als er ein Entnazifizierungsverfahren durchläuft, gibt es weitere Informationen, die aber mangels Originalakten ausschließlich auf Blanks eigenen Aussagen beruhen. Danach war er seit 1937 förderndes Mitglied der Allgemeinen SS und erst seit 1942 Parteimitglied – also dreieinhalb Jahre nach seinem Antrag von 1938. Dieses Aufnahmegesuch, zu dem auch der oben genannte Schriftwechsel vorliegt, erwähnt er jedoch mit keinem Wort und besteht darauf, letztlich nur dem fortwährend auf ihn ausgeübten Druck seiner Vorgesetzten nachgegeben zu haben. Als belastend wird von den Amerikanern sein Kirchenaustritt 1942 gewertet, den er allerdings mit seiner Wut darüber begründet, dass er, verschuldet durch eine lange Krankheit seiner Frau, den Gerichtsvollzieher im Haus hatte, der die ausstehende Kirchensteuer eintreiben wollte. Erst 1942 sei er zudem endlich, nach fast vierzig Dienstjahren, zum Kriminalkommissar befördert worden. Im Wiedergutma-chungsverfahren für meinen Großvater von 1956 ist aber schon 1940 von ihm als »Kriminalkommissar« die Rede. Seinem Anwalt zufolge ist Blank noch bis 1944 von der Gestapo überwacht worden. In seinem Plädoyer legt dieser dar, Blank sei kein überzeugter Nationalsozialist gewesen, nie politisch tätig geworden und daher als Mitläufer ein-zustufen.

Dieser Sichtweise folgt das Gericht, obwohl er bislang als »belastet« galt, und verurteilt Kriminalkommissar Blank nur zu einem Sühnegeld von 300 Mark.

Auch Kriminaloberinspektor Eisele wird als Mitläufer eingestuft. Mit 100 Mark Sühnezahlung ist seine Parteimit-gliedschaft in der NSDAP abgegolten. Erst zum Schluss kommt heraus, dass er bezüglich der Dauer seiner Partei-zugehörigkeit gelogen hat. Behauptet er, er sei erst 1943 in die Partei eingetreten, so beweist ein Dokument, dass sein Antrag vom August 1939 datiert, und seine Mitgliedschaft vom Januar 1940. Er redet sich damit heraus, dass seine per-sönlichen Akten bei einem Bombenangriff auf sein Haus vernichtet wurden und er seiner Erinnerung nach erst 1943 Mitglied der NSDAP geworden sei.

Während Blank und seine engsten Mitarbeiter, die er noch 1956 alle beim Namen kennt, nämlich Kriminalinspek-tor Brunnet, Kriminalsekretär Masset, Kriminalsekretär Huber, Kriminalsekretär Schülle und Kriminalsekretär Blauth, für die Arbeit »draußen« zuständig sind – für die Überwachung, Aufklärung und die Festnahmen – und die Büroarbeit nur ein Teil ihrer Tätigkeit war, ist Eisele aus-schließlich Bürokrat, der seine Unterschrift unter jene Anträge setzt, die Kommissar Blank und andere bei ihm als der übergeordneten Dienststelle einreichen.

»Jede einzelne Dienststelle der Kriminalpolizei«, erklärt Blank, »hat die Unterlagen für Personen, die nach den Vorschriften die Voraussetzung erfüllt haben, in ein KZ gebracht zu werden, mir als Sachbearbeiter der Bekämpfung des Berufsverbrechertums zugeleitet. Wenn sämtliche Unterlagen – krimineller Lebenslauf, Personalienbogen, Strafregisterauszug – beisammen waren, wurde anhand dieser Unterlagen von mir aus der schriftliche Antrag ausgearbeitet und in Doppelschrift an die Kripostelle Karlsruhe weitergeleitet. Je nach Lage des Falles wurde die infrage stehende Person vorläufig festgenommen und ins Bezirksgefängnis eingeliefert. Mit der weiteren Bearbeitung und Verfügung über diese Person hatte ich nichts mehr zu tun«. Bis Kriegsende hat er nach eigener Aussage über 700 Fälle in seinem Zuständigkeitsgebiet bearbeitet.

Das Stadtarchiv Mannheim besitzt den Nachweis über 569 Männer, deren Wohn- oder Geburtsort Mannheim war und die ins KZ Dachau eingeliefert wurden. Darunter sind, so der Archivar Hans-Joachim Hirsch, »74 Männer, die die Inhaftierung in Dachau mit ihrem Leben bezahlten. Vermutlich sind es noch mehr, und bislang ergibt sich folgende Aufteilung: Unter den 74 nachgewiesenen Todesopfern befinden sich vier Männer, die als politische Häftlinge im Lager waren. Die vierzehn jüdischen Opfer waren fast alle in Folge ihrer Inhaftierung nach den Novemberpogromen zu Tode gekommen – sie wurden buchstäblich zu Tode gequält oder erschlagen. Bleiben 56 Tote, die wir als namenlose Opfer des Nationalsozialismus bezeichnen müssen, da sie bislang nur selten in einer Statistik auftauchen.«

Für Elise und Walter war nach Aussage von Kommissar Blank der Kollege Kriminalinspektor Brunnet zuständig. Walters Vorstrafen waren aktenkundig, und die Polizei war in der Bordellstraße in der Neckarvorstadt sowieso ständig präsent. Walter haben sie schon lange auf dem Kieker, seine Beziehung zu Elise ist bekannt. Man muss ihm nur noch nachweisen, dass er Geld von ihr erhält, dass er somit ihr Zuhälter ist.

Ende Mai 1939 stürmen Brunnet und drei Kollegen in das Haus Nummer 9, rennen die Treppe hinauf, platzen in das Zimmer, das Elise bewohnt, nehmen sie und Walter fest.

»Der hat mir immer gedroht: ›Wag dich im Leben nie zu sagen, wenn wir verhaftet werden, dass du mir Geld gegeben hast, sonst mach ich dich tot, wenn ich wieder rauskomme. Die können uns nichts nachweisen. Meine Mutter hat ein Geschäft.‹« Elise tut, was Walter von ihr verlangt, und leugnet während der Vernehmung standhaft, dass Walter von ihr »Hurengeld« bekommen hat. Am 7. Juni 1939 ist sie wieder auf freiem Fuß und kehrt zurück in ihr Zimmer in der Gutemannstraße 9.

Walters Vater, der offenbar aus der Geschichte mit der ersten Festnahme seines damals noch minderjährigen Sohnes 1933 gelernt hat, hat sich diesmal an einen Rechtsanwalt, Dr. Wilhelm Bergdolt, gewandt. Der schreibt ihm am 8. Juni: »Ich nehme Bezug auf Ihren Besuch vom 5. Juni 39 und teile Ihnen mit, dass ich sofort gestern Gelegenheit nahm, mit dem Staatsanwalt zu sprechen, und habe auch von diesem die Erlaubnis bekommen, Ihren Sohn zu besuchen. Ich habe Ihrem Sohn mitgeteilt, dass die Erhebungen noch nicht ganz abgeschlossen sind, und habe dann aufgrund der Erklärungen Ihres Sohnes sofort einen ausführlichen Schriftsatz an die Staatsanwaltschaft eingereicht, um eine möglichst baldige Erledigung der Angelegenheit zu erreichen. Mehr kann ich vorläufig über den Stand der Dinge nicht sagen. Heil Hitler!«

Die Strategie des Rechtsanwalts hat Erfolg, denn Walter kommt frei. Für ihn und Elise geht das Leben weiter wie bisher, mit dem Unterschied, dass sie nun dauernd unter polizeilicher Beobachtung stehen. Für diese Überwachung zuständig ist entweder die Kriminalpolizei oder die Polizeibehörde. Alle Maßnahmen müssen durch das Reichssicherheitshauptamt in Berlin bestätigt werden. Angeordnet wird die Observierung, »wenn die Maßnahmen zum Schutz der Volksgemeinschaft unerlässlich erscheinen«. Maßgeblich ist dabei »stets das subjektive Urteil der zuständigen Polizeibehörde bzw. der einzelnen Polizeibeamten« (Ratzel). Noch 1956 weist Kriminalobersekretär Eisele, der zu dieser Zeit noch im Amt ist, bei seiner Vernehmung zum Wiedergutmachungsantrag für Walter Samstag darauf hin, dass dieser vermutlich unter »polizeilicher planmäßiger Überwachung« stand und, da er offensichtlich »seine ihm auferlegten Gebote oder Verbote nicht einhielt«, die Folgen seines Tuns selbst zu verantworten hatte. Derselbe Mann, der 1940 seine Unterschrift unter den Antrag zur Einlieferung Walters ins KZ Dachau gesetzt hat, kommt sechzehn Jahre später immer noch zu dem Schluss, dass alles nach Recht und Gesetz verlaufen ist und Walter Samstag es sich daher selbst zuzuschreiben hatte, dass er in einem Konzentrationslager ermordet wurde.

Doch zunächst sieht im Juni 1939 alles so aus, als wären Elise und Walter noch einmal davongekommen. Regelmäßig fährt Elise zu ihrem Sohn und ihren Eltern nach Frankfurt, und ebenso regelmäßig schickt sie zusätzlich Geld. Sie ist nicht der mütterliche Typ, aber sie ist stolz auf ihren Bub. Dieter ist jetzt anderthalb Jahre alt; er kennt seine Mutter zwar, doch was bedeutet ihm diese stets so elegant gekleidete Frau, die ab und zu in der Alte Gasse auftaucht, stark nach Parfüm riecht, ihn in die Arme nimmt und »mein lieber Bub« zu ihm sagt?

Walters Eltern wissen, dass sie Großeltern geworden sind. Doch da das Kind aus der unehelichen Beziehung mit einer Dirne stammt, äußern sie kein Interesse daran, Dieter kennenzulernen. Auch Walter, der mittlerweile akzeptiert, dass er einen Sohn hat, geht dem Thema, so gut er kann, aus dem Weg. Das Verhältnis zwischen ihm und Elise ist nicht schlecht in dieser Zeit. Sie ist mittlerweile in die Gutemannstraße 20 umgezogen und führt ein mehr oder weniger geregeltes Leben zwischen ihrer Arbeit, ihrer Freizeit, die sie mit Walter verbringt, und ihren Besuchen in Frankfurt. Da sie fleißig, sauber, ehrgeizig, charmant und hübsch ist, verdient sie gut und hat viele Stammkunden. Ob sie bemerkt, dass sie und Walter unter ständiger Beobachtung stehen?

Sie sind vorsichtig, aber nicht vorsichtig genug, denn am 19. Mai 1940 schlägt Kriminalinspektor Brunnet erneut zu und verhaftet beide. Vermutlich sind die Unterlagen – also vor allem die Strafakten aus Walters Haft- und Arbeitshauszeit sowie der unterschriebene Antrag aus Karlsruhe – endlich eingetroffen, sodass die Polizei nun eine konkrete Handhabe gegen Walter besitzt. Trotzdem wird mit allen Mitteln versucht, ihm die Zuhälterei nachzuweisen. Elise soll zu einem Geständnis gezwungen werden.

Sie bleibt diesmal fast drei Monate in Untersuchungshaft. »Jeden Monat habe ich noch 30 Mark überweisen lassen an meine Eltern für das Kind. Jeden Morgen um sieben Uhr musste ich zum Verhör. Die Wärterin hat mir den Arm umgedreht, damit ich nicht flitzen gehen konnte. Drei Monate lang. Wegen dem Walter. Immer wieder habe ich gesagt: ›Ich habe ihm nichts gegeben. Was wollen Sie von mir? Ich habe ihm nichts gegeben.‹«

Georg Samstag geht sofort zur Polizei, nachdem sein Sohn zwei Tage lang nicht nach Hause gekommen ist. Dort verweist man ihn an Kriminalkommissar Blank. »Dieser erklärte mir, dass mein Sohn Walter wegen Zuhälterei eingesperrt worden sei, weil er von einer Dirne Geld bekommen hätte. Es fand dann eine Verhandlung vor dem Amtsgericht statt. Ich selbst bin dann nachträglich zu dem Richter gegangen. Dieser erklärte mir, dass er meinen Sohn Walter freigesprochen hätte, weil er ihm die Zuhälterei nicht hätte nachweisen können. Da mein Sohn nach dem Freispruch nicht nach Hause gekommen war, teilte ich dies dem Richter mit. Dieser sagte, dass er nicht wüsste, weshalb mein Sohn noch in Schutzhaft sei. Den Grund dazu könne ich auf der Kriminalpolizei erfahren. Ich ging daraufhin wieder zu dem Kriminalkommissar Blank und frug denselben, weshalb mein Sohn noch festgehalten würde, da er doch wegen der Zuhälterei freigesprochen worden wäre. Kommissar Blank sagte zu mir wörtlich: ›Wenn er auch freigesprochen worden ist, ich bekomme ihn doch dorthin, wo ich ihn haben will.‹ Weiter hat er zu mir nichts gesagt. Ich habe dann meinen Sohn nicht mehr gesehen.«

Blank hat – da eine Verurteilung offensichtlich nicht zu erreichen ist – entschieden, Walter allein aufgrund seiner Vorstrafen und des von Eisele unterschriebenen Antrags in »Polizeiliche Sicherungsverwahrung« zu nehmen, was durch die Vorschriftenlage gedeckt ist. Walter wird daher ohne weitere Umstände zuerst ins sogenannte Schubgefängnis Nürnberg und von dort ins KZ Dachau gebracht.

Die Mannheimer Tageszeitungen wurden durch ihre Gerichtsreporter regelmäßig mit genüsslich ausgemalten Geschichten über die Verurteilung von »Gewohnheitsverbrechern« und »Asozialen« und ihre darauf folgende

Sicherungsverwahrung – das heißt: ihre Überstellung in ein Konzentrationslager – versorgt. Ein Artikel über Walter Samstag erscheint nicht, wahrscheinlich, weil es einen Freispruch gegeben hatte und man die Praktiken der Polizei und der Justiz doch nicht vollkommen offenlegen wollte. Ein ähnlicher Fall – wenn er auch vorerst »nur« mit einer Gefängnisstrafe endet – ist der des achtundzwanzigjährigen Rudolf S., über den das »Hakenkreuzbanner – nationalsozialistisches Kampfblatt für Nordbaden« berichtet: »S. lernte im Oktober 1935 eine gewisse R. kennen, die unter Kontrolle steht, und nachdem er vom Januar bis September 1937 acht Monate Gefängnis wegen eines politischen Vergehens verbüßt hatte, knüpfte er bald darauf die Beziehungen mit dem Mädchen wieder an. Der Angeklagte gab schließlich zu, dass er von dem Gelde des leichtsinnigen Mädchens auch für sich etwas verbraucht hatte.

Die eigenartigen Beziehungen des Angeklagten waren aber zu Ohren der Kriminalpolizei gekommen, und S. erhielt eine Aufforderung, zu einer Vernehmung zu erscheinen. Doch wartete der Beamte umsonst. S. war zu der R. gegangen, hatte diese von allem in Kenntnis gesetzt und war mit ihr zusammen nach Mannheim entflohen. Hier war er fast auf das Mädchen angewiesen, denn er war so in Geldschwierigkeiten, dass er sogar einen Anzug versetzen musste, da er ja in Mannheim keine Beschäftigung fand. In Mannheim wurde er dann verhaftet. Das Urteil lautete wegen Zuhälterei auf ein Jahr Gefängnis und drei Jahre Ehrverlust.«

Das war im April 1938. Seit Kriegsbeginn hatte sich die Gangart der Kripo jedoch auffallend verschärft. Im Hakenkreuzbanner vom 28. Mai 1940, also zehn Tage nach Walters Verhaftung, wird über den siebenundzwanzigjährigen Wil-

helm Lang unter dem Titel »Ein Asozialer und Arbeitsscheu-
er« berichtet: »Schlechte Erbanlagen zeichneten seinen
moralisch minderwertigen Charakter aus. Als Zweiund-
zwanzigjähriger beging Willi einen Kameradendiebstahl. In
der Folgezeit entpuppte er sich als Fahrradmarder. Das
Schöffengericht bescheinigte Lang in dem letzten Urteil,
dass er beim nächsten Rückfall im Zuchthaus landen werde
und sich auf dem Wege in die Sicherungsverwahrung befinde. Diese Warnung schreckte ihn ebensowenig, wie sämtliche verbüßten Freiheitsstrafen. ...

Erster Staatsanwalt Dr. Weinreich hielt Willi Lang für
schuldig, charakterisierte ihn als einen gewohnheitsmäßigen
und gefährlichen Verbrecher. Die milde Verurteilung dieses
Unverbesserlichen hatte das Gegenteil erreicht. Der Ankla-
gevertreter unterstrich die Ausführungen des Gerichtsarztes,
Medizinalrat Dr. Trappmann, der Lang als asozial und
arbeitsscheu bezeichnete, einen Schwachsinn feststellte, aber
die Verantwortlichkeit trotzdem bejahte. ...

Die Strafkammer fällte folgendes Urteil: Willi Lang aus
Mannheim wurde wegen zweier im Rückfall begangener
Diebstähle zu drei Jahren sechs Monaten Zuchthaus und
drei Jahren Ehrverlust verurteilt. Außerdem bejahte das
Gericht die Gemeingefährlichkeit des Angeklagten und ord-
nete aus Gründen der öffentlichen Sicherheit die Sicherungsverwahrung« nach Strafverbüßung an.« »Polizeiliche
Sicherungsverwahrung ist während der Nazidiktatur ein
Euphemismus für KZ-Haft, die Häftlinge werden in den
KZ-Akten unter dem Kürzel »PSV« geführt. Heute erlebt
der Begriff leider wieder eine Renaissance – wer in »Sicherungsverwahrung« kommt, hat ein so schwerwiegendes Verbrechen begangen, dass er auch nach Haftverbüßung »ver-
wahrt« werden muss. Da die Einweisung rückfallgefährdeter

Täter in die Psychiatrie oder besondere Haftanstalten durchaus kontrovers diskutiert wird – schließlich haben sie ihre Strafe abgesessen – hätte vielleicht auch in der Begrifflichkeit ein wenig sprachliche Sensibilität gutgetan.

Die beiden Diebstähle »im Rückfall«, deretwegen Willi also für drei Jahre ins Gefängnis und danach ins KZ muss, waren die – unbewiesene – Mitnahme eines Regenmantels und die Entwendung eines Geldbeutels, der 3,15 Reichsmark enthielt. Medizinalrat Dr. Trappmann taucht in diesen Zeitungsberichten regelmäßig auf, und die Vermutung liegt nahe, dass er auch im Falle Walter Samstags hinzugezogen wurde, um die »Liederlichkeit« und den »moralischen Schwachsinn« des Angeklagten zu beweisen.

Elise wird freigelassen, unter der Auflage, sich sofort auf dem Polizeipräsidium zu melden. Dort teilt man ihr mit, dass sie sich umgehend nach Karlsruhe begeben solle, und sagt ihr auch genau, wohin: In die Entengasse, im Volksmund auch »Rue de la quack-quack« genannt. Dort, in der östlichen Innenstadt, wo sich heute noch das Rotlichtviertel befindet, wenn auch die Entengasse nicht mehr existiert, lebt und arbeitet sie in Hausnummer 16 vom 22. Juli 1940 an sechs Wochen. Dann wird sie, wie auch einige ihrer Kolleginnen, von der Polizei aufgefordert, am nächsten Tag um fünf Uhr morgens mit gepacktem Koffer auf der Straße zu warten. Als die Frauen in der Frühe des 4. September 1940 mit ihren Habseligkeiten auf dem Bürgersteig stehen, kommt ein Lastwagen, darauf einige SS-Männer. Der Laster bremst direkt vor dem Haus Nummer 16, die SS-Leute springen herab.

»Los, rauf mit euch«, fordert der Anführer die Prostituierten auf.

Elise und die anderen zögern. »Wohin kommen wir denn?«, will Elise wissen, die als Einzige den Mut hat, etwas zu sagen.

»Maul halten. Das erfahrt ihr noch früh genug«, blafft der Mann.

Sobald die Frauen alle auf der Ladefläche sind, wird hinten die Plane heruntergelassen, und der Lastwagen rumpelt über das Kopfsteinpflaster davon. Es gibt kein Wasser, nichts zu essen, keinen Unterwegshalt. Schweigend sitzen die Frauen im Dunkeln, einige weinen auch. Elise ist stumm und weint nicht. Sie denkt an Walter und daran, wo er jetzt wohl sein mag: Sie weiß, dass er nicht mehr nach Hause gekommen ist. Sie denkt an ihren kleinen Sohn und daran, dass ihre Eltern sich furchtbare Sorgen machen werden, wenn sie nicht, wie versprochen, nächste Woche zu Besuch kommt. Sie denkt an das, was sie über die Lager der Nazis gehört hat, und sie hat Angst.

Seit dem 3. September 1939 befindet sich Deutschland im Krieg; im Frühjahr 1940 wird Frankreich überfallen und ist im Juni desselben Jahres bereits besiegt. Im Herbst 1940 trennen sich die Wege meiner Großeltern für immer. Der Krieg bestimmt immer stärker das Leben der Menschen in Europa, und die Vernichtungsmaschinerie nimmt endgültig Fahrt auf.

14. Ohneland

Ich träume, ich bin im KZ. Es ist ein großer Gebäudekomplex, düster, mit verschiedenen Häusern, manche nur ein Stockwerk hoch, manche fünf. Bauzeit: etwa Gründerzeit. Sandsteinfassade, Sprossenfenster, schwere, alte Türen. Es könnte auch ein altes Krankenhaus sein oder eine große Schule. Ich stehe in einem weitläufigen, betonierten Innenhof. Frauen drängen sich in Gruppen zusammen. Ich gehöre nicht dazu. Ich bin neu, trage noch meine Alltagskleidung, nicht graue, sackartige Röcke und Blusen wie die anderen. Außerdem besitze ich noch drei Handys, die eingeschaltet sind und den Provider anzeigen. Ich rede mit niemandem, schaue mich nur um und habe Angst. Ich weiß, dass ich hier nicht mehr rauskomme, aber ich habe ja noch meine drei Mobiltelefone. Ich will mit einem der Handys telefonieren, aber in diesem Moment erlischt die Provideranzeige, und ein Symbol erscheint, das ich aber nicht zuordnen kann. Dasselbe passiert mit den anderen beiden Handys. Mein Kontakt zur Außenwelt ist endgültig abgebrochen und ich weiß, dass gleich die Wärterin kommt, um mich einzugliedern. Meine Angst wächst, und ich denke fieberhaft darüber nach, wie ich mich der Aufseherin gegenüber verhalten soll. Mir ist klar, dass sie versuchen wird, mich zu provozieren, um mich dann zu demütigen und zu foltern. Immer wieder sage ich mir, dass ich unterwürfig sein muss, mich kleinmachen muss, damit sie keinen Anlass hat, mich zu schlagen und zu erniedrigen. Gleich muss sie kommen. Dann wache ich auf.

Ich war nie im Gefängnis. Ich bin nie von einem Mann verprügelt worden. Ich habe mich für Sex nie bezahlen lassen. Ich habe nie eine Nummer statt meines Namens getragen. Die Welt der Lager hinter Stacheldraht ist mir fremd, echte Todesangst zu haben kann ich mir kaum vorstellen. Trotzdem verfolgen mich, seit ich denken kann, Bilder vom Krieg, bekomme ich immer noch wie früher, als es ihn öfter zur Probe gab, Herzrasen bei Sirenenalarm, habe ich vor den meisten Männern Angst, falle ich im Traum oft endlos in tiefe Abgründe, fühle ich mich verlassen, obwohl ich geborgen bin, erschrecke ich häufig ohne Grund, muss ich weinen, wenn ich Menschen sehe, die gedemütigt werden, fürchte ich mich, wenn ich Kriegsrhetorik höre, halte ich es für möglich, dass Neofaschisten unserer Demokratie übermorgen den Garaus machen, denke ich darüber nach, wohin ich in diesem Fall fliehen werde, glaube ich, dass ich bei der nächsten großen Inflation meine Alterssicherung verlieren werde, bin ich ständig auf dem Sprung, im Kopf die Koffer immer gepackt.

Heute weiß man aufgrund psychologischer Studien, dass die Traumata der Kriegsgeneration und der Kriegskinder in uns Enkeln fortleben, ganz gleich, ob unsere Großeltern Täter waren, die gemordet haben, oder Opfer, die ermordet wurden, oder einfach nur Leute, die stillgehalten und gewartet haben, dass es vorbeigeht. Wenn auch moralisch zwischen Tätern und Opfern unterschieden werden muss, sind doch – das belegen Forschungsarbeiten – die psychischen und körperlichen Symptome, die die Enkelgeneration aufweist, dieselben. Ganz gleich also, ob unsere Großeltern schwiegen, weil sie sich schuldig gemacht hatten oder weil sie die Erinnerung an das, was sie im KZ oder im Versteck erlebt hatten, nicht verkrafteten. Ganz gleich also, ob unsere Eltern in der HJ, im BDM aktiv oder emigriert waren, als halbe Kinder noch an die Front mussten, auf der Flucht vergewaltigt wurden, ganz egal, ob sie zu essen hatten oder hungern mussten, vertrieben oder ausgebombt waren oder »nur« Einquartierungen über sich ergehen lassen mussten. Wir – die Generation der sogenannten Kriegsenkel – tragen in uns eine offenbar kollektive Erinnerung an Gewalt, an Schuld, an Scham, an Schande, an Zerstörung und unendliches Leid. Und diese Erinnerung beeinträchtigt unbewusst unsere ganze Existenz.

Meine beiden Besuche in der KZ-Gedenkstätte Dachau im Abstand von zehn Jahren hatten, ohne dass es mir bewusst war, nicht nur mit der Suche nach meinem Großvater zu tun, sondern auch mit mir, mit dieser seltsamen, oben beschriebenen Disposition. Ich habe während der Arbeit an diesem Buch nicht nur meine Großeltern und auch meinen Vater besser kennen- und verstehen gelernt, sondern auch mich selbst. Ein Mensch, dem ich nur flüchtig begegnet war, ein Musiker, Posaunist in einem bekannten Ensemble für moderne Musik, der mich vor vielen Jahren nach einer Party morgens früh von Offenbach nach Frankfurt begleitete, hatte beim Abschied zu mir gesagt: »Sei nicht immer so hart zu dir selbst.« Damals hatte ich keine Ahnung, was er damit meinen könnte, aber ich konnte den Satz nie vergessen. Heute kann ich mir ungefähr vorstellen, was er damit ausdrücken wollte.

In den Nachkriegsjahren wuchsen Millionen Kinder ohne Väter auf. Die Männer waren gefallen oder verschollen oder ermordet oder in Gefangenschaft. Die, die zurückkamen, schwiegen. Sie schwiegen über den Krieg, über ihre KZ-Haft, über ihre Zeit in den Lagern der Alliierten. Sie schwiegen über das, was sie gesehen, was sie erlebt, was sie getan hatten. Ihre Kinder wuchsen auf mit einem großen Fragezeichen im Kopf.

Mein Vater hatte nicht nur das Problem, dass er unehelich geboren war. Seine Mutter war eine Hure, sein Vater ein Zuhälter, den die Polizei geschnappt und ins KZ gebracht hatte. Mit beiden Eltern war definitiv kein Staat zu machen, und das in einer Zeit, in der es, wollte man gesellschaftlich aufsteigen, darauf ankam, wer die Eltern herkunftsmäßig waren, wie gebildet und reich sie waren und was sie gesellschaftlich darstellten. Lernte man jemanden kennen, hieß es ganz selbstverständlich: Was macht Ihr Vater? Oder, im Falle derjenigen Männer, die im Krieg umgekommen waren: Was war Ihr Vater von Beruf? Selbst im Lebenslauf musste ein Bewerber damals noch die Namen der Eltern sowie ihren Beruf angeben.

Marie Samstag, Walters Mutter, hielt Elise für die Schuldige an Walters Verhaftung, behauptete meinem Vater gegenüber wider alle Tatsachen, diese habe ihn verpfiffen. Vielleicht wollte sie es glauben, vielleicht verwechselte die alte Frau es auch mit Walters erster Verhaftung 1933, als er tatsächlich von einer Prostituierten angezeigt worden war. Das Verhältnis meines Vaters zu seiner Mutter war immer angespannt gewesen, aber nachdem er Ende der Fünfzigerjahre Kontakt zu seiner Mannheimer Großmutter aufgenommen hatte, verschlechterte es sich noch einmal drastisch.

Als Marie Samstag 1972 starb, vererbte sie meinem Vater das Haus in Sandhofen und hinterließ ihm vierundzwanzig Briefe, die Walter aus dem KZ Dachau zwischen 1940 und 1942 an seine Eltern geschrieben hatte.

In seinem ersten Brief vom 15. September 1940 schreibt er: »Liebe Eltern! Will Euch kurz mitteilen, dass ich seit Samstag, den 7. September hier in Dachau bin. Gesund bin ich noch, was ich von Euch auch hoffe. Wenn Ihr mir schreibt, so

Meine Anschrift
Name: *Walter Samstag*
geboren am: 6.9.1913
Gef.-Nr. 18871 Block 30 Stube 4

Dachau, den: 13. Sept. 1940

Liebe Eltern!

Will Euch kurz mitteilen, daß ich seit Samstag dem 7. Sept. hier in Dachau bin. Ge-
sund bin ich noch, was ich von Euch auch hoffe. Wenn Ihr mir schreibt, so schreibt meine genaue Adresse mit Geburtsdatum und

Brief Walters aus dem KZ-Dachau an seine Eltern

schreibt meine genaue Adresse mit Geburtsdatum und Gefangenen-Nr. 18871 auf den Briefumschlag. Dasselbe gilt auch für Geldpostsendungen mit Postanweisung. Hier im Lager kann man sich nämlich alles kaufen (Lebensmittel und Zigaretten) wenn man Geld hat. Wenn ich genügend Geld hier hätte, könnte ich mir auch meine Zähne machen lassen, denn wir haben hier eine ganz moderne Zahnpraxis. Liebe Eltern, hat Willi und Hermelin schon vom Feld geschrieben? Wie geht es ihnen und wo sind sie stationiert? Viele herzliche Grüße an Dieter und seine Mutter sendet Euch Walter.«

Sich die Zähne machen lassen? Ist er naiv? Will er seine Eltern beruhigen? Wohl eher Letzteres. Dazu passt sein dezenter Hinweis, man solle ihn doch liquide machen. Ein Lager, in dem man »alles kaufen kann«, erscheint denen da draußen nicht mehr so schlimm. Die Möglichkeit zu konsumieren vermittelt Normalität. Natürlich sind die Häftlinge, die Geld haben, im Vorteil. Geld funktioniert überall. Was Walter nicht schreibt, ist, dass Geldsendungen nicht an die Häftlinge ausgezahlt, sondern auf ein »Konto« verbucht werden. Es existiert eine Art Kantine in Block eins, der vor allem der Repräsentation dient. Daneben befindet sich auch jene – für Häftlinge selbstverständlich nicht zuständige – Arztpraxis. In der »Kantine« können die Gefangenen zu völlig überzogenen Preisen eine gewisse Auswahl an Waren kaufen. Die Beträge werden dann vom »Konto« abgebucht. Schnell ist das Geld weg, und der Magen knurrt immer noch. Als Tagesration gibt es in Dachau 350 Gramm Brot und einen halben Liter Ersatzkaffee. Dazu sechs Mal wöchentlich mittags einen Liter Rüben- oder Weißkohl- suppe und sonntags einen Liter Nudelsuppe; abends dann entweder 20 bis 30 Gramm Wurst oder Käse, ersatzweise oft auch wieder einen Liter Suppe, dazu einen Dreiviertelliter

Tee. Durch diese Mangelkost, durch Essensentzug bei kleinsten Vergehen, durch harte Arbeit, Durchfallerkrankungen und Misshandlungen leiden die meisten Häftlinge schon nach kurzer Zeit an Unterernährung und Entkräftung.

Als Individuum haben die KZ-Insassen schon direkt nach ihrer Einlieferung aufgehört zu existieren. Sobald sie den Empfang durch wahllos prügelnde SS-Leute am Eingangstor hinter sich haben, geht es in den Bürotrakt, wo ihre Personalien aufgenommen werden. Dort erhält Walter seine Häftlingsnummer: 18871, geprägt auf eine Metallplakette, die er von nun an am Hangelenk tragen muss. Mit dieser Nummer – nicht mit seinem Namen – hat er sich zu melden, sobald ein SS-Mann ihn anspricht, Hand an der Mütze. Und wehe, wenn die Hand nicht im vorschriftsmäßigen Winkel gehalten wird, wenn die Finger nicht wie gefordert geschlossen sind.

Nächste Station für den Neuzugang ist die Desinfektionskammer, auch »Bad« genannt. Walter wird geschoren, auf Ungeziefer untersucht und, je nach Laune des Diensthabenden, mit eiskaltem, hartem Wasserstrahl oder mit brühheißem Wasser abgeduscht. Nackt bis auf das Armband mit seiner neuen Identität, kahlköpfig und durch die Prozedur bereits völlig demoralisiert, nimmt Walter seine neue Kleidung entgegen: einen viel zu weiten, gestreiften Anzug aus grobem Sackleinen, dazu harte Holzpantinen. Auf seine Jacke und auf seine Hose muss er den grünen Winkel der »Berufsverbrecher« sowie seine Häftlingsnummer nähen. Andere tragen den gelben Stern der Juden, den roten Winkel der »Politischen«, den rosafarbenen der »Homosexuellen« oder den schwarzen der »Asozialen«. Viel mehr bedarf es nicht, um aus Männern mit Namen,

Beruf, Eltern, Ehefrauen, Kindern, Heimatstadt und Heimatland Blankowesen zu machen, in die die SS-Schergen eine neue Lebensgeschichte hineinprügeln können. Diese Lagerbiografie ist eine entsetzliche Leidensgeschichte und führt in über vierzigtausend Fällen allein im KZ-Dachau in den Tod.

Nur indem er Briefe schreibt, erhält sich Walter den Kontakt zur Welt da draußen, zu den Menschen, denen er verbunden ist, auch wenn er aufgrund der rigiden Zensur nur Allgemeinplätze mitteilt. Ob seine Eltern, ob mein Vater, auch zwischen den Zeilen lesen konnten? Wollten sie das überhaupt? Und: Gibt es zwischen diesen meist völlig banalen Zeilen überhaupt etwas zu entdecken?

Sein nächster erhaltener Brief verrät immerhin, dass es Kontakt zu Elise gegeben hat. Zwei Zeilen sind von der Zensur herausgeschnitten, der Brief ist also verstümmelt: »Liebe Eltern! Habe den .... könnt Ihr mir immer schreiben, Dieter kann seinen Brief an Euch schicken und Ihr schickt ihn mir, so bekomme ich alle 14 Tage gleichzeitig Post von Euch und es kommt nicht vor, dass Dieter und Ihr innerhalb 14 Tagen schreibt und ich kann dann nur einen Brief bekommen. Habe das Geld empfangen und danke auch dafür, schickt mir nicht zu viel, da ich doch nur RM 40 monatlich ... schon daheim, und haben sie recht Geburtstag gefeiert? Lieber Dieter hast Du meinen Brief bekommen warst Du schon in Mannheim und Frankfurt? Das glaube ich Euch, dass Ihr alle sehr stolz auf den kleinen Dieter seid, es ist ja auch ein schöner Kerl und der Stolz seiner Mutter. Du schreibst, ob ich bis Weihnachten wieder zu Hause bin, das weiß ich allerdings nicht. Ich möchte allerdings recht gerne Weihnachten bei Euch allen und mit Euch allen feiern. In der Hoffnung auf ein baldiges Widersehen grüß ich Euch und Dieter recht herzlich. Euer Walter. Hoffentlich seid Ihr und Dieter noch alle recht gesund und munter!«

Elise hat also an seine Eltern geschrieben, ihre neue Adresse angegeben und sich nach Walter erkundigt. Seine Eltern haben ihm mitgeteilt, wo sie sich befindet, und Walter hat ihnen einen Brief für sie geschickt, den sie an »Dieter« weiterleiten sollen. Er vermeidet es, ihren Namen zu nennen, um sie zu schützen, denn sein Sohn Dieter ist ja noch viel zu klein, um schreiben zu können. Erfahrung macht klug.

»Seine Mutter hat mir ein einziges Mal einen Brief geschickt«, erzählt Elise. »Darin stand, dass sich der Walter aus Dachau nach seinem Dieter erkundigt. Einen Zunamen durfte er ja nicht nennen. Das war zu gefährlich. ›Wie geht's meinem Dieter, was macht mein Dieter?‹ Da erst hat er überhaupt kapiert, was er mir angetan hat. ›Wenn ich komme, dann wird alles anders …‹«

Ob sie sich wünscht, ihn jemals wiederzusehen? Ob sie sich vorstellen kann, die Beziehung zu Walter wieder aufzunehmen, wenn der Krieg vorbei ist? Ob sie ihn noch liebt? Oder wieder lieben könnte?

Über solche Dinge haben wir bei unseren Interviews nicht gesprochen, das war irgendwie tabu. Nur einmal sagte sie zu mir: »Ich habe ihn geliebt. Und später gehasst.« Was sie empfand, als sie hörte, dass er im KZ Dachau war, ob ihr klar war, was KZ-Haft bedeutete – auch darüber kein Wort. Und ich wusste zu jener Zeit, als wir die Interviews machten, noch viel zu wenig über Walters Schicksal, war immer noch unbewusst geprägt von jenem schrecklichen Verdikt, dass er ein »schlechter Mensch und daher zu Recht im KZ« gewesen sei, als dass ich auf die Idee gekommen wäre, meine

Großmutter könne für diesen Mann noch etwas empfinden. Nur einen kleinen Hinweis darauf gibt es, dass sie ihn nie vergessen hat, dass er in ihren Erinnerungen lebte. Als Elise starb, kam ein Fotoalbum zum Vorschein, das ich bis dahin noch nicht kannte. Es enthielt Dutzende Farbaufnahmen aus den Sechzigerjahren, Urlaubsfotos von Aufenthalten in Bayern, in Österreich, in Rimini. Auf diesen Fotos posierte meine Großmutter im eleganten weißen Kostüm oder im feschen Dirndl stolz vor schicken Autos, an ihrer Seite ein hochgewachsener, breitschultriger, schnauzbärtiger Mann. Doch auf der letzten Seite dieses Albums war fest eingeklebt ein großes altes Schwarz-Weiß-Foto, das einen Mann mit Schiebermütze am Steuer eines Cabrios der Dreißigerjahre zeigte, auf dem Rücksitz meine Großmutter mit Kopftuch, neben ihr eine andere Frau und ein weißer Spitz. Der Mann am Steuer war Walter Samstag.

Von Karlsruhe aus sind Elise und ihre Kolleginnen nach Straßburg gebracht worden, bis vor Kurzem noch eine Geisterstadt. Nahezu alle Einwohner sind bei Kriegsbeginn geflohen und kehren seit Juli 1940 – mit Ausnahme der zahlreichen jüdischen Einwohner – mit Genehmigung der Wehrmacht langsam zurück.

Im Mannheimer »Hakenkreuzbanner«, das Georg Samstag abonniert hat, findet sich ein Artikel des Schriftleiters Dr. Jürgen Bochmann: »Gewiss, der Straßburger steht heute noch auf einer Scheide zwischen zwei Welten, und es wird noch einiger Zeit bedürfen, bis der Schleier wieder vollends von seinem Gesicht gerissen ist, den man künstlich darüber gebreitet hatte. Aber dieses eigentliche Gesicht kann er doch nicht verleugnen. Es ist das deutsche Gesicht, das ihm ebenso wie diesem ganzen Land anhaftet ...

In diesen Tagen nun fließen in Straßburg zwei Bewegungen zusammen. Die eine ist der Zug jener, die vor zehn Monaten ins Innere Frankreichs wandern mussten und die nun nach und nach in ihre Heimatstadt zurückkehren; die andere ist der Zug derer, die aus dem Reich über den Rhein kommen, um das deutsche Leben in der alten deutschen Reichsstadt wiederzuerwecken. Die deutsche Wehrmacht hat in einem beispiellosen Siegeszug den Boden dafür bereitet.«

Das Re-Germanisierungsprogramm der Nazis ist bereits in vollem Gang. Es ist verboten, Französisch zu sprechen, Straßennamen und Vornamen werden eingedeutscht, aus Jean wird Hans, aus Jeanne Johanna, aus Roger Rüdiger. Das Tragen der Baskenmütze ist untersagt; wer es dennoch wagt, riskiert eine Strafe von 150 Reichsmark und bis zu sechs Monate Gefängnis. Wasserhähne, auf denen die Bezeichnungen »chaud« für warm und »froid« für kalt stehen, werden ausgewechselt. Selbst der Ehering muss, wie in Deutschland üblich, rechts statt wie bisher links getragen werden.

Fritz Haas, Korrespondent des »Hakenkreuzbanners« in Straßburg, berichtet im August 1940: »Es hat sich auch für sie, die sie ihre Stadt seit ihrer Kindheit so sehr lieben, viel geändert. Rein äußerlich schon. Da steht nun nicht mehr »Epicerie«, »Confiserie«, »Modes« oder »Brasserie«, da stehen wieder die deutschen Bezeichnungen, die sie alle noch gut kennen aus der Zeit, da sie deutsch waren. Jetzt, da diese blechernen Aufschriften an den Straßen sich zu Bergen häufen, da fühlt auch der Straßburger erst richtig, dass all die französischen Namen nicht zu ihm gehörten ... Über die vielen Judennamen in den Geschäftsstraßen haben sich die Bewohner, die immer schon eine Ablehnung gegen das ›auserwählte Volk‹ hatten, immer mehr entsetzt ... Doch wir hoffen nicht, dass sie aus ihrem ›Paradies‹, in das sie bei der Evakuierung flüchteten, zurückkehren werden. Sie konnten sich ein schöneres Exil suchen als die arische Bevölkerung, die in der ärmsten Gegend Frankreichs buchstäblich verhungert wäre, wenn man sie nicht zurückgeholt hätte. … Die deutschen Behörden, insbesondere die Wehrmacht hilft mit, dass nun endlich die Bevölkerung heimkehrt.«

Die Soldaten der Wehrmacht sind für das expandierende Nazi-Deutschland die Männer der Stunde, und sie wollen in ihrer Freizeit unterhalten werden. Daher werden in Frankreich wie in den anderen besetzten Ländern sofort nach dem Waffenstillstand im Auftrag der Obersten Heeresleitung durch Sanitätsoffiziere Bordelle eingerichtet, die ausschließlich Wehrmachtsangehörigen offenstehen. Während er reichsweit Männer verhaften und ins KZ einliefern lässt, weil sie »Geld aus käuflichen Liebesdiensten« angenommen haben, wird der Staat nun selbst zum obersten Zuhälter, weil verhindert werden soll, dass die Soldaten Kontakt zu freien Frauen der Besatzungszonen, seien es Prostituierte oder nicht, aufnehmen. Durch diese Reglementierung und Kanalisierung soll − so die offizielle Begründung − die Verbreitung von Geschlechtskrankheiten verhindert werden, denn Tripper, Syphilis (die »Franzosenkrankheit«!) & Co. führen dazu, dass Soldaten vorübergehend dienstuntauglich werden, für längere Zeit ins Sanatorium müssen und dadurch Kosten verursachen. Daneben herrscht die Auffassung, dass sich »der deutsche Soldat nicht mit Frauen aus Feindesland einlässt«. In einem Schreiben des Intendanten im Militärverwaltungsbezirk A heißt es denn auch im November 1940: »Es wird vielfach vergessen, dass wir uns in Feindesland befinden, dass Frankreich dem deutschen Volke diesen Krieg aufgezwungen hat, dass dieses Land mit dem Blute deutscher Soldaten erobert wurde und dass die französische Bevölkerung sich gegenüber wehrlosen Gefangenen die größten Gemeinheiten erlaubt hat. Ich muss von den mir unterstellten Beamten verlangen, dass sie sich dieser Tatsache jederzeit bewusst sind und deshalb jeden Verkehr mit der französischen Bevölkerung, insbesondere mit Französinnen unterlassen«.

Beziehungen zwischen Wehrmachtsangehörigen und französischen Frauen außerhalb der Bordelle, seien sie Prostituierte oder nicht, sind verboten, was in immer neuen Vorschriften und Verlautbarungen betont werden muss, denn natürlich wird gegen dieses Verbot ständig verstoßen. Ein gängiges Argument ist auch, dass durch die Wehrmachtsbordelle die Vergewaltigung einheimischer Frauen verhindert werde. Insa Meinen, die eine groß angelegte Studie zu »Wehrmacht und Prostitution im besetzten Frankreich« geschrieben hat, widerlegt diese Behauptung jedoch zumindest teilweise, indem sie darauf hinweist, dass massenhafte Vergewaltigungen »in direktem Kontext zur Gewalttätigkeit der Truppe gegenüber der Zivilbevölkerung insgesamt« stehen und in Frankreich demnach auch erst während der Rückzugsgefechte 1944 vorkommen.

Neben bereits bestehenden Bordellen, die durch die Wehrmacht beschlagnahmt und dem jeweiligen »Leitenden Sanitätsoffizier« unterstellt werden, eröffnen die deutschen Besatzer in den französischen Städten je nach Stärke der anwesenden Truppen immer neue Etablissements, teils sogar Sonderbordelle oder »Absteigehotels« für die höheren Dienstgrade. Der Betrieb dieser Bordelle ist streng geregelt, von den Preisen und den Öffnungszeiten über die Hygienevorschriften bis zum Ausschank von Alkohol und dem Zeitraum, den die meist zwangsrekrutierten Prostituierten abzuleisten haben, ehe sie einen Antrag auf Entlassung oder

Urlaub stellen können. Es besteht Kondomzwang, und eine Verlautbarung heißt: »Jede Frau, die einen deutschen Soldaten ansteckt, wird vor ein deutsches Kriegsgericht gestellt.« Die Frauen, die oft der Kommandanturarzt persönlich auswählt, sollen möglichst hübsch, jung und natürlich gesund sein, um den freien Prostituierten Konkurrenz und den Soldaten einen Besuch im Bordell schmackhaft zu machen. Teils wird die Belegschaft bestehender Häuser übernommen, teils wird sie aus der »illegalen« Prostituiertenszene rekrutiert oder es werden Huren nach einer Lagerhaft wegen Verstoßes gegen behördliche Auflagen in eines der Etablissements zwangseingewiesen. Anfangs bedient sich die Wehrmacht in Frankreich offensichtlich auch registrierter Prostituierter aus deutschen Bordellen.

Eine davon ist Elise Reger.

Als der Lastwagen mit seiner menschlichen Fracht spätnachmittags in Straßburg ankommt, fährt er in die Vorstadt der Fischer, der Handwerker und kleinen Leute am anderen Ufer der Ill. Im Metzgergießen, einer hübschen, recht breiten Straße mit einer Mischung aus mittelalterlichen Fachwerkbauten und barocken Fassaden, hält der Transport an, und die SS-Leute schlagen die Plane hoch. Auf der Ladefläche sitzen müde und verängstigt die Frauen.

»Los, raus hier, wird's bald?«, kommandiert der Anführer.

Mühsam, weil die Glieder steif geworden sind vom langen Kauern und Durchgerütteltwerden, klettern Elise und ihre Kolleginnen vom Lastwagen, blinzeln ins Nachmittagslicht. Erleichtert sehen sie die adretten Häuser, die saubere Straße. Kein Stacheldraht, kein Lager. Elise atmet auf und strafft ihre Schultern. Was jetzt kommt, wird sicher unangenehm, aber alles ist besser als Lagerhaft.

»Nicht glotzen, vorwärts«, befiehlt der SS-Mann und treibt die Frauen in eine schmale Gasse mit alten, vorkragenden Fachwerkhäusern, die Elise sofort an die Frankfurter Altstadt denken lassen. Kindheitserinnerungen steigen auf, Erinnerungen an den leicht muffig-modrigen Geruch in diesen Gassen, Erinnerungen an knarrende Treppen, Geschirrgeklapper, Stimmen.

Hier jedoch ist alles still bis auf die Schritte der Frauen auf dem Kopfsteinpflaster. Ein paar Wehrmachtssoldaten stehen etwas entfernt in einer Gruppe zusammen, rauchen.

Gleich das erste Haus ist es; es ist größer als die anderen in der Gasse, hat einen Sandsteinsockel, eine verputzte Fassade und große Fenster, deren Läden, an denen die grüne Farbe abblättert, jedoch geschlossen sind.

»Hier rein, geht das nicht schneller?«

Elise wird geschoben, spürt, wie ihr ein Koffer in die Waden gerammt wird. »He!«, ruft sie.

»Wirst du wohl das Maul halten!«, brüllt der SS-Mann sie an.

Im ersten Stock betreten sie einen langen Flur, von dem mehrere Zimmer abgehen. Eine ältere Frau kommt aus dem ersten Raum; durch die Tür erspäht Elise eine Art Salon, wie sie ihn aus Mannheim kennt. Doch hier sind die Möbel viel eleganter, weiß mit Goldverzierung und roten Samtpolstern; die cremefarbene Tapete hat glänzende Streifen, je einen Ton heller und dunkler als die Grundfarbe, und über dem großen Sofa hängt das Bild einer nackten Frau, die von einem Schwan begattet wird.

»Das sind die Neuen, Frau Gerhardt«, sagt der Anführer. »Dienstbeginn morgen Mittag.« Damit verabschiedet er sich.

»Na, dann wollen wir mal«, sagt Frau Gerhardt und deutet auf ihr Büro gegenüber. »Einzeln eintreten.«

Für jeden Neuankömmling wird eine Karteikarte angelegt. »Wie heißen Sie?«, fragt die Bordellwirtin, als Elise als Letzte hereinkommt.

»Elise Reger.«

»Geboren wo? Eltern? Verheiratet, ledig? Los, los, ich habe nicht ewig Zeit.«

Elise rattert die Informationen herunter, doch dann kann sie ihre Neugier nicht mehr bezähmen. »Wo … wo sind wir denn hier? Wie heißt die Stadt?«

»Straßburg«, gibt Frau Gerhardt knapp zur Antwort. »Das hier ist ein Etablissement ausschließlich für Angehörige unserer siegreichen Wehrmacht. Haben Sie einen besonderen Namen, den Sie bei der Arbeit tragen?«

»Nein.«

»Gut. Dann kommen Sie mal mit«, fordert Frau Gerhardt sie auf. Draußen auf dem Gang weist sie den Neuankömmlingen ihre Zimmer zu. Jedes Zimmer hat außen und innen an der Tür eine Nummer. »Es ist untersagt, Ihr Zimmer mit einer Kollegin zu tauschen. Ihre Kunden werden sich die jeweilige Zimmernummer auf ihrer Besucherkartei notieren«, erklärt sie. »Dazu Ihren Namen, den Sie verpflichtet sind, anzugeben. Im Falle einer Ansteckung kann so genau rekonstruiert werden, welche der Damen schuld ist, damit man sie zur Verantwortung ziehen kann. Verkehr ohne Kondom ist verboten. Die Hälfte Ihres Lohns bekommen Sie wöchentlich ausgezahlt, die andere Hälfte geht für Kost und Logis an mich. Die Fensterläden sind stets geschlossen zu halten. Sie werden das Haus nur mit meiner Erlaubnis verlassen. Alles Weitere entnehmen Sie der Hausordnung, die im Flur aushängt. Dienstbeginn ist morgen Mittag um zwölf, Dienstschluss ist um zehn Uhr abends, wenn ich es anordne, auch später.«

Als Elise endlich allein in ihrem Zimmer ist, ist sie zu müde zum Denken. Sie packt aus, wäscht sich und geht ins Bett. Traumlos schläft sie, bis am nächsten Morgen die Glocke zum Frühstück läutet. Hastig springt sie auf, zieht sich an und läuft in die Küche. Die Wirtin hat den Neuen eingeschärft, pünktlich zu sein. Wer zu spät kommt, kriegt nichts mehr, und Elise hat seit vorgestern Abend nichts mehr gegessen. Die Stimmung beim Frühstück ist nicht mehr so gedrückt wie am Vorabend; es scheint, dass Frau Gerhardt ganz in Ordnung ist. Was Elise am meisten auf den Nägeln brennt, ist ihre Familie in Frankfurt. Sie bittet um Briefpapier, schreibt zuerst an ihre Mutter, dann nach Mannheim, um sich nach Walter zu erkundigen.

Pünktlich um zwölf stehen die ersten Soldaten vor der Tür, werden von der Wirtin begrüßt, leisten ihren Obolus von zwei Mark fünfzig, bekommen ein Kondom in die Hand gedrückt und dürfen dann in den Salon, wo sich die Frauen bereits versammelt haben. Gleich darauf verschwindet jede von ihnen mit einem Freier in ihrem Zimmer. Bei den meisten geht die Sache ruckzuck. Danach begeben sich die Männer in die Sanierstube, die dem Bordellbetrieb angeschlossen ist. Jeweils drei Abstriche durch die Harnröhre, einen Stempel in die Besucherkarte, und dann wieder raus ins Freie. Der nächste Schwung Soldaten wartet bereits im Salon.

Für Elise hat der Akkordbetrieb im Ochsengässchen Nummer 1 begonnen. Sie hat kein Problem mit den strengen Hygienevorschriften, schützt ihren Körper, so gut sie kann, nimmt nach jedem Geschlechtakt eine Borwasserspülung vor, wäscht sich gründlich mit Wasser und Seife und reibt sich mit Kölnisch Wasser ein.

Obwohl die Hälfte des Honorars für die Liebesdienste an die Bordellwirtin geht, verdient Elise im Wehrmachtsbordell besser als je zuvor. Der Staat als oberster Zuhälter sorgt dafür, dass diejenigen, die sich anpassen, sich ranhalten und nicht krank werden, zumindest finanziell auf ihre Kosten kommen. Eine Reichsmark entspricht nach dem Zwangsumtauschkurs etwa 20 Francs. Eine Frau, die in einem Truppenbordell in Bar-le-Duc gearbeitet hat, gibt ihren Monatsverdienst mit zehntausend Francs an (500 RM), während eine andere in La Rochelle ihre Tageseinnahmen auf 1500 Francs (75 RM) beziffert.

Elise ist eine Frau, die in jedem Beruf Erfolg gehabt hätte. Auch als Prostituierte verkörpert sie alle deutschen Tugenden, ist ordentlich, pünktlich, fleißig, sauber, sparsam. Schnell erfährt sie vonseiten des Sanitätsdienstes der Wehrmacht, der Wirtin Frau Gerhardt und sogar des Kommandanturarztes Anerkennung, was ihr gewisse Privilegien verschafft, die ihren minder anpassungsfähigen Kolleginnen und vor allem den französischen Prostituierten, die immer öfter die deutschen Huren der »ersten Stunde« ersetzen, nicht gewährt werden. Zum Beispiel eine Art Heimaturlaub: »Eines Tages, da hatte ich tausend Mark zusammengemacht. Ich hatte ja sowieso in Straßburg immer Geld. Und da bin ich heim nach Frankfurt in die Alte Gasse. Die Anna hat auch da gewohnt, ist aber schaffen gegangen, und der Opa ist noch in den Diesterweg-Verlag gegangen und hat aber eine Freundin gehabt. Und die Mama hat auf den Dieter aufgepasst, hat noch Zeitung getragen, da war der Dieter noch klein.«

Ein Foto, aufgenommen etwa 1941, zeigt Elise stolz posierend mit ihrem kleinen Sohn. Sie trägt ein auffallendes elegantes Kostüm, weiß mit großen stilisierten Blütenranken in Dunkelblau, dazu einen kessen Hut, und stellt ihren finanziellen Erfolg deutlich aus. Auch ihre Eltern profitieren davon. Sooft sie nach Hause kommt, bringt Elise Bargeld,

Schokolade und französische Bekleidung mit – Dinge, die unter der Knute der Besatzungsmacht zu Billigpreisen erworben werden können – und erweist sich damit als echte Kriegsgewinnlerin, während Walter im Konzentrationslager Dachau die ganze Härte des faschistischen Systems zu spüren bekommt.

Zwischen Dezember 1940 und dem 10. April 1941 sind keine Briefe Walters aus Dachau erhalten, obwohl er bei seinen Eltern anfragt, ob sie seinen Brief vom 23. März noch nicht erhalten haben, da er keine Antwort darauf bekommen hat. Wahrscheinlich wurde dieser Brief von der Zensur aussortiert und vernichtet. Auffällig ist, dass in dieser Zeit keine eigenhändigen Unterschriften von ihm auf dem Formular geleistet werden, auf dem die Geldeingänge vermerkt werden. Walter quittiert am 2. Dezember 1940 zum letzten Mal eigenhändig eine Auszahlung, hier von 20 RM, und danach erst wieder am 11. Juni 1941.

Was ist in der Zwischenzeit geschehen?

Als er am 10. April an seine Eltern schreibt, kann er offenbar seine Hand nicht richtig benutzen. Im Vergleich zu seinen vorausgegangenen Briefen ist seine Handschrift nicht rund, schwungvoll und regelmäßig wie gewohnt, sondern krakelig; die Buchstaben schwanken von links nach rechts, der Druck auf den Füllhalter scheint mal stärker, mal schwächer zu sein. Diese völlig veränderte Schrift zeigt sich auch noch in den nächsten beiden Briefen. Erst in dem Brief vom 29. Juni 1941 fließt seine Handschrift wieder einigermaßen normal.

Bei meinem letzten Besuch in Dachau habe ich mit dem Archivar, Herrn Dr. Albert Knoll, darüber gesprochen. Der Verdacht liegt nahe, dass Walter zwischen Dezember und

Elise mit ihrem Sohn Dieter um 1941

April im sogenannten Bunker inhaftiert gewesen ist – einer lang gestreckten Baracke mit Einzelzellen, in denen Häftlinge, die sich etwas haben zuschulden kommen lassen, eingesperrt und misshandelt wurden. Mit acht Tagen Arrest und 25 Stockhieben wird beispielsweise derjenige bestraft, »der einem SS-Angehörigen gegenüber abfällige oder spöttische Bemerkungen macht, die vorgeschriebene Ehrenbezeugung absichtlich unterlässt, oder durch sein sonstiges Verhalten zu erkennen gibt, dass er sich dem Zwange der Zucht und Ordnung nicht fügen will«. Mit vierzehn Tagen Arrest wird bestraft, wer »in den Unterkünften, Aborten und an feuergefährlichen Orten raucht oder feuergefährliche Gegenstände an solchen Orten aufbewahrt oder niederlegt«, desgleichen, zuzüglich 25 Stockhieben, »wer in Briefen oder sonstigen Mitteilungen abfällige Bemerkungen über nationalsozialistische Führer, über Staat und Regierung, Behörden und Einrichtungen zum Ausdruck bringt …, Vorgänge im Konzentrationslager mitteilt«. Mit 42 Tagen strengem Arrest oder dauernder »Verwahrung in Einzelhaft« muss derjenige rechnen, der »Geldbeträge im Lager ansammelt« oder »die Symbole des nationalsozialistischen Staates oder die Träger derselben verächtlich macht, beschimpft oder auf andere Weise missachtet«. Zu diesen – hier nur in Auszügen wiedergegebenen – Delikten kommt die willkürliche Behandlung jeder »Straftat«, die ein Gefangener nach Meinung eines SS-Mannes begangen hat. Als Nebenstrafen sind vorgesehen: »Strafexerzieren, Prügelstrafe, Postsperre, Kostentzug, hartes Lager, Pfahlbinden …«

Einzelarrest, Prügel, »Hungerkost«, Postsperre, Pfahlbinden. Das sind die Strafen, die Walter vermutlich während seiner Arretierung im »Bunker« zu erdulden hat. Prügel sind bei der SS grundsätzlich beliebt, auch aus nichtigem Anlass. Postsperre liegt nahe, da seine Eltern drei Monate lang keine Briefe von ihm erhalten haben. Pfahlhängen war ebenfalls gang und gäbe, um Häftlinge zu quälen. Die Hände wurden hinter dem Rücken zusammengebunden, und der Gefangene wurde daran an einen der Haken gehängt, die hoch oben an Pfeilern im Bunker angebracht waren. Die Füße hatten keinen Halt, und so wurden die Arme auf brutalste Weise ausgerenkt – was ein Grund dafür sein könnte, dass Walters Schrift, als er aus der Einzelhaft zurück in seinen Block darf, noch mehrere Wochen so ungelenk und kritzelig ist.

Am 18. Mai schreibt er: »Liebe Eltern! Habt Ihr meinen Brief vom 4. Mai erhalten? Hoffentlich seid Ihr noch alle beide gesund und munter und es ist Euch nichts passiert bei den beiden Fliegerangriffen auf Mannheim. Ich war sehr in Sorge, als ich es im Wehrmachtsbericht gelesen hatte und dann die Bilder im Hakenkreuzbanner sah. Ist in Sandhofen etwas passiert? Wie geht es Euch überhaupt zu Hause, ist noch alles in Ordnung? Hat Karlsruhe schon etwas von sich hören lassen? Liebe Eltern, nun ist es gerade ein Jahr her, dass ich in Haft bin. Liebe Mutter, ich wünsche Dir alles Gute auf Muttertag, dass Du gesund und uns, Vater und mir, noch lange erhalten bleibst. Ich wäre so gern auf Vaters 70. Geburtstag bei Euch zu Hause. Ich danke Euch für das Geld, ich habe es gut gebrauchen können. In der Hoffnung auf ein baldiges Wiedersehen grüßt Euch herzlich Walter.«

Was meint er mit »Hat Karlsruhe schon etwas von sich hören lassen«? Anscheinend hat Walter seinen Vater aufgefordert, an das Polizeipräsidium in Karlsruhe zu schreiben – dorthin, wo der Antrag unterschrieben worden ist, der ihn ins KZ gebracht hat –, um seine Freilassung zu erwirken. Sein Vater ist der Aufforderung nachgekommen, und am 18. Juli

1941 geht vom Reichskriminalpolizeiamt in Berlin ein Schreiben an ihn ab. Es lautet folgendermaßen: »Auf Ihr an die Kriminalpolizeistelle in Karlsruhe gerichtetes und mir zuständigkeitshalber zur Entscheidung vorgelegtes Gesuch vom 11.6.41 um Entlassung Ihres Sohnes Walter aus der polizeilichen Vorbeugungshaft teile ich mit, dass ich Ihrem Wunsche auch bei Würdigung der dargelegten Verhältnisse nicht entsprechen kann, weil der mit der polizeilichen Maßnahme angestrebte Zweck noch nicht erreicht ist. Von weiteren Gesuchen wollen Sie Abstand nehmen, da die Frage der Entlassung zu gegebener Zeit von Amts wegen geprüft werden wird.«

Einen wie auch immer gearteten Zweck, der mit der »polizeilichen Maßnahme« angestrebt wird, gibt es natürlich nicht. Die KZ-Haft für »minderwertige Subjekte« wie Walter Samstag dient der Vernichtung durch Arbeit, der sogenannten Ausmerze, um das deutsche Volk von antisozialen Elementen zu säubern, damit in Zukunft eine saubere Volksgemeinschaft entsteht, in der es Konflikte wie Diebstahl, Zuhälterei, Alkoholismus, Pennertum nicht mehr gibt. Es geht also um Vernichtung, nicht um Besserung oder gar Wiedereingliederung in die Gesellschaft. Nur wer arbeitsfähig ist, besitzt überhaupt einen Nutzen, und diesen Nutzen kann er auch im Konzentrationslager erbringen. Der österreichische Journalist Tom Matzek schreibt in seinem Buch über das »Mordschloss Hartheim«: »So wie in der Euthanasie der Tod der Kranken gemäß dem Nützlichkeitsgedanken verwertet wird – die Goldzähne für die Kanzlei des Führers, das Gewand für die nationalsozialistische Volkswohlfahrt, das Hirn für die Forschung – arbeitet auch die Buchhaltung der Totenkopfverbände, um Geld zu machen. Man rechnet, dass jeder Häftling nach neun Monaten in den Fängen der Lager-SS – danach ist er tot – eine Summe von 1.630 Reichsmark Gewinn abwirft. Zum Erlös von Zahngold und Besitz und der Verwertung der Privatkleider als Spinnstoff für SS-Uniformen verrechnet die SS die Arbeitsleistung ihrer Häftlinge für deutsche Unternehmen mit sechs Reichsmark pro Tag.«

Immer wieder erkundigt sich Walter in seinen Briefen nach Liesel beziehungsweise Dieter. »In dem vorletzten Brief schreibt Ihr mir, dass Dieter geschrieben hat und dass er noch nicht verheiratet ist. Habt Ihr ihm geantwortet? Ich wusste ja, dass er bestimmt wieder was von sich hören lässt, schreibt ihm doch bitte, er soll mal an mich schreiben, ich möchte gern wissen, wie es ihm geht und wo er zur Zeit ist.« – »Habt Ihr Dieter geschrieben und habt Ihr Nachricht von ihm erhalten, schreibt es mir doch bitte.« – »Hat Dieter schon an Euch geschrieben, wie geht es ihm eigentlich? Verheiratet ist er bestimmt nicht, ich glaube, da kenne ich ihn zu gut.«

Auf seine Fragen bekommt Walter von seinen Eltern nie eine Antwort. Entweder, weil seine Eltern hier die Gelegenheit nutzen, um den Kontakt zu jener Frau zu unterbinden, der sie die Schuld am Unglück ihres Sohnes geben. Oder weil Elise von sich aus den Kontakt abbricht. Noch einmal versucht es Walter in seinem Brief vom 2. November 1941: »Was hat Willi Ott eigentlich gesagt, als er hörte, dass Dieter nichts mehr von sich hören ließ? Ihr könnt ja am 17ten eine Geburtstagskarte in meinem Namen schicken, vielleicht erfahrt Ihr was Neues, der Kleine hat doch da Geburtstag.« Es klingt resigniert und trotzig, wenn Walter seine Eltern auffordert, dem »Kleinen« eine Geburtstagskarte zu schicken. Nicht Dieter hat am 17. Geburtstag, sondern Elise, und auch nicht im November, sondern im Dezember. Die Vertauschung der Daten und Namen – ist es Absicht, oder nimmt in der Lagerhaft durch Hunger und Dauerstress auch die Erinnerung Schaden? Doch immer noch lebt in Walter ein Funken Hoffnung. Auf ein Lebenszeichen von jener Frau, die er auf seine Weise liebt, auf eine Nachricht von seinem Sohn, den er eigentlich nicht haben wollte. Jetzt sind die beiden neben seinen Eltern der Fokus, auf den sich all sein Denken richtet, während er hinter Stacheldraht misshandelt, frierend, hungernd, vor sich hin vegetiert. Was seine Eltern nicht wissen – er hat ein verletztes Bein und kann nicht gut gehen, was bedeutet, dass er auch nicht voll arbeitsfähig ist.

Währenddessen geht es Elise in Straßburg zumindest finanziell blendend. Nachdem sie im Ochsengässchen ein Jahr lang am Fließband Wehrmachtssoldaten bedient hat, verfügt sie über genügend Geld – und offenbar über beste Kontakte im System –, um in der Fischergasse 16 eine eigene Bordelletage zu eröffnen. Die nötige Lizenz der Militärverwaltung verschafft ihr der Kommandanturarzt, der auch die Prostituierten auswählt, die für Elise arbeiten werden. Nur eine kann sie sich selbst aussuchen. Bei ihren regelmäßigen Besuchen in Frankfurt hat sie ihrer Schwester Eva erzählt, wie sich hier in Straßburg gutes Geld verdienen lässt. Eva, eine der Zwillinge, ist eine bildschöne Brünette von zwanzig Jahren. Gelernt hat sie nichts, aber im Gegensatz zu ihrer Schwester Anna verfügt sie über einen schnellen Verstand, Ehrgeiz und viel Selbstbewusstsein. Anna ist ein wenig langsamer in allem, schüchtern und naiv. Zunächst hat sie in Eckenheim bei ihrer Schwester Gretel ein Haushaltsjahr absolviert, aber dort schüttet sie aus Schusseligkeit die Suppe ab statt der

Nudeln und lässt den Säugling beim Wickeln vom Tisch fallen. Sie geht fortan kellnern und lernt Anfang der Vierzigerjahre einen Medizinstudenten kennen, der sie heiratet. Diese Hochzeit nimmt Johann Schäfer zum Anlass, intensiv und ganz im Stil der Zeit Ahnenforschung zu betreiben, um Ahnenpässe für die ganze Familie anlegen zu lassen. Er schreibt Pfarrämter und Bürgermeistereien an und trägt, sowohl was die Familie seiner Frau als auch seine eigene betrifft, Informationen zusammen, die bis ins 18. Jahrhundert zurückreichen.

Sobald Elise ihr Bordell eingerichtet hat, folgt Eva ihr nach Straßburg. Die anderen Frauen stammen aus Rekrutierungen vor Bahnhöfen, in Hospitälern oder Gefängnissen oder werden von Zuhältern, Stellenvermittlern und Kupplern angeworben.

Bei Elise gibt es einen eleganten Salon, ausgestattet mit Möbeln im Stil von Louis XV., die sie selbst für viel Geld angeschafft hat. Normalerweise kommt die Militärverwaltung für die Einrichtung der Bordelle auf, doch Elise hat genaue Vorstellungen, wie es in ihrem Etablissement aussehen soll, und ist bereit, dafür zu investieren. In jedem Zimmer befinden sich ein Waschbecken und ein Bidet mit fließendem Wasser. Die Etage verfügt auch über eine Badestube mit Wanne, denn das Reglement verlangt, dass die Frauen ein bis zwei Mal pro Woche ein warmes Bad nehmen. Elise kauft Vorräte: Essen, Wein, Sekt – die Preise, die sie von den Soldaten dafür kassiert, legt allerdings der Kommandanturarzt fest. Sie führt ihr Bordell straff, und sie verdient mitten im Krieg sehr viel Geld. Nicht nur, dass sie vom »Liebeslohn« die Hälfte für sich behält. Je nach Anzahl der Frauen, die bei ihr arbeiten, bekommt sie pro Tag ein Vielfaches dessen, was die einzelne Prostituierte verdient. Dazu kommen die Einnahmen aus dem Alkoholausschank, dem Verkauf von Hygieneartikeln und Dingen des täglichen Bedarfs an ihre »Schützlinge«, und wenn ihr danach ist, sucht sie sich einen Offizier aus, der ihr gefällt, und sichert sich einen Zusatzverdienst.

Zum ersten Mal in ihrem Leben schöpft sie aus dem Vollen. In der französischen Provinz betragen die Einnahmen mancher Bordellbetreiberinnen laut Insa Meinen zwischen drei- und sechstausend Francs (150 bis 300 RM) täglich. Gefühle leistet sich Elise nicht. Männer interessieren sie nur insoweit, als sie von ihnen Komplimente und Geschenke bekommt. Sie ist hart geworden, und so streng wie sie gegen sich selbst ist, verhält sie sich auch gegenüber den Frauen, die für sie arbeiten müssen. Auf die Idee, dass die Einrichtung von Wehrmachtsbordellen und die Kasernierung von französischen Frauen durch die Besatzer Unrecht ist – dass sie selbst Unrecht tut –, kommt sie nicht.

Sie führt ein Register über die Frauen, die bei ihr beschäftigt sind und die, mit Ausnahme von Eva, meist im Dreimonatsrhythmus wechseln. Wer bei ihr anfängt, gibt seinen Ausweis ab, was faktisch einer Einschließung entspricht. Die Fensterläden müssen stets geschlossen bleiben, und der Aufenthalt vor der Haustür ist untersagt. Ausgang haben die »filles soumises« nur zu festgesetzten Zeiten, und dann auch nur in Elises oder in Evas Begleitung. Die Besatzungsmacht verfolgt damit zum einen den Zweck, Prostitution in der Stadt unsichtbar zu machen, und zum anderen, ihre Überwachung zu erleichtern. Jede Entlassung muss Elise der Kommandantur und der französischen Verwaltung mitteilen. Mädchen, die bei ihr ausscheiden, sind verpflichtet, genaue Angaben über ihren künftigen Wohnort zu machen, um sie weiterhin – vor allem unter gesundheitlichem Aspekt – kontrollieren zu können. Faktisch wird den Prostituierten aber das Ausscheiden aus dem Bordellsystem oft unmöglich gemacht, indem man sie in eine andere Stadt bringt und dort erneut zur Sexarbeit zwingt. Geben sie an, einen anderen Beruf ausüben zu wollen, müssen sie eine Arbeitsstelle nachweisen. Flieht eines der Mädchen, wird eine polizeiliche Fahndung eingeleitet.

Im Gegensatz zu ihren »Angestellten« nimmt sich Elise einmal im Monat frei und fährt nach Frankfurt, um ihre Eltern und ihren kleinen Sohn zu besuchen. »Ich bin ja oft runtergefahren, alle drei, höchstens vier Wochen. Meine Mutter hat mich schon immer gehört. Die hat mir schon die Tür aufgemacht, wenn ich die Treppe raufgekommen bin. Die hat gewusst, jetzt ist es Zeit, die kommt jetzt wieder. Ich habe alle drei, vier Wochen den Dieter besucht und hab ihr da Geld gebracht, jedes Mal zweihundert Mark, und hab auch noch Geld geschickt auf Abschnitten.«

Bis Oktober 1943 führt Elise ihr Wehrmachtsbordell in der Fischergasse 16. Da ist Walter längst tot.

15. Geisterland

Der Ort des Grauens ist ein bildschönes weißes Renaissanceschloss inmitten einer lieblichen Hügellandschaft. Vernichtungsanstalt Hartheim, Oberösterreich, nahe Linz. Hier wurden zwischen Mai 1940 und Dezember 1944 mehr als dreißigtausend Menschen, vorwiegend geistig und körperlich Behinderte, aber auch arbeitsunfähige Häftlinge aus den Konzentrationslagern Dachau und Mauthausen umgebracht.

Eigentlich hatte ich nicht vorgehabt, hierher zu fahren. Lange Zeit reichte es mir, zu wissen, dass mein Großvater hier ermordet worden war, reichte mir die Lektüre des Buches von Tom Matzek über das »Mordschloss«. Fürchtete ich mich? Glaubte ich, durch einen Besuch in Hartheim nichts Neues zu erfahren? Ich weiß es nicht. Was ich jedoch weiß, ist, dass die Stunden, die ich, begleitet von dem Archivar, Herrn Magister Peter Eigelsberger, in Hartheim verbracht habe, zum eindringlichsten Erlebnis auf meiner Reise in die Erinnerung wurden.

Und das lag nur zum Teil an meinem Großvater und seinem qualvollen Tod.

In Hartheim wurde von 1940 bis 1941 im Rahmen der »Aktion T4« Euthanasie betrieben. Ein Hauptziel der Nationalsozialisten war neben der Vernichtung der Juden die Säuberung der Gesellschaft von »störenden Elementen«. Dazu gehörte alles »Fremde« aus rassischen Gründen, alles »Andere« aus religiösen, sexuellen, sozialen oder körperlichen Gründen. Auf die Ausgrenzung folgte die Ausmerzung, und das Zentralbüro für die Planung der Ermordung jener

Menschen, die von den Nazis aufgrund geistiger oder körperlicher Behinderung als »lebensunwert« angesehen wurden, befand sich in der Tiergartenstraße 4 in Berlin, was der »Aktion« den verschleiernden Namen gab. Ein Stab von hundert Mitarbeiterinnen und Mitarbeitern organisierte die Bürokratie, die hinter den Morden stand. Als Institutionen, in denen die Opfer getötet werden sollten, wurden festgelegt: Grafeneck bei Münsingen, Brandenburg an der Havel, Hadamar in Hessen, Pirna-Sonnenstein in Sachsen, Bund Bernburg an der Saale sowie Schloss Hartheim in der Gemeinde Alkoven bei Linz.

War das schöne Schloss vorher ein für damalige Verhältnisse fast fortschrittliches Heim für Menschen gewesen, die aufgrund ihrer Behinderung ständig Betreuung brauchten, wurde es 1939 zu einer Tötungsanstalt umgebaut, in der bis zu sechzig Menschen damit beschäftigt waren, die Ermordung hilfloser Kinder und Erwachsener durchzuführen und zu verwalten. Die ehemaligen Insassen von Hartheim waren die Ersten, die in dem zur Gaskammer umgebauten Gewölberaum im Erdgeschoss mit Kohlenmonoxid getötet wurden. Danach brannte der Verbrennungsofen der Firma Kori, der sich zwei Räume weiter befand, für zwei Jahre fast ununterbrochen, bis eine Predigt Bischof Graf von Galens in Münster für so viel Aufsehen sorgte, dass Hitler das Projekt »T4« von einem Tag auf den anderen stoppte. Der Bischof hatte nämlich ganz offen gefragt, was denn, wenn die Nutzlosen und Kosten Verursachenden mittels Euthanasie eliminiert werden sollten, mit all den Kriegsversehrten geschehen würde, die doch auch nicht mehr produktiv seien und dem Staat und der Gesellschaft zur Last fielen.

Doch die Ermordung der Schwächsten hörte danach nicht etwa auf, sondern ging direkt vor Ort, in den Heimen und Anstalten, weiter. Hartheim diente ab sofort zur »Ausmerzung« anderer »unerwünschten Lebens«. Ununterbrochen stieg schwarzer, süßlich stinkender Rauch aus dem Schornstein des Schlosses, weithin sichtbar im ganzen Tal. Anfangs kippte man Leichenreste, die nicht ganz verbrannt waren, noch in die Donau, aber als die Dorfbevölkerung dadurch zu unruhig wurde, schaffte man eine Knochenmühle an und vergrub die Reste auf dem Schlossgelände, wie auch Dinge des täglichen Lebens, die die Opfer mitgebracht hatten, in ihren kleinen Koffern oder in Körben, weil sie ja dachten, sie würden in die Ferien fahren oder in ein neues Heim gebracht. Puppen, Halsketten, Blechtassen, Brillen, Broschen, Rosenkränze, Zahnbürsten, Kämme – die wenigen persönlichen Habseligkeiten, die die Heimbewohner besaßen, wurden ihnen weggenommen und in Gruben entsorgt, wo sie Jahrzehnte später bei der Verlegung einer Fernwärmeleitung entdeckt wurden.

Pflegerinnen in Schwesterntracht halfen ihnen beim Ausziehen, stützten die, die nicht alleine stehen konnten, und sagten ihnen, gleich werde geduscht. Im Aufnahmeraum wurden ihre Personalien mit der vorliegenden Tötungsliste abgeglichen, es wurde geprüft, ob sie Goldzähne besaßen, und die für die Nazis »interessanten Fälle« wurden fotografiert, um sie hinterher für die Forschung aussondern zu können. Vierzig oder in »Stoßzeiten« auch mal hundert Personen, nackt, verängstigt oder auch ahnungslos und erwartungsvoll, wurden in einen fünfundzwanzig Quadratmeter großen Raum getrieben, die Türen wurden verschlossen, und der diensthabende Arzt drehte den Gashahn auf. Nach einer Viertelstunde waren alle tot, und die Brenner schafften die Leichen durch eine Tür, brachen denen, die vorgemerkt waren, die Goldzähne heraus, schleppten die, die für Forschungszwecke vorgesehen waren, zur Seite, und schoben die anderen nach und nach in die Krematoriumsöfen. Zwischen der Einlieferung und der Tötung lagen höchstens Stunden. Der Tag des Transports war im Regelfall auch der Tag des Sterbens.

Als ich an einem regnerischen Montag das Schloss durch die mit einer Sprechanlage gesicherte Glastür betrat, empfing mich ein junger Mann im Rollstuhl und fragte mich, da ich mich suchend umsah, ob er mir helfen könne. Gegenüber sah ich einen Laden mit schönen, handwerklich hergestellten Dingen aus Holz – Gegenstände, wie sie in behüteten Werkstätten hergestellt werden. Der junge Mann wies mir den Weg ins Archiv, und ich bedankte mich. Später, nach mehr als vier intensiven Stunden Gespräch und einem Gang durch die Ausstellung in den Vernichtungsräumen, tat ich etwas ganz Banales. Ich hatte Hunger und Durst und ging ins Café, mehr eine Art Kantine. Dort aß ich eine leckere Gulaschsuppe und trank einen Kaffee. Um mich herum waren junge Männer, alle mit einer eindeutigen Behinderung, damit beschäftigt, Tabletts abzuräumen, Tische abzuwischen, Stühle gerade zu rücken und zu kehren. Einer von ihnen kam zu mir, und wir unterhielten uns eine Weile.

Während ich da saß, fiel mein Blick immer wieder durch die große Glastür auf einen Apfelbaum im Garten, der kurz vor der Blüte stand. Ich war aufgewühlt, dazu unendlich traurig, und glaubte doch, in diesen Apfelzweigen mit den halb geöffneten rosa Blüten so etwas wie ein Zeichen der Hoffnung zu erkennen. Ich nahm meine Kladde und begann meine Gedanken aufzuschreiben, bemühte mich, Worte für meine Gefühle zu finden, dem Ort und dem Anlass entsprechend.

Mittendrin brach ich ab. Nichts, weder Worte noch meine Gedanken, die ich versucht hatte zu ordnen, waren dem intensiven Schmerz gewachsen, den ich empfand. Ich hatte Adornos Verdikt, nach Auschwitz sei es nicht mehr möglich, ein Gedicht zu schreiben, immer abgelehnt, obwohl ich die Haltung, die dahinterstand, respektierte. An diesem Tag in Hartheim wurde mir klar, dass es tatsächlich einen Moment im Leben geben konnte, in dem auch ein Schriftsteller – oder in seinem Fall ein Philosoph – der Kunst, ja, der Sprache selbst, abschwört. Der Apfelbaum ist der Apfelbaum, und unsere Schande ist unsere Schande.

Am 14. Dezember 1941 schreibt mein Großvater an seine Eltern: »Euern Brief vom 10. Dezember habe ich erhalten und mich sehr darüber gefreut. Ich glaube nun nicht mehr daran, es würde mich allerdings sehr freuen, aber man wird allmählig Pessimist. Schuld allein sind ja nur die in L. 4, dass ich hier bin. Hätten die nicht den Antrag nach Karlsruhe gestellt, so wäre ich niemals hierher gekommen. Es ist allerdings leichter, einen wegzubringen, als herauszuholen. Nun, wir wollen das Beste hoffen, allerdings, wie gesagt, ich glaube nicht mehr daran. Das Geld habe ich noch nicht erhalten, werde es aber in den nächsten Tagen bei der Auszahlung bekommen, es dauert immer einige Tage länger als ein Brief, ich danke Euch also im voraus dafür. Liebe Eltern, hoffentlich seid Ihr noch alle Beide gesund und munter. Viele herzliche Grüße sendet und ein frohes Weihnachtsfest wünscht Euch recht herzlich Walter.«

Über Weihnachten und Neujahr herrscht Postsperre im KZ, und die Gefangenen müssen auf ihren Briefen vermerken, dass die Angehörigen keine Pakete oder Päckchen schicken dürfen, da diese sofort vernichtet werden. Seit einiger

Zeit mischen sich in Walters Briefe resignierte Töne: »Hoffnung habe ich offen gesagt im neuen Jahr keine, es wird für mich und für Euch genau so vergehen wie das Letzte. Vielleicht kann man uns doch noch brauchen, dann ist das Wiedersehen um so größer.« Was meint er mit »vielleicht kann man uns doch noch brauchen«? Hofft er, dass sie ihn zum Militärdienst holen? Vielleicht hat er damit gar nicht so Unrecht, denn am 18. August 1942 erkundigt sich das Wehrmeldeamt Friedberg (Hessen) in einem Schreiben an den Vorstand des Arbeitshauses Kislau zwecks »Wehrüberwachung« tatsächlich nach ihm. Am 20. August antwortet der Vorstand des Arbeitshauses, dass der ehemalige Gefangene Walter Samstag nach verbüßter Gefängnisstrafe nach Mannheim-Sandhofen, Sonnenstraße 34, entlassen wurde. Ob sich das Wehrmeldeamt daraufhin direkt an diese Adresse wendet und dort erfährt, dass Walter mittlerweile im KZ Dachau verstorben ist, kann nicht belegt werden.

Am 22. Februar 1942 erhalten Marie und Georg Samstag Walters letzten Brief: »Liebe Eltern! Euern Brief vom 4.II. und gestern den vom 16.II. dankend erhalten, ich habe mich sehr darüber gefreut. Auch habe ich dankend das Geld vom 2.II. erhalten. Ich glaube Euch gerne, dass Ihr in Karlsruhe noch nichts erreicht habt. Aber das darf Euch nicht abhalten, immer wieder zu schreiben. Es ist eben leichter, Geld fortzuschaffen, als wieder herbei zu schaffen, so geht es eben auch hier. Deswegen immer wieder von Zeit zu Zeit ermahnen, vielleicht habt Ihr doch Glück und bekommt es noch in diesem Jahr zurück. – Liebe Eltern! Wie ich aus den beiden Briefen ersehen habe, seid Ihr noch alle Beide gesund und munter, was mich sehr freut. In der Hoffnung auf ein baldiges Wiedersehen grüßt Euch recht herzlich Euer Walter.«

Anders, als Walter hofft, haben seine Eltern kein Glück und bekommen ihren Sohn weder in diesem noch in einem anderen Jahr zurück. Noch bis zum 16. Mai 1942 sind in Dachau allerdings regelmäßige Geldeingänge auf Walters »Konto« verbucht, mal zehn, mal fünfzehn, mal zwanzig Reichsmark.

Nachdem die »Aktion T4« und die Ermordung der Behinderten in den Vergasungsanstalten Mitte 1941 durch Hitler persönlich abrupt beendet wird, gehen die Mörder ab August dazu über, im Rahmen der »Sonderbehandlung 14 f 13« sogenannte Invalidentransporte aus den Konzentrationslagern Dachau und Mauthausen zu planen, um die arbeitsunfähigen oder auch nur widersetzlichen Häftlinge in Hartheim zu vergasen. Ab dem 3. September 1941 beginnt in Dachau die Selektion.

Walter hat seit einiger Zeit ein lahmes Bein und ist nicht voll arbeitsfähig. Eines Tages werden sämtliche Häftlinge aufgefordert, sich auf den Appellplatz zu begeben, und zwar nackt. Dort müssen sie an einer Gruppe von SS-Leuten, darunter einige Lagerärzte, die Walter kennt, vorbeilaufen. Manche seiner Leidensgenossen sind abgemagert und alt, manche tragen einen Verband, einige humpeln wie er selbst. Immer wieder deutet Revierkapo Heiden auf einen der Gefangenen. Als Walter an die Reihe kommt, bemüht er sich, sein Hinken zu verbergen. Umsonst. Heidens Finger zeigt auch auf ihn, und der Schreiber notiert seine Häftlingsnummer. Danach darf er wieder in seine Baracke. Wenig später kommt der Befehl, sich im Hauptgebäude einzufinden – dort, wo er vor einem Jahr seines Namens, seiner Würde, beraubt worden ist. Wieder muss er sich ausziehen, fremde Gesichter starren ihn an; es sind die »Gutachter«, die sich vom Lagerarzt und einem Stellvertreter des Kommandanten nähere Informationen über Häftling 18871 geben lassen. Alter, Größe, Gewicht, Gesundheitszustand, Verhalten im Lager, Strafen. Am Tisch, vor dem Walter völlig nackt stehen muss, sitzt auch ein Psychiater, der nach einem kurzen Blick auf ihn etwas auf einem Blatt notiert, dessen obere Hälfte bereits mit Schreibmaschine ausgefüllt worden ist.

Seltsamerweise sind alle sehr höflich zu den Gefangenen; es geht das Gerücht, die Erschöpften und Verletzten würden ausgewählt, um in ein Sanatorium gebracht und danach womöglich sogar entlassen zu werden. Walter hat allerdings keine große Hoffnung, und als er wieder in der Baracke ist, geht das Leben einige Monate weiter wie bisher.

Das hat seinen Grund in der langwierigen bürokratischen Prozedur. Erst im Januar 1942 fahren die ersten Lastwagen mit den ausgesonderten Häftlingen nach Schloss Hartheim. Es geht streng alphabetisch zu, und bald spricht sich unter den Häftlingen herum, dass die Kleider derjenigen, die abtransportiert wurden, wieder zurückgekommen sind. Auch im Büro arbeiten Häftlinge, und es lässt sich nicht geheim halten, dass der Tag des Transports auch der Todestag der Mitgefangenen war.

Auch Walter weiß vermutlich, was ihm bevorsteht, als er am 2. März 1942 aufgefordert wird, sich in die Bekleidungskammer zu begeben. Dort gibt er seine Lagerkleidung inklusive Unterwäsche und Socken komplett ab und erhält von Kapo Carl dafür einen leichten Drillichanzug. Danach schickt man ihn weiter ins Bad, einen der großen Räume im Hauptgebäude. Dort liegen bereits die Kranken, die nicht mehr gehen können, auf Bahren. Für Walter und die anderen gibt es keine Betten; sie verbringen die Nacht auf dem Fußboden, schlaflos, voller Angst. Die Verletzten und Schwerkranken stöhnen, einige von ihnen sind am Morgen bereits tot.

Telegramm des Lagerkommandanten Piorkowski über den Tod von Walter

Die, die noch atmen, treibt oder trägt man auf die Lastwagen; dann rollt der Todestransport nach Hartheim.

Erst am 28. Mai 1942 erhält Georg Samstag ein handschriftlich aufgenommenes Telegramm aus München. Der Inhalt lautet: »Walter Samstag ist hier am 27.5.42 an eitriger Angina mit Sepsis verstorben. Leiche wurde hier feuerbestattet. Wegen Urnenüberführung mit dem Krematorium K.L. Dachau 3 K in Verbindung treten. Sterbeurkunden beim Standesamt Dachau 2 anfordern. Lagerkommandant Piorkowski, Obersturmbannführer.«

Dass das Telegramm eine Lüge ist, erfährt Walters Vater erst Jahre später. Und eines sollte nicht vergessen werden: Diese Telegramme mit gefälschten Todesnachrichten, diese erfundenen Krankengeschichten, diese Aufforderungen, Sterbeurkunden und Asche-Urnen zu bestellen, haben auch Tausend andere Angehörige von KZ-Opfern erhalten. Mal ist die Todesursache »Sepsis«, mal ein »Rückenmarksleiden«, andere haben angeblich eine »Lungenentzündung« oder die »Ruhr« gehabt. Nichts davon stimmt. Erschüttert schreibt mein Urgroßvater am 30. Mai 1942 an »Herrn Piorkowski«, den Rang des Lagerkommandanten damit bewusst ignorierend: »Das Telegramm vom Ableben meines Sohnes Walter ist in meinen Besitz gelangt. Ich kann und kann es nicht glauben, dass mein Sohn soll nicht mehr am Leben sein, so ein gesunder, kräftiger Mensch. Sie können sich nicht denken, wie hart es ist, wenn einem der einzige Sohn auf diese Art und Weise genommen wird, denn mein anderer Sohn gab im vorigen Krieg sein Leben für das deutsche Vaterland, und das eine wissen wir genau, wäre er nicht dorthin gekommen, er würde noch am Leben sein.

Ich bitte Sie höflichst, mir mitzuteilen, seit wann mein Sohn krank war und warum wir seit dem 22. Februar dieses

Jahres ohne jede Nachricht geblieben sind. Es wäre doch wirklich menschlich gehandelt gewesen, wenn man uns von einer etwaigen Krankheit in Kenntnis gesetzt hätte. Sie können sich denken, dass wir von der schmerzlichen Nachricht aufs Tiefste betroffen sind und wir nur den einzigen Wunsch haben, Näheres über die letzten Tage vor dem Hinscheiden unseres lieben Sohnes zu wissen. Diesen letzten Wunsch können Sie uns doch unmöglich unerfüllt lassen. Teilen Sie mir bitte mit, seit wann mein Sohn Walter krank war.

Die Urne mit den sterblichen Überresten werden wir nach hier erbitten. – Falls noch irgend Etwas von meinem Sohne bei Ihnen liegt, senden Sie uns bitte alles zu.

Es ist uns unfassbar, wie man einen Tage nach dem Tode schon eine Verbrennung vornehmen kann und man hätte uns doch nicht verwehren können, wenigstens noch ein letztes Mal unseren toten Sohn zu sehen. Unser Sohn war kein Verbrecher – aber man muss annehmen, jedes menschliche Gefühl wäre Euch fremd, dass Ihr so an i h m und an uns handelt.«

Ich habe eine unendliche Hochachtung vor meinem Urgroßvater, vor seinem Schmerz, seiner Wut – und vor seinem Mut. Es ist ihm ein Bedürfnis, dem Mann, der ihn auf so zynische Weise vom Tod seines Sohnes in Kenntnis setzt, von Mensch zu Mensch zu begegnen. Sein Brief mag zeigen, wie sehr er das nationalsozialistische System immer noch verkennt. Er redet zu Piorkowski wie zu jemandem, der sich nach allgemein anerkannten Regeln verhält. Dass unter dem Terrorregime Hitlers sämtliche bekannten Regeln, die eine Gemeinschaft zusammenhalten, außer Kraft gesetzt worden sind, will Georg Samstag nicht akzeptieren. Er appelliert an einen wie auch immer gearteten Rest von Humanität in seinem Adressaten, an Gefühle wie Mitleid und Pietät, an Charaktereigenschaften wie Rechtschaffenheit und Anstand. Die Sinnlosigkeit seines Tuns ist Walters altem Vater vermutlich bewusst, aber ein einziges Mal will er offen sagen, was er denkt. Für mich ist sein Brief ein erschütterndes Zeugnis von Leid, Aufrichtigkeit und Unbeugsamkeit, und mit diesen Zeilen trägt er auch einen Teil seiner Schuld ab, Walter damals bei der ersten Verhaftung 1933 nicht zur Seite gestanden zu haben. »Unser Sohn war kein Verbrecher« – klarer kann er sich nicht auf die Seite Walters stellen, eines mehrfach verurteilten »Berufsverbrechers«, der von den achtundzwanzig Jahren seines Lebens insgesamt fast sieben Jahre in Untersuchungshaft, im Gefängnis, im Arbeitshaus oder im KZ verbracht hat.

Am gleichen Tag fordert mein Urgroßvater schriftlich auf dem Standesamt Dachau die Sterbeurkunde für Walter an und bittet in einem zweiten Brief das Krematorium um die – kostenpflichtige – Zusendung der Urne mit Walters Asche. Ob er ahnt, dass die Sterbeurkunde ein gefälschtes Dokument ist, und dass sich in der Urne zwar menschliche Asche, aber definitiv nicht die seines Sohnes befindet?

Am 6. Juni 1942 erhält er Post von Piorkowski: »Die Kommandantur des Konzentrationslagers Dachau teilt Ihnen auf Ihr Schreiben vom 30.5.42 mit, dass Ihr Sohn trotz ärztlicher Bemühungen und aller zur Verfügung stehenden Mitteln am 27.5.42 gegen 3.30 Uhr an Kreislaufschwäche bei eitriger Angina mit Sepsis nach kurzer Krankheit im hiesigen Krankenbau verstorben ist. Von einer letzten Willenserklärung ist hier nichts bekannt geworden. Seine hinterlassenen Effekten werden Ihnen in den nächsten Tagen von der hiesigen Effekten-Verwaltung zugesandt. Anliegend erhalten Sie von uns eine gebührenfreie Sterbeurkunde.«

Die Karteikarte mit den Geldeingängen für Walter Samstag im KZ Dachau vermerkt am 16. Mai 1942 ein Guthaben von 67,01 Reichsmark. Am 13. Juni wird dieses Guthaben mit Beleg Nummer 297 ausgetragen und in den Besitz des Konzentrationslagers überführt.

Ich stehe ganz still auf dem Steg, der die Besucher durch die Vernichtungsanlage von Schloss Hartheim führt. Ich befinde mich mitten in der Gaskammer. Links von mir in der Wand das Rohr, aus dem das Kohlenmonoxid, das aus der Fabrikation der Firma IG-Farben in Ludwigshafen stammte, in den gewölbten Raum geleitet wurde. Zuerst bestand der Boden nur aus Beton, wurde mir erzählt, später hat man ihn gefliest, weil er dann leichter zu reinigen war und die Leichen beim Rausschleifen nicht aufgescheuert wurden. An der Decke befanden sich drei Duschköpfe zur Tarnung.

Georg Renno, der stellvertretende Leiter der Vergasungsanstalt, beharrt auch später im Prozess darauf, dass das Töten mit Kohlenmonoxid ein »sanfter Tod für die Kranken« gewesen sei. Aber das stimmt nicht, wie Tom Matzek nachweist: »Die Menschen in der Gaskammer verfallen in Panik. Das Einlassen des geruchlosen und unsichtbaren Gases irritiert sie instinktiv. Kohlenmonoxid wirkt ohne Vorwarnung. Kaum einer versteht, was los ist. Viele schlagen um sich, schreien in tiefster Angst. Sie drängen zum Ausgang und hämmern mit den Fäusten gegen die Tür. Dann beginnt das langsame Ersticken. Der Atem wird kürzer, die Eingeschlossenen ringen nach Luft. Ihr Herz fängt an zu rasen. Das Blut pocht in den Schläfen, der Kopf schmerzt immer stärker. Bald folgt der Schwindel. Die Wahrnehmung lässt nach, die Sicht wird verschwommen. Das alles geht innerhalb weniger Minuten vor sich. Die Muskeln versagen, die Glieder zeigen Lähmungserscheinungen. Das Kohlenmonoxid blockiert die Sauerstoffaufnahme im Blut, bis der Organismus kollabiert. Die Körper der Opfer verkrampfen sich nach dem letzten Aufbäumen im Todeskampf. Der Gasraum ist voll von Exkrementen und Erbrochenem.«

Ehe ich nach Hartheim gefahren bin, habe ich das Buch von Tom Matzek noch einmal gelesen. Jetzt, hier in der Gaskammer, höre ich keine Schreie, kein Röcheln. Das unmittelbare Grauen, vor dem ich mich gefürchtet hatte, bleibt aus, auch wenn die Erinnerung an die Beschreibung stark ist. Stattdessen ist es still, die Luft ist leicht dumpfig, es ist nicht kalt und nicht warm. Ich denke an meinen Großvater, an den Moment, in dem er hier gestanden hat, zusammen mit den anderen Häftlingen des Invalidentransports aus Dachau am 3. März 1942. Ich habe das Gefühl, ihm nah zu sein durch die Kraft meines Mitgefühls. Ich kenne seine Stimme durch die Briefe, die er seinen Eltern geschrieben hat, und ich empfinde in diesem Augenblick ganz stark, dass er diese Briefe auch für mich geschrieben hat. Seine Enkelin. Ich stehe hier mit ihm zusammen, will seine Angst nachempfinden, seine Verzweiflung. Was denkt er in diesen letzten Minuten? An wen denkt er? An Elise? An seine Eltern? Doch sosehr ich mich auch konzentriere, so intensiv meine Gefühle für ihn auch sind – sie lassen sich nicht festhalten. Sie gleiten davon, und ich trauere um all die behinderten Kinder und Erwachsenen, deren vertrauensvolle, manchmal lächelnde Gesichter ich auf den Fotos gesehen habe. Ich möchte weinen, aber die Tränen kommen erst dann, als ich an meinen Vater denken muss, pflegebedürftig, schwach, hilflos, dement, und doch geborgen in der Zuwendung des Personals im Pflegeheim, in der Liebe meiner Mutter, die jeden Tag so viel Zeit wie möglich mit ihm verbringt und unendlich darunter leidet, dass ihr die Kraft fehlt, ganz allein für ihn zu sorgen. Viel zu früh hat mein Vater sich aus dieser Welt verabschiedet, sein Vergessenwollen, Vergessenmüssen hat eine Eigendynamik entwickelt, die unaufhaltbar ist und ihn zerstört. Aber wenn er meine Mutter sieht oder manchmal auch nur eine vertraute Person, dann schaut er auf mit glänzenden, dunklen Augen und lächelt, und dann zeigt sich in seiner linken Wange ein Grübchen. Eine Pflegerin hat vor Kurzem zu mir gesagt: »Wenn ich mal nicht so gut drauf bin, gehe ich manchmal zu Ihrem Vater ins Zimmer. Dann lächelt er mich an, und ich bin wieder fröhlich.«

Mein Verhältnis zu meinem Vater war geprägt von Anziehung und Abstoßung, ich bin früh ausgezogen, habe früh versucht, Abstand zu gewinnen. Er war mir zu mächtig, zu fordernd. Ich wollte frei sein, und wir haben uns gegenseitig oft verletzt. Seit er krank und schwach ist, empfinde ich eine nie gekannte Zuneigung zu ihm; es fällt mir leicht, ihn zu berühren, ihn zu füttern, Dinge zu tun, von denen ich gedacht hätte, ich wäre unfähig dazu.

In dem Merkblatt der »Aktion T4« zu »Meldung und Abtransport der Patienten« heißt es ausdrücklich, dass auch Patienten mit senilen Erkrankungen der Euthanasie zuzuführen sind. Wäre Hartheim noch das Mordschloss von damals, würde mein Vater vielleicht an derselben Stelle umgebracht wie sein Vater, Walter Samstag. Als »unwertes Leben«, das in der Kosten-Nutzen-Rechnung der Nazis keinen Gewinn mehr abwerfen konnte.

Nach Kriegsende beginnt die Aufarbeitung der Massen-morde in Hartheim zunächst recht schnell, jedoch werden zuerst nur die Handlanger der Vernichtungsmaschinerie gefasst und verurteilt. Eine davon ist der Heizer Vinzenz Nohel, der ein umfassendes Geständnis ablegt und am 7. Mai 1947 gehängt wird. Doch die großen Fische kommen davon. Franz Stangl, der ehemalige Polizeichef von Hart-heim, später Kommandant von Sobibor und Treblinka, flieht aus dem Lager Glasenbach bei Salzburg und setzt sich nach Rom ab, wo ihn der österreichische Bischof Alois Hudal mit Rot-Kreuz-Papieren ausstattet, die es ihm ermöglichen, zuerst nach Syrien und später nach Brasilien auszuwandern. Erst 1967 wird er verhaftet und an Deutschland ausgeliefert, wo er wegen des Mordes an mindestens vierhunderttausend Juden zu lebenslanger Haft verurteilt wird. Er stirbt 1971 im Gefängnis.

Auch Georg Renno, dem Hartheimer Vergasungsarzt, gelingt es zunächst, der Verhaftung zu entkommen. Er kehrt sogar unter falschem Namen – er nennt sich jetzt Reinig – nach Deutschland zurück und wird Mitarbeiter des Pharma-konzerns Schering. Fünfzehn Jahre lebt er völlig unbehelligt und nimmt sogar seinen wirklichen Namen wieder an, ehe er 1961 entdeckt und festgenommen wird. Doch 1975 wird das immer wieder verschleppte Verfahren eingestellt, und der Mörder geht straffrei aus.

Wie singt Caretto, der Polizeiminister in Korngolds zu Unrecht so selten gespielter Operette: »Die stumme Sere-nade«? –

»Die Dummen, die fängt man,
Die Kleinen, die hängt man,
Die Großen, die laufen noch frei –

Ob im Osten, im Westen,
Ich weiß es am besten,
Ich bin ja die Staatspolizei!«

Dass ich nach Hartheim gefahren bin, war im Rückblick eine gute Entscheidung, obwohl mich die Erinnerung an das, was ich dort gesehen und empfunden habe, nicht loslässt, wohl nie wieder loslassen wird. Die Geister der Toten und die Dämonen der Mörder nisten sich ein in deinem Kopf und geben dich nie wieder frei, wenn du dich einen Moment öffnest und aufhörst, hart gegen dich selbst und gegen andere zu sein. Aber das ist in Ordnung, jedenfalls für mich. Ich kann die Trauer mittlerweile zulassen, aber ich schaffe es, aus dem Abgrund wieder herauszuklettern. Ich empfinde die Suchbewegung, die mich seit Jahren in Sachen Walter und Elise antreibt, als motivierend, und fühle, dass die Reise in die Erinnerung nicht nur schmerzhaft, sondern auch befreiend ist. Mein Vater hat zeitlebens versucht, seine Erinnerung abzutöten, damit er selbst leben konnte. Jetzt löscht der Verlust seiner Erinnerung ihn langsam aus. Ein tragisches Missverständnis, eine Vorlage für Literatur. Vielleicht ist es aber einfach nur ein typisches Schicksal für die Generation der Kriegskinder, deren Traumata man erst so spät Aufmerksamkeit geschenkt hat.

16. Pommerland

Pommerland ist schon oft abgebrannt, Väter sind zu allen Zeiten Soldaten gewesen, und Kinder singen das Lied vom Maikäfer seit dem Dreißigjährigen Krieg. Ich lernte es von meiner Urgroßmutter, wenn ich bei unseren Familiensamstagen einmal im Monat nachmittags neben ihr auf dem Sofa saß und ihren Geschichten zuhörte. Wir sangen auch andere Volkslieder. »Hänschen klein« oder »Muss i denn« oder »Horch was kommt von draußen rein«, »Kommt ein Vogel geflogen«. Ich mochte diese schwermütigen Lieder, aber mir wurde erst viel, viel später klar, um was es darin ging. Weggehen, nicht wiederkommen. Aus und vorbei. Abschied, oft für immer. Der oder die, die zurückbleiben, sind traurig. Auch für immer. Hänschen ist der Einzige, der heimläuft zu seiner Mutter. Dieses Lied sangen wir besonders oft, und in der brüchigen Stimme der alten Frau spürte ich eine unendliche Sehnsucht. Wenn das Lied aus war, erzählte sie mir von Adolf, ihrem Sohn, der aus dem Krieg nicht mehr nach Hause gekommen war. Wenn sie fertig erzählt hatte, holte sie das alte Fotoalbum und zeigte mir die Bilder. »Er war immer der Kleinste, überall«, sagte sie. »Mein Adolf, mein Bub.« Adolf als Kompaniefriseur, Adolf in Reitstiefeln, Adolf auf Gruppenfotos in Uniform. Im Sommer. Im Winter. Adolf und seine Einheit singend unterm Weihnachtsbaum. Auf der letzten Seite im Album klebte ein großes Porträt von ihm. Ein junger Mann mit femininem Mund, großen, melancholischen Augen und bereits mit Anfang zwanzig vorne ziemlich kahl.

Wenn Elise in den Vierzigerjahren aus Straßburg in die Frankfurter Alte Gasse kam, bekam sie diese Bilder auch gezeigt. Mit jedem Foto, das Adolf aus Norwegen schickte, kam ein Stück Hoffnung. Johann Schäfer war stolz auf seinen Sohn, der reiten gelernt hatte, den Kameraden die Haare schnitt, beliebt war und dabei half, ein besetztes Land ein für alle Mal dem deutschen Großreich einzugliedern.

Doch seit 1943 wurde die Situation für die kriegstreibenden Deutschen in sämtlichen unterworfenen Ländern immer bedrohlicher. Die Alliierten flogen immer mehr und immer größere Luftangriffe, auch Straßburg wird in dieser Zeit zum ersten Mal bombardiert. Die Stimmung in der Bevölkerung verschlechterte sich zunehmend, denn der Krieg an allen Fronten, die hektische Propaganda, Verhaftungswellen, Flüchtlinge, Verwundete und die Bombardements zehrten an den Nerven.

Bis Oktober 1943 führt Elise ihr Wehrmachtsbordell in der Fischergasse 16. Dann wird es auf Anordnung des Kommandanturarztes geschlossen, wie es die Regel ist, wenn Truppen verlagert werden und die Frequentierung eines Etablissements zu stark nachlässt. Am 4. Oktober 1943 eröffnet sie in der Fischergasse 5a ein neues »maison«, vielleicht mit anderer Ausrichtung. Wenn nicht genügend deutsche Wehrmachtssoldaten da sind, um käufliche Liebesdienste zu erwerben, werden Bordelle jetzt auch schon mal für Truppenangehörige aus anderen Ländern und sogar für Zivilisten geöffnet. Außerdem kommen Soldaten von der Ostfront zur Erholung nach Frankreich – Paris ist natürlich begehrter als Straßburg, aber Hauptsache Ruhe vor dem Feind und Vergnügen.

Doch Elises Neuanfang gelingt nicht. Am 1. März 1944 muss sie ihr Bordell wieder aufgeben und in den nahe gelegenen Metzgergießen 39 umziehen, diesmal nicht als »Mieterin und Pensionsinhaberin«, sondern als Untermieterin bei Frau Klein. Das bedeutet, dass sie ab da wieder als ganz normale Prostituierte arbeitet und einer Hausmutter untersteht. Ihre kurze Karriere als Bordellchefin ist zu Ende, nicht jedoch das gute Leben. Immer noch verdient sie bestens, hat sie ein großes Guthaben auf ihrem Girokonto in Mannheim, kleidet sie sich in französischer Mode, und als der berühmte Pariser Modeschöpfer Robert Piguet 1944 sein erstes Parfüm kreiert, kauft sie es sofort. Es heißt »Bandit« und ist synonym für eine Frau, die provokant, rebellisch, dramatisch wirken will. Das erste Chypre-Parfüm für Frauen kontrastiert maskuline und feminine Elemente; eine aufregende, fast vulgäre Mischung. Marlene Dietrich trägt es. Und Elise trägt es auch.

Bereits 1944 gibt es in Straßburg größere Schäden durch alliierte Bomben, unter anderem an bedeutenden Gebäuden wie dem Palais Rohan, dem Alten Zoll und dem Münster. Auch in der kleinen, reglementierten Welt der Bordelle bekommen die Frauen mit, was draußen vorgeht. Wenn Elise jetzt nach Frankfurt fährt, sieht sie, wie Deutschland sich verändert. Zerbombte Fabriken und Häuser, Menschen ohne Wohnung und mit Angst in den Augen. Überall die Gestapo. In den Zeitungen und im Radio ständig das Geschrei des Führers und seines Propagandaministers. Zu Hause erfährt Elise, dass Adolf schon länger nicht mehr geschrieben hat. Auf dem letzten Bild aus Norwegen, das ihre Mutter ihr zeigt, kampiert Adolfs Einheit in einer Berghütte. Die Soldaten tragen zum Teil Zivil, an einer langen Stange präsentieren sie stolz fünf abgezogene Hasen – wohl eher nicht selbst erjagt, sondern konfisziert oder schlicht in der Nacht geklaut bei einem norwegischen Bauern. Auf einer Pfanne, die wie ein Schild in den Boden gerammt worden ist, steht: »Schlachtfest auf Höhe 40«. Adolf ist jetzt fünfundzwanzig Jahre alt, aber sein Gesicht wirkt alt und abgezehrt wie das eines Greises, sein Blick ist müde und illusionslos. Wenig später gilt er als verschollen, eine konkrete Todesnachricht hat seine Eltern nie erreicht.

Ende 1944 ist auch für Elise das süße Leben als Teil einer Besatzungsarmee zu Ende. Am 23. November wird Straßburg durch die zweite französische Panzerdivision unter General de Hautecloque befreit. Französische Soldaten stürmen das Bordell im Metzgergießen und nehmen Frau Klein, Elise, Eva und einige weitere deutsche Frauen fest: »Alles war weg. Meine teure Wohnung, meine Kleider musste ich zurücklassen. Unsere seidenen Strümpfe haben sie uns noch weggenommen, als wir abtransportiert wurden. Einen Seesack hatte jede von uns. Sonst nichts mehr. Wir sind dann nach Schirmeck gekommen.«

Das Sicherungslager Vorbruck-Schirmeck, französisch Camp de Schirmeck an der Mosel, hatte den Nazis von August 1940 bis November 1944 als »Erziehungslager« gedient, in dem Elsässer, die sich nicht germanisieren lassen wollten, sowie Vorbeuge- und Schutzhäftlinge untergebracht worden waren, ehe sie weiter in ein KZ transportiert wurden, meist ins vier Kilometer entfernte Konzentrationslager Natzweiler-Struthof. Am 22. November 1944 flüchtete die gesamte SS-Wachmannschaft, und am 24. November befreiten Soldaten der US-Armee das Lager. Danach wurde Schirmeck zum Kriegsgefangenenlager der Alliierten umfunktioniert, in dem bis 1949 vor allem französische Kollaborateure inhaftiert waren.

Während meine Großtante Eva relativ bald wieder entlassen wurde, blieb meine Großmutter Elise bis zum Frühjahr 1946 in Schirmeck interniert. Über diese Zeit hat sie mir nichts berichtet; ich war, als ich sie Anfang der Achtzigerjahre interviewte, auch noch nicht genug sensibilisiert, um sie eingehender dazu zu befragen. Im vergangenen Jahr habe ich mich dann bemüht, zumindest ein paar Informationen zu bekommen, habe an die Gedenkstätte Schirmeck geschrieben, an die Archive der Commune de Strasbourg, an das Archiv des französischen Verteidigungsministeriums in Paris. Fehlanzeige. Alle haben mir freundlich geantwortet, dass sie in ihren Archiven keinerlei Unterlagen über die Kriegsgefangenschaft und eine eventuelle Entnazifizierung meiner Großmutter besitzen. Was Paris betrifft, so glaube ich das nicht ganz, aber ich muss es nehmen, wie es ist.

Oma Elise war anderthalb Jahre in Schirmeck – eine lange Zeit. Es scheint zu beweisen, dass die Alliierten ihre Kollaboration mit dem Nazisystem als schwerwiegend betrachteten, obwohl sie selbst in der Phase als Bordellchefin ja niemals die Gelegenheit gehabt hatte, einfach zu sagen: »Tschüss, mir passt es hier nicht mehr, ich arbeite jetzt wieder selbstständig in einer anderen Stadt.« Sie war 1940 in das Straßburger Wehrmachtsbordell gezwungen worden, und sie hatte sich angepasst, hatte Gewinn aus der Situation vieler weniger privilegierter Frauen gezogen. Frei war sie selbst zu keinem Zeitpunkt gewesen. Was sie aber eventuell noch stärker belastete, war möglicherweise ihr Verhältnis mit einem ranghohen Sanitätsoffizier, vielleicht sogar dem Kommandanturarzt. Nachgewiesen ist nichts, aber Insa Meinen, die das äußert informative Buch »Wehrmacht und Prostitution im besetzten Frankreich« geschrieben hat, gab mir gegenüber zu bedenken, dass meine Großmutter nur mit

Zustimmung von ganz oben in der Lage gewesen sein könne, von der Zwangsprostituierten zur Bordellwirtin aufzusteigen und die Erlaubnis zu erhalten, regelmäßig ihre Familie in Frankfurt zu besuchen.

Es ist nachvollziehbar, dass die ehemaligen Konzentrationslager, die von den Alliierten zu Gefangenenlagern umorganisiert wurden, ihre Erinnerungsfunktion heute vor allem in der Dokumentation und Aufarbeitung der NS-Zeit sehen. Die wenigsten bieten detaillierte Informationen über die Zeit nach 1945. Aus biografischen Aufzeichnungen ehemaliger Kriegsgefangener erfährt man einiges über die Situation der Häftlinge. Es gab beispielsweise die Erlaubnis, Briefe zu schreiben und zu empfangen, es gab Beschäftigungsmöglichkeiten, aber es gab auch Hunger und Krankheiten. Über die Situation kriegsgefangener Frauen habe ich so gut wie nichts in Erfahrung bringen können. Was Elise und ihre Schwester Eva als internierte Ex-Prostituierte im Lager Schirmeck erlebt haben, wird für immer im Dunkeln bleiben.

Ein wenig mehr weiß ich über die Lage ihrer Eltern und ihres Sohnes, des nun sechsjährigen Dieter. Pommerland ist auch in Frankfurt. In mehreren Wellen wird 1944 und 1945 die Frankfurter Altstadt bombardiert; nach Kriegsende ist von ihr so gut wie nichts mehr vorhanden. Jedes Mal, wenn Sirenenalarm ertönt, rennt Dieter mit seinen Großeltern in den Luftschutzkeller. Das mittelalterliche Frankfurt verfügte über ein teils mehrere Stockwerke tiefes unterirdisches Gewölbesystem, das Bunker in der Altstadt überflüssig macht.

Bei meinem letzten Besuch in Frankfurt bin ich auch in der Alte Gasse gewesen, ein mulmiges Gefühl im Bauch.

Jahre-, vielleicht jahrzehntelang hatte ich es vermieden, in diese Gegend zu kommen. Zu viele Erinnerungen an meinen dominanten Vater, an unsere Gelage im Restaurant »Aubergine«, wo meine Eltern Stammgäste waren, an die rasanten Heimfahrten im großen BMW oder Mercedes, alkoholisiert, oft wurde gestritten. Die »Aubergine« der Lou Ott gibt es nicht mehr; als ich vor dem Haus stehe, wird gerade umgebaut. Nur das Klingelschild an der Seite trägt noch ihren Namen. Sie war damals bestimmt schon Ende fünfzig, eine hübsche, blondierte Frau, als Typ meiner Großmutter Elise nicht ganz unähnlich.

Etwas, das ich erst an diesem Tag begriffen habe, ist, dass mein Vater nur zwei Häuser weiter die ersten sechs Jahre seiner Kindheit verbracht hat. Ist er deswegen so oft hierher gefahren, nicht nur wegen des französischen Lokals? Was hat er empfunden, wenn er seinen Blick hoch zu dem roten Sandsteinbalkon wandern ließ, von dem aus er früher auf die Straße gespuckt hat und, wenn ein kahlköpfiger Mann vorbeiging, rief: »Plattkopp, de Mond scheint!«? Meine Mutter hat mir vor Kurzem erzählt, dass sie sogar einmal geklingelt haben und ins Haus reingegangen sind.

Auf dieser Seite der Straße ist es das einzige der großen Mietshäuser, dessen alte Fassade noch intakt ist. Gegenüber stehen ausschließlich Bauten der Sechziger- bis Neunzigerjahre, nebenan ist nur noch das Sockelgeschoss mehr oder weniger original vorhanden. Als 1944 die Bomben auch auf die Alte Gasse fielen, saß mein Vater mit seinen Eltern im Luftschutzkeller. Die Treffer, die alle Häuser zerstörten, trafen auch die Nummer 6, doch wie durch ein Wunder blieb die Fassade stehen. Der Luftschutzkeller stürzte ein; alle, die darin waren, wurden verschüttet. Es dauerte Stunden, bis Hilfskräfte und Nachbarn sie ausgegraben hatten. Einige waren tot, aber mein Vater und seine Großeltern hatten überlebt. Man gab ihnen zu trinken und einen Löffel heiße Suppe, dann machten sie sich zu Fuß auf, durch die zerstörte Stadt, vorbei an rauchenden Trümmern, an Leichen, die auf den Straßen lagen, an verstört umherirrenden Menschen, nach Eckenheim zu Gretel und ihrem Friseurmeister und deren vier Kindern. Sie wurden nicht besonders herzlich willkommen geheißen, aber sie durften bleiben. Fürs Erste.

Das Salzhaus, in dem der Diesterweg-Verlag residierte, war im Bombenhagel völlig abgebrannt, und bei dem Brand war auch das gesamte Archiv vernichtet worden. Johann Schäfer verlor seine Arbeit, und 1945, nach der Befreiung Deutschlands durch die Alliierten, wurde der Verlag wegen seiner Verstrickung in den Nationalsozialismus liquidiert.

»Ausgebombt«, wie es damals hieß, wurden Johann und Elisabetha Schäfer mit ihrem Enkel in Steinau an der Straße, der nordhessischen »Brüder-Grimm-Stadt«, im Behelfsheim untergebracht.

Im Mai 1946 wird Elise nach fast anderthalb Jahren Kriegsgefangenschaft aus dem Lager Schirmeck entlassen. Die Welt draußen hat sich komplett verändert. Das Land liegt in Trümmern, überall sind Soldaten der Alliierten. Deutschland ist kaputt – und endlich befreit von nationalsozialistischem Terror.

Zuerst macht Elise Station in Mannheim, nur um zu erfahren, dass ihr Girokonto beschlagnahmt und aufgelöst worden ist. Und dann wagt sie sich tatsächlich nach Sandhofen, betritt den Lebensmittelladen von Marie Samstag, wartet, bis die Kundin, die gerade einkauft, das Geschäft wieder verlassen hat. Einige Zeit schauen sich die Frauen nur schweigend an. Dann dreht sich Marie um, geht hinaus.

Kurze Zeit später erscheint ihr Mann. »Was wollen Sie noch hier?«, fragt er. »Walter ist tot. Haben Sie nicht genug Unheil angerichtet? Verlassen Sie sofort mein Haus. Sofort. Ich will Sie hier nie wieder sehen.«

Elise gehorcht. Was fühlt sie, als sie sich abwendet und das Haus in der Sonnenstraße 34 verlässt? Trauert sie um den Mann, den sie geliebt hat, der sie geschwängert, geschlagen und abgezockt hat? Ist sie erleichtert, weil sie jetzt frei ist? Dass sie für Walters Tod nicht verantwortlich ist, davon ist sie zu Recht überzeugt. Schließlich hat sie beim Verhör drei Monate lang geschwiegen, hat nie zugegeben, dass er Geld von ihr bekommen hat. Warum hätte er sonst aus dem KZ den Kontakt zu ihr suchen sollen? Ihr Gewissen ist rein. Sie ist jetzt dreiunddreißig Jahre alt und beschließt, in Frankfurt ein neues Leben zu beginnen. Ihre Karriere als Prostituierte hinter sich zu lassen. Sie hat alles verloren, nicht jedoch ihren Lebensmut und auch nicht ihren Stolz, obwohl sie noch nicht einmal einen Wohnsitz hat, geschweige denn Geld. Doch in Frankfurt bietet sich ihr ein trauriger Anblick. Die Altstadt, an die sie in Straßburg so oft gedacht hat, weil die beiden Städte sich so ähnlich waren, ist zerstört. Das Haus ihrer Kindheit in der Bethmannstraße gibt es nicht mehr, und von dem Haus in der Alte Gasse steht nur noch die Fassade.

Elise läuft den ganzen Weg nach Eckenheim, doch der Friseurmeister weist sie ab: »Eine Hure im Haus reicht mir«, sagt er barsch. Eva, schon früher aus der Gefangenschaft entlassen, lebt bei der Familie, während Anna und ihr Mann in Steinau bei den Eltern untergekommen sind. Doch Elise will unbedingt in Frankfurt bleiben. »Ich bitte dich, Christoph, nimm mich wenigstens für vierzehn Tage auf. Ich habe nichts mehr, gar nichts mehr. Ich habe alles verloren. Lass mich wenigstens vierzehn Tage hier wohnen. Ich akklimatisiere mich selbst hier.« Vergeblich, ihr Schwager schickt sie weg. Notgedrungen wendet sie sich also nun auch nach Steinau an ihre Eltern. Vom Amt Schlüchtern, der nahe gelegenen Kreisstadt, erhält sie einen Vertriebenenausweis und findet Arbeit in der Steinauer Keramikfabrik.

Zum ersten Mal, seitdem er zwei Monate alt war, lebt Dieter, der in Steinau in die Grundschule geht, wieder mit seiner Mutter zusammen. In der Schule hat sich schnell herumgesprochen, dass er keinen Vater hat, und die Mitschüler beschimpfen ihn genau wie die Eckenheimer Verwandtschaft als Bankert. »Der Wasmuth«, einer der Bauernsöhne, verpasst ihm deshalb öfter mal eine Abreibung. Das hindert Dieter nicht daran, Freundschaften zu schließen und ein recht freies, ungezwungenes Jungenleben zu führen: »Ich habe doch in Steinau in der Keramikfabrik gearbeitet, und mein Dieter, der ist jeden Mittag von der Schule an der Kinzig entlang, mit den Buben, die auch bei uns in den Häuschen gewohnt haben. Wir haben da so eine kleine Extrafabrik gehabt, da haben keine Apparate gestanden, sondern nur die Sachen zum Saubermachen, die gebrannten Sachen, und da hab ich drin gearbeitet. Und über die Kinzig – die war ja ganz schmal da – kamen auf einmal die Buben an. Ich hab gedacht: Jetzt kommt mein Dieter und geht dann heim, die Oma hat ja gekocht. Und auf einmal hab ich gesagt: ›Erich, wo ist denn mein Dieter?‹ – ›Ei, da isser doch‹, hat der Erich gesagt. Ich hab den Dieter nicht erkannt. Die haben in der Schule Nachlauf gemacht, und auf der Treppe wollte der Dieter einem die Batsch geben und saust zwischen den Stangen durch bis runter und haut mit dem Schädel auf. Der war schwarz und blau, genau wie ich damals im Kinderheim.

Und nachher hat er das Bein gebrochen. Schienbeinbruch. Die haben den heimgetragen, und ich hab den Bub mit dem Taxi raufgefahren ins Krankenhaus nach Schlüchtern. Da kam der Doktor und hat zu mir gesagt: ›Ihr Sohn, der lässt sich keine Spritze geben. Wir sollen dem das so einrenken.‹ Und dann hat er zum Dieter gesagt: ›Wenn du schreist, dann kannst du was erleben!‹ Leichenblass wär' er geworden, hat der Doktor mir nachher gesagt. Leichenblass. Aber keinen Mucks hätte er gemacht.

Dann hat er mit dem Gipsbein zu Hause gelegen, im Behelfsheim, und die Buben sind mittags gekommen und haben Karten gespielt. ›Frau Reger, der Dieter steckt immer die Schollis ins Gipsbein‹, haben die sich beschwert. Der Lauser hat die beschummelt. Die haben Rommé gespielt, und der Dieter hat sich immer einen Scholli ins Gipsbein gesteckt. So ein Lauser war das.«

Zu dieser Zeit ist bereits der unverheiratete Fabrikbesitzer Acker auf die attraktive, lebhafte Frau aufmerksam geworden. Eine langjährige Beziehung beginnt, und Elise zieht mit ihrem Liebhaber in eine eigene Wohnung in Steinau. Als Dieter die Grundschule beendet hat, finanzieren die beiden einen Internatsplatz im Schülerheim Hof Reith in Schlüchtern, damit Dieter auf das renommierte Ulrich-von-Hutten-Gymnasium gehen kann. Da das Geld nicht ganz reicht, arbeitet Dieter regelmäßig außerhalb der Schulstunden in der dem Internat angeschlossenen Landwirtschaft. Er nennt seine Mutter nur abfällig »Frau Acker«, obwohl oder gerade weil sie nicht mit dem Unternehmer verheiratet ist, und wirft ihr vor, ihn aufs Internat abgeschoben zu haben, um mit ihrem Liebhaber sorglos leben zu können. Nur schwer löst er sich aus dem vertrauten Umfeld, in dem zumindest seine Oma und seine Tante

»Änne« liebevoll zu ihm gewesen sind und ihn, soweit es ihnen möglich war, verwöhnt haben. Wut und Sehnsucht nach einem Ort, wo er hingehört, werden seine ständigen Begleiter. Da ist es immerhin ein Trost, dass sich im Internat und in der Schule Kameraden finden, die ähnlich kaputte Familienbiografien haben, denn in Schlüchtern, wie in anderen Provinzstädten, leben viele Kriegsflüchtlinge. Aber auch Jungs aus ganz normalen Familien gehören zu seinen Freunden. Einige dieser Freundschaften werden ein Leben lang halten.

Nach dem Schulabschluss gehört Dieter zum ersten Jahrgang, der in der jungen Bundesrepublik Militärdienst leisten muss. Er absolviert seine Grundausbildung bei der Marine in Kiel, Flensburg und Bremerhaven, an Bord von Kriegsschiffen, aber auch von U-Booten. Weil er sich einmal weigert, vor dem Frühstück Kartoffeln zu schälen, kommt er in den »Bau« und wird am Ende seiner Ausbildung nicht befördert wie seine Kameraden. Bei dieser Geschichte, die er mir nicht selbst, sondern wie immer meine Mutter erzählt hat, muss ich heute, nach allem, was ich in Erfahrung gebracht habe, natürlich an Walter denken, seine Renitenz im Arbeitshaus Kislau, seine Bereitschaft, lieber Einzelhaft auf sich zu nehmen, als sich von einem Aufseher schikanieren zu lassen. Nach dem Militärdienst hat mein Vater danach mithilfe eines Stipendiums in Frankfurt Medizin studiert. Er ist der Erste in seiner Familie, der eine akademische Laufbahn einschlägt, und Elise ist unendlich stolz auf ihn, was den Graben zwischen ihr und ihrer ältesten Schwester Gretel nur noch vertieft.

Mitte der Fünfzigerjahre kehren Elisabetha und Johann Schäfer nach Frankfurt zurück. Sie beziehen eine Wohnung im Obergeschoss eines Altbaus in der Sachsenhäuser Diesterwegstraße 6. Im Dachkämmerchen kommt auch Anna unter, die mittlerweile geschieden ist und im Restaurant »Reifschneider« als Bedienung arbeitet. Dieter, der Student, schlägt sein Bett auf dem Sofa im völlig verräucherten Wohnzimmer auf, wenn er um zwei Uhr nachts von seinem Job als Bierzapfer in der vor allem bei GIs beliebten Bahnhofskneipe »Maier Gust'l« nach Hause kommt.

Um diese Zeit zerbricht Elises Beziehung zum Fabrikbesitzer Acker. Auch sie findet in der Diesterwegstraße Unterschlupf und macht zunächst eine Weiterbildung in einer Servierfachschule, die ausgerechnet den Namen »Kotz« trägt. Dort werden »Saaltöchter, Servierfrauen, Diener und Lohndiener« ausgebildet und auch vermittelt. Elise lernt Tafeldecken, Servieren, Vorlegen, die Behandlung der Weine, Spirituosen und sonstigen Getränke, und man vermittelt ihr die Speisen- und Menükunde. Sie besteht mit »Gut« und wird »bestens« empfohlen. Bald findet sie ihre erste Anstellung, arbeitet von Mai 1957 bis Ende September 1959 im Café Lautenschlager in der Großen Friedberger Straße.

Der Inhaber, der seinen Wohnsitz ins Ausland verlegt, schreibt ihr ein vorzügliches Zeugnis, und sie findet bei seinem Nachfolger am gleichen Ort gleich wieder Arbeit. Marino Tassinari hat das Café Lautenschlager, das er nun »Cafeteria San Marino« nennt, übernommen und schätzt Elise sehr. Ein Foto zeigt sie bei der Arbeit, energiegeladen, lächelnd, drei pralle Eisbecher balancierend. Sie ist nicht mehr blondiert, sondern trägt ihre Naturhaarfarbe; sie ist älter geworden, aber immer noch eine gut aussehende Frau. Ihrem Sohn schenkt sie ein Porträt von sich mit der Widmung »von deiner Mutti«. Elise trägt eine weiße, hochgeschlossene Bluse mit Samtschleife und präsentiert sich in

Elise 1959 im Eiscafé Tassinari in Frankfurt

Elise 1957

einer Mischung zwischen Glamour-Pose und Biederkeit ganz im Stil der Zeit.

Im Oktober 1960 jedoch kündigt sie bei Tassinari, und wieder erhält sie ein ausgezeichnetes Zeugnis. »Ich wünsche ihr für die Zukunft alles Gute«, schreibt Marino Tassinari, und er meint es ehrlich.

Doch ihre Zukunft, so hat Elise mit Ende vierzig beschlossen, liegt in einem Bordell in Nürnberg. Sie hat den Zuhälter Helmut kennengelernt; er ist fünfzehn Jahre jünger als sie, eine Sechzigerjahre-Ausgabe von Tom Selleck, groß, breitschultrig, schmalhüftig, mit schwarzem Haar, schwarzem Schnauzer und Goldkettchen. Elise will noch mal raus ins wilde Leben, will viel Geld verdienen, Spaß haben, will Bewunderung, und sie will diesen Mann.

Bei meinen Recherchen habe ich gelernt, dass eine erfolgreiche Prostituierte in den Vierzigern oder Fünfzigern gar nichts Ungewöhnliches ist. Wir denken bei Sexarbeiterinnen immer nur an junge, hübsche Frauen oder gar Minderjährige, aber viele Männer bevorzugen ganz normal aussehende und auch ältere Prostituierte. Auf den Homepages im Internet findet man zwar meistens Fotos von Frauen, die der jungen Prostituierten, die ich im Zug kennengelernt hatte – und die mich aufgrund meiner Dummheit, ihr kein Honorar in Aussicht zu stellen, natürlich nie zurückgerufen hat –, sehr ähnlich sind. Ein Dokumentarfilm, der im vergangenen Jahr viel Aufsehen erregt hat, erzählt allerdings die Karrieren von drei Frauen, die sich jenseits der vierzig aus den unterschiedlichsten Gründen dazu entschlossen hatten, Sex gegen Geld anzubieten. Keine von ihnen hatte einen Zuhälter, der sie erpresste, alle drei waren erfolgreich. Und so wie sie gibt es viele Frauen, die überhaupt nicht dem

Klischee der Prostituierten entsprechen, wie es durch unsere Köpfe geistert.

Für meinen Vater – damals Anfang zwanzig und mitten im Studium – war Elises Entscheidung, wieder in ihrem alten Beruf zu arbeiten, ein Albtraum. Er sah seinen zukünftigen sozialen Status, den er hoffte, durch Fleiß, Ausdauer und Können zu erlangen, gefährdet, und vor allem fürchtete er, dass seine große Liebe – meine Mutter – ihn aufgrund dieser Entwicklung nicht heiraten würde. Diese Angst erwies sich als unbegründet, aber er brach jeglichen Kontakt zu Elise ab und teilte ihr weder mit, dass und wen er geheiratet, noch dass er 1961 eine Tochter bekommen hatte.

17. Niemandsland

Nach dem Krieg war Deutschland ein Land, in dem nur Niemande wohnten. Niemand hatte Hitler gewählt, niemand war dabei gewesen, als Millionen Menschen in Konzentrationslagern umgebracht wurden, niemand hatte etwas gehört oder gesehen, niemand war schuld. Aber es gab noch eine andere Kategorie von Niemanden, und die gehörte eindeutig zu den Opfern der Gewaltherrschaft.

Mein Großvater Walter Samstag war so ein Niemand, denn er galt in der Nachkriegszeit als unwürdiges Opfer, im Gegensatz zu den politischen, den jüdischen, den aus religiösen Gründen Verfolgten. Er war ein sogenannter Asozialer im Jargon der Nazis. Ein verurteilter Verbrecher. Sein Haftgrund war »Polizeiliche Sicherungsverwahrung« gewesen; im Lager trug er den grünen Winkel der »Berufsverbrecher«. Er galt den braunen Machthabern als »Gemeinschaftsschädling«, als »Volksfremder«. Im Nachkriegswunderland war man immer noch der Meinung, so einer sei zu Recht im KZ gewesen. Dass er tot war – na und? Wer vermisste einen Zuhälter, der seine Freundin verprügelt und ihr das letzte Geld abgenommen hatte? So einen vergaß man am besten. Über so einen sprach man nicht. An so einen durfte nicht erinnert werden. Man schämte sich, schwieg und löschte diesen Menschen aus dem (Familien-)Gedächtnis. Das geschah in zahllosen Fällen.

Umso erstaunlicher ist das Verhalten meines Urgroßvaters Georg Samstag, der 1956 von den Behörden Wiedergutmachung für die Ermordung seines Sohnes forderte.

Das Gesetz zur Wiedergutmachung umfasste in den Fünfzigerjahren Widerstandskämpfer, politisch Verfolgte, Juden und Priester, und selbst die hatten es schwer, ihre Ansprüche durchzusetzen. Sie mussten zum Beispiel schriftliche Nachweise erbringen, dass sie im KZ gewesen waren. Später, viel später, für viele Opfer zu spät, kamen Zwangsarbeiter, Homosexuelle, Sinti und Roma sowie Euthanasieopfer dazu. Die überlebenden »Asozialen« und die »Berufsverbrecher« galten nicht als Opfer und trauten sich erst gar nicht an die Öffentlichkeit. Ihre Nachkommen sahen ebenfalls keinen Grund, für diese Menschen, die in kein Verfolgten-Schema passten und sich wegen ihrer sehr unterschiedlichen Biografien nie als »Gruppe« gefühlt hatten, Entschädigung für erlittenes Leid zu fordern.

Eigentlich musste Georg Samstag von vornherein klar sein, dass Walter nicht zu einer der bevorzugten Opfergruppen gehörte, mehr noch – dass er eines jener unwürdigen Opfer war. Doch es gab einen Grund, weswegen er glaubte, ein Recht auf Wiedergutmachung zu haben. Denn er hatte von einem ehemaligen Mithäftling Walters, Friedrich Geißler, erfahren, dass sein Sohn nicht an einer eitrigen Angina mit Sepsis gestorben war, wie ihm das Telegramm des Lagerleiters Piorkowski hatte weismachen wollen. Geißler hatte in Dachau im Büro gearbeitet und gab folgende eidesstattliche Erklärung ab: »Der Schutzhaftgefangene im Konzentrationslager Dachau, Walter Samstag, kam im Jahre 1942 mit dem 1. sogenannten Invalidentransport von Dachau nach Linz, wo er vergast wurde. Walter Samstag war kein Invalide im Sinne der Versorgungsgesetze, sondern nur einige Monate an einem Beinleiden erkrankt und konnte deswegen schwer gehen. Mit Samstag starben damals noch 299 KZ-Häftlinge den Gastod«.

Dreizehn Jahre nach der Todesnachricht per Telegramm aus Dachau war bei Georg und Marie Samstag das ganze Leid, die ganze Angst, die sie um ihren Sohn ausgestanden hatten, wieder da. Wütend und tief unglücklich begann mein Urgroßvater, mittlerweile fünfundachtzig Jahre alt, seinen Kampf gegen die Behörden. Womit er nicht gerechnet hatte, war, dass sein Sohn in dem Verfahren, das nun folgte, nicht rehabilitiert, sondern dass ihm posthum noch einmal der Prozess gemacht wurde.

Alles ging seinen bürokratischen Gang. Zunächst versuchte der Sachbearbeiter beim Landesamt für Wiedergutmachung in Karlsruhe, herauszufinden, ob es noch Akten über Walter Samstag aus der Zeit seiner Verhaftung gab. Beim Arbeitsamt Mannheim fragt er an, ob sich dort noch Unterlagen »über eine Arbeitslosigkeit oder über Versuche, den Verfolgten in Arbeit zu vermitteln« befinden, erhält aber die Auskunft, dass »die Karteiunterlagen des Walter Theodor Samstag vermutlich durch Kriegseinwirkung vernichtet wurden«.

Am 19. Januar 1956 wendet sich der Sachbearbeiter an Georg Samstag und klärt ihn darüber auf, dass der Antrag, den er aufgrund der eidesstattlichen Erklärung Geißlers sowie seiner Überzeugung gestellt habe, dass Walter nach seinem Freispruch unrechtmäßig in Schutzhaft behalten worden sei, nicht ausreiche, um zu beweisen, dass sein Sohn »tatsächlich durch nationalsozialistische Verfolgungsmaßnahmen im Sinne des § 1 BEG seiner Freiheit beraubt und im KZ Dachau inhaftiert gewesen ist«. Ein Verfolgungsgrund, der nach dem Wiedergutmachungsgesetz entschädigungsfähig wäre, liegt seiner Meinung nach nicht vor. Er fordert Georg Samstag darüberhinaus auf, weitere

Beweise vorzulegen, »dass das von Ihnen erwähnte Telegramm der Lagerverwaltung in Dachau, Ihr Sohn sei an eitriger Angina mit Sepsis verstorben, nicht der Wahrheit entsprochen hat und dass er in Wirklichkeit vergast worden sei«. Weiterhin rät er dem alten Mann, sich an den Öffentlichen Anwalt für die Wiedergutmachung beim Amtsgericht Karlsruhe zu wenden, damit dieser in der Sache für ihn tätig werden könne.

Die eidesstattliche Erklärung von Karl Geißler wird also infrage gestellt, doch Geißler wird im Verlauf des Prozesses nicht ein einziges Mal vorgeladen, um seine Aussage – auch unter Eid – zu wiederholen oder die Sachlage näher zu erläutern. Aus einem Schreiben des Sachbearbeiters an das Ordnungsamt Mannheim geht hervor, dass »das Verfahren, das 1940 wegen Zuhälterei eingeleitet worden sein soll, nach der Erklärung der Staatsanwaltschaft eingestellt worden war«. In diesem Punkt wird die Aussage Georg Samstags also bestätigt.

Während sich die Wiedergutmachungsstelle in Karlsruhe darum bemüht, die Strafakten Walter Samstags ausfindig zu machen, wird sein Vater von der Kriminalpolizei in Mannheim-Sandhofen vorgeladen und zur Sache befragt. Nachdem er berichtet hat, wie es zur Verhaftung seines Sohnes gekommen ist und wie er vom Tod Walters erfahren hat, fügt er an: »Nachdem ich dieses Telegramm im Besitz hatte, begab ich mich wiederum zu dem Kriminalkommissar Blank und frug diesen wegen der Überführung der Asche meines Sohnes. Herr Blank lachte mir ins Gesicht und sagte: ›Was ist denn dabei, wenn der tot ist.‹ Ich sagte zu ihm, dass er glücklich sein soll, wenn er meinen Sohn abgeschlachtet hat. Ich war sehr aufgeregt. Herr Blank wollte mich aus seinem Zimmer rauswerfen. Er sagte noch, dass er mir dies anstreichen würde. Später wurde ich zur Gestapo einbestellt. Dort wurde mir erklärt, dass, wenn ich nicht so einen guten Leumund hätte, käme ich dorthin, wo mein Sohn ist.«

Am 24. Februar 1956 wird der mittlerweile pensionierte Kriminalkommissar Blank im Städtischen Polizeiamt in Mannheim von einem Mitarbeiter seines alten Arbeitgebers angehört. Nachdem er detailliert beschrieben hat, wie das bürokratische Vorgehen in Fällen wie dem von Walter Samstag gewesen ist, wehrt er sich gegen die Vorwürfe Georg Samstags: »Ich kann mich auch daran erinnern, dass der Antragsteller Georg Samstag bei mir vorgesprochen hat wegen seinem Sohn. Derartige Bemerkungen ›ich bekomme ihn dorthin, wo ich ihn haben will‹ weise ich mit Entschiedenheit zurück. Ich behaupte heute ehrlichen Gewissens, dass ich während meiner Dienstzeit (38 Jahre Polizeidienst) derart verwerfliche Äußerungen, selbst den gemeinsten Verbrechern gegenüber, nie gebraucht habe. Auch diese pietätlose Äußerung, wie sie vom Antragsteller behauptet wird, ›was ist denn dabei, wenn er tot ist‹ weise ich zurück. Ich kann mich auch daran erinnern, dass der Antragsteller ein zweites Mal bei mir vorgesprochen hat und er dabei derart ausfällig wurde, und hat dabei auch von Abschlachten gesprochen, dass ich nicht weiter mit ihm verhandelte und ihn unter Hinweis, dass er sich mit seiner Ausdrucksweise mäßigen möge, da dies sonst für ihn schlimme Folgen haben könnte, meines Zimmers verwiesen.«

Der zuständige Kriminalsekretär, der nach der Vernehmung eine Zusammenfassung für die Akten verfasst, schlussfolgert: »Nach den Aussagen des Zeugen Blank und den allgemeinen Umständen entsprechend, mag es sich bei dem im Jahre 1940 in Vorbeugungshaft genommenen Walter Samstag nicht um einen politischen, sondern um einen kriminellen

Häftling gehandelt haben. Wenn der Zeuge Blank ausgesagt hat, dass vor der Einlieferung in Verwahrungshaft entsprechende rechtskräftige Verurteilungen vorausgingen, so dürften auch diese Angaben stimmen. Wäre der Fall so gelegen, dass der Verstorbene vor seiner Einweisung in Vorbeugungshaft lediglich der Zuhälterei angeklagt, aber nicht verurteilt worden, so wäre sicherlich kein Grund vorhanden gewesen, Herrn Samstag im KZ Dachau unterzubringen. Herr Samstag muss also entsprechend vorbestraft gewesen sein, sodass seine Unterbringung in Dachau begründet gewesen sein muss.«

Auch bei diesem Kriminalsekretär scheinen die Kriegsverbrecherprozesse und die – zugegebenermaßen in den Fünfzigerjahren recht zaghaften – Versuche, das Unrecht des Naziregimes aufzuarbeiten, keinen Eindruck gemacht zu haben. Die Aussage von Herrn Blank beweist ihm, dass Walter Samstag offenbar nicht grundlos in ein KZ eingewiesen worden ist, da dieser »Invorbeugungshaftnahme« ja bereits rechtskräftige Verurteilungen vorausgegangen sein müssen. Für den Sachbearbeiter der Kripo ist es – wie für die meisten seiner Zeitgenossen – völlig folgerichtig und stellt kein Verbrechen dar, einen »Kriminellen« in ein Konzentrationslager zu überführen. Auch der Umstand, dass Walter Samstag laut eidesstattlicher Versicherung von Karl Geißler nicht im KZ gestorben ist, sondern in Hartheim ermordet wurde, spielt keine Rolle. Stattdessen setzt die Kripo nun alles daran, Walter Samstag noch einmal als Verbrecher zu überführen und seinem Vater nachzuweisen, dass er lügt und betrügt, um an eine Entschädigung zu kommen.

Mittlerweile hat sich Georg Samstag auch an den Öffentlichen Anwalt gewandt, doch der erweist sich als keine große Hilfe. Er kann nicht oder will nicht verhindern, dass der alte Mann regelrecht vorgeführt wird.

Das Landesamt für Wiedergutmachung holt nun auch Erkundigungen bei Kriminalobersekretär Eisele ein, der unumwunden zugibt, dass er zwischen 1942 und 1945 bei der Kriminalpolizei Karlsruhe dafür zuständig war, jene Anträge, die Leute wie Kriminalkommissar Blank ausgefertigt hatten, zu bearbeiten und die betreffenden Personen in »Polizeiliche Sicherungsverwahrung«, das heißt in ein Konzentrationslager, bringen zu lassen. Eisele ist in den Fünfzigerjahren nach wie vor im Dienst, wie Tausende andere Beamte, die sich den Nationalsozialisten dienstbar gemacht haben, sich aber keinerlei Schuld bewusst sind. Sie sind, wie Blank und Eisele, als »Mitläufer« klassifiziert worden und fühlen sich nach ihrer Entnazifizierung ganz sauber. Menschen wie Eisele machten einfach weiter, wo sie aufgehört hatten, unter neuen Dienstherren, mit neuen Vorschriften. Zum Fall Walter Samstag bemerkt er: »Nach den gemachten Erhebungen muss der verstorbene Walter Theodor Samstag wegen krimineller Vergehen im Anschluss an seine Strafverbüßung oder bei Begehung einer weiteren Straftat der polizeilichen Vorbeugungshaft zugeführt worden sein. Es besteht jedoch noch die Möglichkeit, dass Walter Theodor Samstag vor seiner Festnahme zur polizeilichen Vorbeugungshaft unter polizeilicher planmäßiger Überwachung stand und seine ihm auferlegten Gebote oder Verbote nicht einhielt. Wäre dies der Fall gewesen, so musste Walter Theodor Samstag auf die Folgen aufmerksam gemacht werden«.

Ergebnis dieser Ausführung ist, dass die Polizei nun beginnt, in Sandhofen zu recherchieren, wer Walter Samstag kannte, und wenn ja, was für ein Mensch er gewesen ist. Fast zwanzig Jahre nach der Befragung des Sandhofener Pfarrers zum Leumund Walters aufgrund seiner Einweisung ins Arbeitshaus Kislau, über ein Jahrzehnt nach der Bespitzelung

Walters und Elises in Mannheim durch Kriminalinspektor Brunnet und seine Leute, der Einschüchterung Georg Samstags durch die Einbestellung zur Gestapo und die, wie er aussagt, jahrelange Überwachung durch dieselbe, weil sein Sohn sich in »Schutzhaft« befand, klingeln erneut Polizeibeamte bei Nachbarn und versuchen, sie auszufragen.

In einem Schreiben der Kripo heißt es: »Um nun den Sachverhalt zu klären, erscheint es erforderlich, dass festgestellt wird, wo der Antragsteller und sein Sohn im Jahre 1940 und zuvor wohnhaft waren, und wer in unmittelbarer Nähe wohnte. Alsdann wären diese Personen über die Persönlichkeit des Walter Theodor Samstag als Zeugen zu hören. Da sich die Bewohner von Mannheim-Sandhofen oftmals untereinander kennen, dürfte es möglich sein, auf diesem Wege zu erfahren, welche strafbaren Handlungen Herrn Samstag zur Last gelegt waren, und welche Strafen er erhalten hatte.«

Die nächste Vernehmung Georg Samstags zielt darauf ab, herauszufinden, was der Vater über die Vorstrafen und kriminellen Aktivitäten seines Sohnes wusste, denn: »Nach dem jetzigen Stand der Ermittlungen scheint Herr Samstag tatsächlich wegen krimineller Verfehlungen in das Konzentrationslager eingeliefert worden zu sein und nicht, wie der Antragsteller behauptet, ohne jeglichen Grund. Bei seiner Vernehmung wäre der Antragsteller auch darauf hinzuweisen, dass er sich selbst eines Betruges schuldig macht, wenn er wissentlich falsch aussagt bzw. auf seinen Aussagen bestehen bleibt, um dadurch in den Besitz einer entsprechenden Entschädigungssumme zu gelangen. Dem Antragsteller selbst müssten doch die Verfehlungen und Strafen seines Sohnes bestens in Erinnerung sein.«

Natürlich sind sie das, und bei seiner nächsten Anhörung gibt Georg Samstag zu Protokoll, dass sein Sohn wegen

Zuhälterei verurteilt worden ist und gesessen hat und dass er auch später Kontakt zu Dirnen pflegte. Aber selbst, als sein Fall bereits aussichtslos scheint, lässt er den Öffentlichen Anwalt in einem Schreiben an die Wiedergutmachungsbehörde mitteilen, dass er auf seinem Standpunkt beharrt und Entschädigung fordert.

Weshalb tut er das? Er muss doch wissen, dass er sich längst um Kopf und Kragen geredet hat und dass er nach Lage der Dinge keinen wie auch immer gearteten Erfolg haben wird.

Aber geht es ihm nicht eigentlich um etwas ganz anderes? Ist die Rente, die er gefordert hat, nicht vielmehr Ausdruck dafür, dass er von den Verantwortlichen einmal, ein einziges Mal das Eingeständnis hören wollte, dass seinem Sohn Unrecht geschehen ist? »Mein Sohn war kein Verbrecher«, hat er an den Lagerkommandanten von Dachau geschrieben. Dieser Überzeugung ist er wirklich und setzt sich damit nicht nur in Widerspruch zu immer noch in faschistischen Kategorien denkenden Menschen wie Blank und Eisele, sondern auch zu der vorherrschenden Stimmung der Nachkriegszeit. Ein schlechter Mensch kam »damals« eben ins KZ – das ist die Meinung seiner Zeitgenossen. Dass man sich durch diese Haltung auch noch Jahre später gemeinmachte mit den Verbrechern – daran verschwendet keiner der rechtschaffenen Wohlstandsbürger der neuen Bundesrepublik Deutschland einen Gedanken. Auch heute noch hätte ein Wiedergutmachungsverfahren für Walter Samstag und seine vielen, vielen Leidensgenossen vermutlich keinen Erfolg, liegt die Beweislast für ihre KZ-Haft und die Schädigungen, die sie dadurch davongetragen haben, doch noch immer bei den Opfern bzw. ihren Angehörigen. Die Idee einer Bundesstiftung »Vergessene Opfer«, wie sie der Bundesverband Information und Beratung von NS-Verfolgten vorgeschlagen hat, konnte sich bislang nicht durchsetzen. Immerhin haben sich die KZ-Gedenkstätten bei einer Tagung in Northeim im Jahre 2003 – also siebzig Jahre nach Beginn der nationalsozialistischen Diktatur – darauf verständigt, die Verfolgtengruppe der »Asozialen« verstärkt ins Blickfeld der Öffentlichkeit zu rücken. Von den als »Berufsverbrechern« Inhaftierten spricht bis heute niemand.

Georg Samstag hat seinen Antrag auf Wiedergutmachung gestellt, weil er durch Karl Geißler erfahren hatte, dass sein Sohn nicht an einer Krankheit gestorben war, sondern umgebracht, vergast wurde. Antragsteller und Ämter reden also die ganze Zeit auf tragische Weise aneinander vorbei.

Eine Chance jedoch hätte es gegeben. Am 10. April 1956 liegt dem Landesamt für Wiedergutmachung eine Mitteilung des Comité International de la Croix Rouge – des Internationalen Suchdienstes in Bad Arolsen – vor. Darin ist vermerkt, dass Walter Samstag am 3. März 1942 mit einem Invalidentransport »transferiert« wurde. Der Ort ist nicht angegeben, aber es wäre für die ermittelnde Stelle bereits zu dieser Zeit kein Problem gewesen, sich über den Zweck dieser Transporte aus Dachau zu informieren. Der Begriff »Invalidentransport« sowie die Folgen für die Gefangenen waren zu diesem Zeitpunkt längst bekannt.

Für eine Wiedergutmachung im Sinne einer finanziellen Entschädigung hätte jedoch auch die Tatsache, dass Walter Samstag ohne jeden Zweifel von den Nazis ermordet wurde, keine Rolle gespielt. In seinem Fazit schreibt der zuständige Sachbearbeiter bei der Kripo: »Von Anfang an konnte mit wahrscheinlicher Sicherheit angenommen werden, dass der

1942 im KZ Dachau verstorbene Walter Theodor Samstag unter den im Jahre 1940 geltenden gesetzlichen Bestimmungen als krimineller Rechtsbrecher im Jahre 1940 in Vorbeugungshaft genommen wurde und dieser Vorbeugungshaft rechtskräftige Verurteilungen vorausgegangen sein mussten. ... Da der schon mit 18 Jahren als Zuhälter aufgetretene Walter Samstag sich auch nach der Strafverbüßung als Zuhälter betätigte und fortgesetzen Umgang mit Dirnen pflegte, dürfte die In-Vorbeugungshaftnahme gesetzlich gerechtfertigt gewesen sein. Es ist auch anzunehmen, dass der Antragsteller das Verhalten und Treiben seines Sohnes Walter nicht genügend beleuchtet hat, doch spricht aus den Auslassungen des Antragstellers deutlich, welch sittlich gesunkene und kriminelle Eigenschaften Walter Samstag zu eigen hatte.«

Der Antrag auf Wiedergutmachung wird daher am 22. September 1956 abgelehnt.

Georg Samstag bleibt zurück als alter, endgültig gebrochener Mann. Kurze Zeit später erkrankt er, wird bettlägerig, und erst auf dem Totenbett gesteht ihm seine Frau, dass Dieter, sein Enkel, in Sandhofen gewesen ist, um ihn zu sehen. Und sie habe ihn weggeschickt. »Er hat denselben Gang wie der Walter«, sagt sie und beginnt zum ersten Mal seit vielen Jahren zu weinen.

In dem Gerichtsverfahren, das ihn nach dem Krieg schließlich vom »Belasteten« zum »Mitläufer« aufwerten wird, gibt Kriminalkommissar Blank zu Protokoll: »Ich habe in meinem ganzen Leben niemand getötet, niemand misshandelt, niemand ohne gesetzliche Unterlage seiner persönlichen Freiheit beraubt, und war in meiner 36-jährigen Polizeidienstzeit selbst gegen Schwerverbrecher immer menschlich. Ich habe lediglich meine Pflicht erfüllt, wie ich dies vor meinem Gewissen, vor Gott und der Welt und dem Gesetz gegenüber verantworten kann. Ich bin bis auf den heutigen Tag unbestraft.«

Nicht einen Moment lang ist es Herrn Blank offenbar in den Sinn gekommen, dass er mittelbar durchaus getötet hat. Dass die Anträge, die er so sorgfältig ausgearbeitet und nach Karlsruhe zu Kriminalsekretär Eisele weitergeleitet hat, dazu geführt haben, Menschen ins Konzentrationslager und viele davon in die Vernichtung zu schicken. Seine Kartei umfasste nach eigener Aussage über siebenhundert Personen, und diese Menschen landeten im KZ, nachdem sie durch seine Mitarbeiter überwacht und festgenommen worden waren.

Die eigentlichen »Berufsverbrecher« saßen nicht im Gefängnis oder im KZ, sondern liefen während der zwölf Jahre Naziherrschaft frei herum, bekleideten Posten, urteilten, richteten, vernichteten, und das alles »nach Recht und Gesetz« – jedenfalls so, wie sie es verstanden.

Vor einiger Zeit lud mich die Stadt Mannheim ein, am 27. Januar 2012 im Rahmen der Veranstaltung zum Gedenken an den Jahrestag der Befreiung des Konzentrationslagers Auschwitz und an die Opfer des Nationalsozialismus einen Vortrag über meinen Großvater Walter Samstag zu halten. Parallel dazu fand im Foyer des Rathauses eine Ausstellung unter dem Titel »Nummern zu Namen« statt, in der Schüler verschiedener Gymnasien ihre Rechercheergebnisse zu den Biografien von Mannheimer KZ-Opfern präsentierten.

An diesem Tag sprach ich im Ratssaal das erste Mal öffentlich über meinen Großvater und meine Großmutter. Es war ein bewegender Moment, das Schicksal dieser »Unwürdigen« plötzlich in einem offiziellen Rahmen gewürdigt zu sehen, und besonders berührte mich die Begegnung mit einem älteren Ehepaar, das nach dem Vortrag zu mir kam. Der Vater des Mannes hatte ein ganz ähnliches Schicksal erlitten wie mein Großvater. Auch er war von dem »menschlichen« Kommissar Blank verhaftet worden, auch er landete im KZ Dachau, auch er war mit einem der »Invalidentransporte« nach Hartheim gebracht und dort vergast worden. Auch über seinen Tod hatte man seine Familie belogen, und auch er wurde aus dem Familiengedächtnis gelöscht.

Ich hatte plötzlich das Gefühl, nützlich zu sein. Als hätte ich endlich eine Tür aufgestoßen, hinter der man nun schemenhaft die Gesichter all jener vergessenen Opfer sehen konnte, von denen seit sechzig Jahren niemand sprechen durfte, an die niemand erinnern wollte. Das zu behaupten wäre natürlich eine Anmaßung. Ich bin keineswegs die Erste, die diese Tür geöffnet hat, und ich bin auch nicht die Einzige. Die Stadt Mannheim hat auf dem Hauptfriedhof eine Gedenkstätte errichtet mit den Namen von 511 Männern und Frauen, die in verschiedenen Konzentrationslagern umgekommen sind. Auch der Name Walter Samstag ist dort zu finden. Trotzdem – wahr ist, dass wir, was das öffentliche Sprechen über die von den Nazis so diffamierten und verfolgten »Asozialen« und »Berufsverbrecher« angeht, erst am Anfang stehen. Die gesellschaftliche Erinnerung an sie ist bisher nur rudimentär vorhanden. Vielleicht nützt die Geschichte, die ich hier von meinen Großeltern erzählt habe, ja denen, deren Verwandte ähnliche Schicksale erlitten haben, wie sie jenem Paar genützt zu haben scheint, das mich im Mannheimer Ratssaal angesprochen hat. An diesem Tag waren es immerhin schon zwei Opfer, die aus der privaten Erinnerung treten und in diesem Moment Teil der kollektiven Erinnerung werden durften, und ich hoffe, es werden im Laufe der nächsten Jahre immer mehr.

18. Autoland

Gefühlt habe ich zwischen meinem fünften und meinem dreizehnten Lebensjahr mindestens ein komplettes Jahr auf dem Rücksitz irgendeines verqualmten Autos verbracht. Jedenfalls kommt es mir so vor, obwohl es höchstens die Wochenenden gewesen sein können – und natürlich der Urlaub. Zuerst war es ein Fiat 650, dann verschiedene Simcas, danach kamen in schneller Abfolge die jeweils neuesten BMW-Modelle. Wir waren unterwegs zu meinen Großeltern in Schlüchtern, in den Sechzigerjahren zu meiner Oma nach Nürnberg, später zu meinen beiden Omas im Taunus, und bis 1972 zu meiner Urgroßmutter in Mannheim oder wir fuhren einfach ins Blaue, Burgen besichtigen, Städte angucken. Hauptsache, es rollte. Aus dem Inneren des Wagens quoll, wenn ab und zu das Seitenfenster – später das Schiebedach – geöffnet wurde, dicker Zigarrenrauch. Meine Mutter und ich sangen Volkslieder oder spielten: »Ich sehe was, was du nicht siehst«, aber meistens beschäftigte ich mich mit den – zugegebenermaßen sehr kindlichen – Geschichten in meinem Kopf und war sauer, wenn ich aussteigen musste, weil die Geschichte, an deren neuester Version ich gerade bastelte, dann unterbrochen wurde. Wo die Autobahn aufhörte, begann das Abenteuer der Landstraße mit ständigen, waghalsigen Überholmanövern, scharfen Kurven, die rasant genommen werden wollten, störenden Dorfampeln und Schlaglöchern.

Ich weiß nicht mehr, wann wir Oma Elise das erste Mal in Nürnberg besuchten. Meine Eltern hatten sich schon recht bald wieder mit meiner Großmutter vertragen. Zum einen wirkt ein kleines Kind zwischen den Generationen immer als sentimentales Bindeglied, zum anderen unterstützte Elise ihren Sohn finanziell bei seinem Medizinstudium und konnte daher verlangen, dass er ihr das Enkelkind präsentierte. Oma gefiel sich darin, mich hübsch auszustatten, sei es mit Faltenröckchen, Kostümchen oder roter kurzer Lederhose mit Edelweißemblem auf dem Latz. Es gibt Bilder von mir im karierten Rock und roter Strumpfhose auf einer österreichischen Alm, wo wir – das weiß ich nur aus Erzählungen – gemeinsam mit Oma Urlaub gemacht haben, als ich etwa zwei oder drei Jahre alt war.

Der erste Ausflug nach Nürnberg jedoch, an den ich mich wirklich gut erinnern kann, fand sehr viel später statt. Es war eine lange Fahrt auf der A8, und mein Vater hatte schlechte Laune. Wir parkten in Nürnberg an einem großen Platz, über den Straßenbahnen rollten, und fuhren in einem Hochhaus mit dem Aufzug nach oben. So etwas hatte ich noch nie gemacht. Am Ende eines langen Flurs öffnete uns eine Frau, die ich nur vage kannte, die Tür. Klar wusste ich irgendwie, dass das meine Oma Elise war, denn man hatte es mir gesagt. Allerdings sah sie nicht aus wie eine Oma. Nicht wie Oma Justine, die schöne, schlichte Frau in Schlüchtern mit ihrem grauen Zopfkranz und dem schwarzen Kleid, nicht wie Uroma Samstag, massig, mit viel weißem Haar, ebenfalls in Schwarz. Nicht wie Oma Lochner, die Großmutter meiner Mutter, mit ihrem feinen Gesicht und der Lesebrille.

Oma Elise trug ein Dirndl mit tiefem Ausschnitt, ihr Haar war hellblond und toupiert, sie war leicht geschminkt, trug Nagellack, hohe weiße Schuhe, und sie roch nach Parfüm. Ihre Wohnung schien mir riesig, besonders das Wohnzimmer. Aus dem Fenster hatte man einen Blick über den

großen Platz und die Stadt. Es gab eine Schrankwand, in der
außer einem gusseisernen Schankgestell für eine Weinflasche, einem großen, bunten Glasesel und einer Reihe ver-
schiedenfarbiger, geschliffener Weingläser mit hohem Stiel
nichts stand. Mitten im Raum befand sich eine moderne,
geradlinige Sitzgruppe aus Sofa und zwei Drehsesseln, bezo-
gen mit einem leicht glänzenden, rauchblauen Stoff. An
einer der Schmalseiten stand ein langer Tresen aus hellbrau-
nem Holz, davor mehrere hohe Hocker mit Sitzflächen aus
rotem Kunstleder. Eine Bar, erklärte mir meine Mutter auf
Nachfrage. Neben der Bar – und das interessierte mich am
meisten – stand ein Zimmerspringbrunnen aus Plastik, in
dem ein paar Plastikgoldfische schwammen. Weil ich nicht
aufhörte zu betteln, durfte ich ihn anstellen. Ein dünner
Wasserstrahl plätscherte in die Plastikwanne, die Goldfische
bewegten sich. Ich war sofort ein Fan von Oma Elise, auch,
als ich in die weiß-blaue Küche kam, in der die Stühle Herz-
chen in den Lehnen hatten. Auf der Toilette, die extra war
und nicht zum Bad gehörte, hing ein bemaltes Holzstück,
das einen Mann mit heruntergelassener Hose beim »Geschäft« zeigte. Daneben stand der Spruch: »Wenn's Arscherl
brummt, ist's Herzerl gesund.« Dieser Meinung war ich ab
sofort auch. Ganz und gar begeistert aber war ich vom
Schlafzimmer. Das riesige Bett und der zimmerbreite Kleiderschrank aus cremefarbenem Schleiflack interessierten
mich nicht so sehr wie der Schminktisch aus eben diesem
Schleiflack, mit seinem großen, dreifachen Klappspiegel
und dem roten Püschelhocker davor. Auf der Spiegelkom-
mode stand ein weißer, kahler Styroporkopf. »Was ist das?«,
wollte ich von Oma Elise wissen. »Da kommt meine Perücke drauf«, erwiderte sie. »Nachts hab ich die ja nicht auf.«
Eine Perücke! Ich war hin und weg.

Die Stimmung unter den Erwachsenen hingegen war schlecht, mein Vater rauchte Zigarre, meine Oma Zigaretten, an die sie eine schwarze Spitze mit Goldrand steckte, später gingen wir essen, und noch später gab es im Wohnzimmer Schnaps. Die Stimmung war immer noch miserabel, das spürte ich genau, aber die Erwachsenen tranken tapfer dagegen an. Später durfte ich im Wohnzimmer auf den beiden zusammengeschobenen Drehsesseln schlafen, weil in dem kleinen Gästezimmer über der Matratze, die sie für mich aufgebaut hatten, ein Bild im schweren Goldrahmen hing, schräg und bedrohlich von der Wand weg, auf dem Gemälde ein hartes Männergesicht mit goldenem Helm. Da drunter zu liegen kam für mich nicht infrage. Also lag ich zufrieden und äußerst unbequem im Wohnzimmer; durch die Lamellenjalousien blitzte ab und zu das Licht eines Autoscheinwerfers auf, hinten standen fremd und unheimlich die Barhocker, das Sesselpolster roch intensiv nach Parfüm, nach Schweiß und nach abgestandenem Zigarettenrauch, und ganz früh morgens bog mit schrillem Schleifgeräusch die erste Straßenbahn um die Ecke. Es war herrlich.

Auf der Rückfahrt standen wir stundenlang im Stau, und als wir die Unfallstelle erreicht hatten, sah ich einen Sportwagen auf dem Dach liegen, und auf dem in meiner Erinnerung knallgrünen Rasen der Böschung lag auf dem Rücken ausgestreckt eine Braut in Weiß, daneben ihr Bräutigam im schwarzen Anzug. Dass sie beide tot gewesen sein mussten, begriff ich erst Jahre später. Und noch viel später habe ich Jean-Luc Godards Film »Weekend« gesehen. Den Wahnwitz auf den Straßen, die Kollisionen, die Unfalltoten, die er in immer wieder neuen Kameraeinstellungen zeigte, hatte ich als Kind in den Sechziger- und Siebzigerjahren auf Landstraßen und Autobahnen wirklich erlebt, eben weil wir am Wochenende ständig rollten. Hauptsache irgendwohin.

Mein Vater hatte sich notgedrungen damit abgefunden, dass seine Mutter sich auf ihre alten Tage noch einmal ausleben wollte. Er nahm ihr Geld, ließ zu, dass sie mir adrette, hochwertige Kostüme und Kleidchen kaufte, die ich trug, obwohl ich Strumpfhosen hasste, denn die kratzten und rutschten ständig, und ich wuchs mit meinen lang und länger werdenden Beinen immerzu aus ihnen raus. Irgendwann machte mir meine Mutter klar, dass Röcke uncool waren – natürlich benutzte sie ein anderes Wort –, und ich bestand ab meinem neunten Lebensjahr darauf, nur noch in Hosen herumzulaufen.

Helmut alias Tom Selleck, den Freund meiner Großmutter, habe ich bestimmt auch mal kennengelernt, aber ich kann mich an ihn nicht mehr erinnern. Er bekam fünfzig Mark am Tag und keinen Pfennig mehr. Darauf war Elise stolz. Sie hatte in dieser Beziehung das Sagen, und sie sparte fleißig für ihre Rente, denn »geklebt« hatte sie in ihrem Leben nur wenige Jahre.

Mit Helmut gönnte sie sich das erste Mal einen richtigen Urlaub, fuhr 1963 nach Rimini, in den darauffolgenden Jahren standen der Traunsee in Österreich und die Schlösser Ludwigs II. in Oberbayern auf dem Programm. Sie kaufte sich ein neues Dirndl und ihm eine Lederhose, und dann ließen sie sich in einer Almhütte beim »Fensterln« ablichten. Helmut kannte Elises Eltern; er gehörte fast zehn Jahre mehr oder weniger zur Familie. Es war eine gute Zeit für meine Großmutter, vielleicht die beste ihres Lebens. Sie musste keine Angst mehr haben, sie verdiente sehr gut und fühlte sich wohl im Kreis ihrer Kolleginnen. Fotos aus dieser Zeit zeigen sie bei feuchtfröhlichen Gelagen; die Frauen, mit

Helmut und Elise am Traunsee in den 1960er Jahren

denen sie zusammenarbeitet, sind weder besonders jung noch besonders hübsch, eine wirkt eher mütterlich bieder, die andere trägt eine schicke schwarze Brille und sieht mit ihrem schwarzen Haar ein bisschen aus wie Maria Callas. Helmut ist nicht zu sehen auf diesen Bildern, dafür andere Männer, die meisten jünger als die Frauen, und jeder hat eine von ihnen im Arm. Oma trägt ihre blonde Perücke und wirft ihrem Galan einen feurigen Blick zu. »Ich habe mal einen gehabt, innerhalb einer Stunde, mit 980 Mark. Ich hab zu dem gesagt: ›Ja, da musst du mir noch ein bisschen was schenken, wenn du noch hierbleiben willst.‹ Der war so naiv. Da hab ich noch ein Mädel dazugeholt, die hat auch noch zweihundert Mark verdient, die hat den dann fertig gemacht. Ich hab gar nichts gemacht an dem. Neunhundertachtzig Mark. Das ganze Geld hat der mir gegeben. Freiwillig. Oder, na ja, ich hab immer gesagt: ›Du gibst mir doch noch zweihundert Mark, gell?‹ Bisschen was getrunken, und dann …«

In ihrem neuen alten Beruf hat sie wie erwartet viel Erfolg und viele Stammkunden, darunter einen verheirateten Polizisten. Was für ein Unterschied zu den Dreißigerjahren, in denen Kommissar Blank und seine Kriminalbeamten Leute wie sie und Walter beschatteten, einlochten und ans Messer lieferten.

Mit fünfzig macht sie den Führerschein und kauft für sich und Helmut einen türkisblauen Opel Kapitän mit weißem Dach. Ein schickes Auto für eine schicke Frau. Nur fährt sie miserabel.

Ende der Sechzigerjahre zerbricht die Beziehung zu Helmut. Elise ist jetzt siebenundfünfzig Jahre alt, und ihr Zuhälter hat eine Jüngere. »Und da hat er gedacht, er kriegt die

Elise in den 1960er Jahren

Hälfte von meinem Ersparten. Ich hab zu ihm gesagt: ›Dreitausend Mark für den Wohnwagen, wo du mich so beschissen hast und fortgefahren bist mit dem in den Urlaub, noch auf die letzte Minute, wo du schon wusstest, dass du mit dem Mädchen rummachst. Das ist mir ja ganz egal‹, habe ich gesagt. ›Aber du wusstest das und hast mich noch mit dem Anzug betrogen und hast mich noch mit dem Wohnwagen betrogen, dass ich dir das Geld dafür gebe. Du kriegst von mir keine Mark‹, hab ich gesagt. ›Wag dich nicht, mich zu schlagen, du kriegst keine einzige Mark von mir.‹ Ich hab ihm gedroht. Ich dachte, entweder der oder ich verrecke. Das ist mir doch egal. Da war ich hart. Hart.«

Sie löst ihre Wohnung in Nürnberg auf und zieht 1970 mit ihrer Schrankwand, dem gusseisernen Weingestell, dem Glasesel, der Sofagarnitur und dem Schleiflack-Schlafzimmer in jene Doppelhaushälfte im Taunus, die meine Eltern, mein kleiner Bruder und ich bis dahin bewohnt hatten. Die Bar ließ sie leider zurück – keine Verwendung mehr dafür.

Mein Vater trat damals gerade eine Oberarztstelle im Rheinland an, und Elises Mutter war seit einiger Zeit Witwe. Kurzerhand wurde beschlossen, dass Oma und Uroma eine Alters-WG eröffnen sollten. Elise war ihrer Mutter sehr zugetan, aber der Schritt, ihr selbstbestimmtes, freies Leben in der Stadt aufzugeben, um zusammen mit einer Greisin in ein Haus auf dem Dorf zu ziehen, muss ihr sehr schwergefallen sein. Sie hat sich nie offen beklagt, doch aus Andeutungen, die sie während der Interviews mir gegenüber machte, hörte ich heraus, dass sie sich mehr oder weniger wie lebendig begraben vorkam. »Ich akklimatisiere mich auch hier«, hatte sie 1946 zu ihrem Eckenheimer Schwager gesagt, und nun »akklimatisierte« sie sich in einem Kaff im

Vordertaunus, in dem es neben einem Coop, einem Friseur, einem Blumenladen und einem Tabakwarengeschäft absolut nichts gab, sie pflanzte Rosen, parlierte über den Zaun mit den Nachbarinnen, sorgte für ihre Mutter und genoss es, wenn an den Wochenenden Besuch kam: ihre Schwester Anna und deren zweiter Mann, die in der Frankfurter Nordweststadt wohnten, meine Eltern, mein Bruder und ich, oder an Weihnachten und den Geburtstagen wir alle zusammen, dazu manchmal auch noch die »Amerikaner«. Meine Großtante Eva war nach ihrem Straßburger Intermezzo und der Kriegsgefangenschaft mit Frankfurt nicht mehr so recht warm geworden und mit einem GI in die USA gegangen. Den ließ sie aber für Henry Letrich, einen Sportlehrer aus Chicago, sitzen, heiratete und kam einmal im Jahr mit »Hank« nach Deutschland, obwohl sie das Fliegen überhaupt nicht vertrug. Ich fand sie faszinierend mit ihrer ledrigen, braunen Haut, ihrer rauchigen Stimme, ihrem amerikanisch gefärbten Deutsch. Sie nannte mich »Biätie« und brachte ihren Verwandten Dollars mit und mir Plastikspielzeug wie ein weißes, aufblasbares Bambi, dem schon nach zehn Minuten die Luft ausging. Wenn alle versammelt waren, wurde getafelt, geraucht, Schnaps getrunken und Kanasta gespielt, gelacht und erzählt, und ab und zu fielen Begriffe wie »mein Geschäft in Straßburg«, fielen Namen wie »der Helmut« oder »die Alte Gass'«, und immer wieder saß ich bei meiner Uroma auf dem blauen Sofa, hielt ihre unglaublich zarte Hand und hörte mir die Geschichten von damals an, von der Frankfurter Altstadt, vom Zeitungtragen, vom Diesterweg-Verlag und von den Bombennächten.

In der Obhut von Oma Elise – die übrigens hervorragend kochen konnte – wurde meine Urgroßmutter fast fünfundneunzig. Als sie 1979 starb, verkaufte mein Vater das

Haus, und Elise zog in eine Eigentumswohnung in der Nähe von Frankfurt. Ihr Auskommen war durch ihren Sohn gesichert, und sie reiste jetzt viel, hielt auf sich, färbte sich, jetzt, da sie keine Perücke mehr trug, wieder die Haare blond, kleidete sich gut, und wenn sie eingeladen war, genügte ein wenig Wimperntusche, ein wenig Puder und Lippenstift, und aus der adretten älteren Frau wurde eine gut aussehende Dame, die es genoss, anderen zu gefallen.

Als sie sich wegen eines Gallenleidens 1987 in die Klinik begab, sah alles nach einem Routineeingriff aus, doch etwas ging schief. Bei der Operation verletzte der Chirurg den Dünndarm, die Sepsis, die sich daraus entwickelte, wurde zu spät erkannt, und meine Großmutter starb kurz darauf im Alter von vierundsiebzig Jahren. Zwei Tage zuvor hatte ich sie noch im Krankenhaus besucht. Sie wirkte matt, ihr Haar war verklebt, und zum ersten Mal, seit ich sie kannte, war sie nicht mehr die energiegeladene, gut gelaunte, stets nach vorne blickende Frau. Eine Frau mit Vergangenheit, wie ich durch unsere Interviews längst wusste. Aber auch eine Frau mit Zukunft. Dachte ich jedenfalls. Ich war mit ihr in der Sowjetunion gewesen, Silvester in Moskau, ich war mit ihr an der Ostsee gewesen, hatte sie nach Bayern zu ihren Lieblingsschlössern gefahren. Sie hatte mir ihr Leben erzählt, und irgendwie war mir klar, dass der Zeitpunkt kommen würde, an dem ich ihr noch weitere Fragen stellen wollte. Über Straßburg, über die Zeit im Internierungslager, darüber, was es eigentlich bedeutete, Hure zu sein. Ihr plötzlicher Tod war für mich, als risse ein Erzählfaden ab, als bliebe eine Geschichte unvollendet. Auch meine Reise in die Erinnerung endet nun an diesem Punkt.

Vor ein paar Tagen habe ich mit der Post ein Päckchen erhalten, und darin befand sich ein Flakon des gleichen Parfüms, in das sich meine Großmutter in ihrem letzten Straßburger Jahr verliebt hatte. »Bandit«, jener androgyne Chypreduft, von dem Pariser Modeschöpfer Robert Piguet 1944 entworfen und dank Internet heute als »Nischenparfüm im Luxussegment« auch in Deutschland wieder zu bekommen. Mein erster Eindruck, als ich es aufsprühe: heftig! Und dann: Es riecht wie Oma! Wie das Innere ihrer auffallenden Krokohandtasche, die sie mir vererbt hat und bei der der Rücken eines ziemlich großen Krokodils verarbeitet worden ist. Wie ihre Zigarettenhülle aus Krokolackleder. Wie ihr Mantel aus Ozelotfell, den sie mir manchmal voller Stolz vorführte, zusammen mit dem passenden Hut. Es riecht wie das Sofa in Nürnberg, nach kaltem Zigarettenrauch, altem Schweiß und Adrenalin. Dann wieder duftet es nach weißen Rosen und Jasmin. Und dann wieder nach Moschus und Patchouli. Es riecht vertraut – und fremd zugleich. Aufregend. Und, ja, tatsächlich ein wenig vulgär. Auf eine sehr elegante Weise. Ich kann mir gut vorstellen, dass eine Frau wie Marlene Dietrich es mochte. Zu mir passt es vermutlich nicht so ganz, obwohl ich mit Ende zwanzig durchaus eine Phase hatte, in der ich ausschließlich Herrenanzüge und manchmal auch einen Frack getragen habe. Egal. Ich werde es ab und zu auflegen, immer dann, wenn ich mich gut fühle, frei und abenteuerlustig; ich werde es tragen zur Erinnerung an eine starke, an eine schöne, an eine außergewöhnliche Frau. Elise.

DANK

Ich bin vielen Menschen und Institutionen zu Dank verpflichtet, denn sie haben mir Mut gemacht, mich mit Informationen versorgt und nicht zuletzt für mein leibliches und seelisches Wohl gesorgt. Vielen Dank, Margarethe, Michael und Werner. Ferner danke ich ganz besonders Herrn Hans-Joachim Hirsch vom Institut für Stadtgeschichte, Mannheim, Herrn Dr. Albert Knoll von der KZ-Gedenkstätte Dachau, Herrn Magister Peter Eigelsberger von der Dokumentationsstelle Hartheim, dazu dem Archiv für Stadtgeschichte, Frankfurt am Main, dem Stadtarchiv Wiesbaden, dem Internationalen Suchdienst, Arolsen, den Archives 32 route du Rhin de la Ville et Communauté de Strasbourg, dem Generallandesarchiv Karlsruhe sowie allen, die das Projekt unterstützt und gefördert haben. Meinem Lektor Dr. Patrick Oelze und meiner Agentin Christine Proske danke ich auch auf diesem Weg für ihr Engagement und ihr Vertrauen, für Ermutigung und Kritik, für ihre Bereitschaft zuzuhören, zu fragen und zu antworten.

Kiel, im Herbst 2012
Beate Schaefer

LITERATURVERZEICHNIS

Alberti, Bettina: Seelische Trümmer: Geboren in den 50er- und 60er-Jahren: Die Nachkriegsgeneration im Schatten des Kriegstraumas, München, 2010

Alexan, Friedrich: Die Welt der kleinen Leute. Erinnerungen an eine Jugend im Ersten Weltkrieg, Mannheim, 2008

Allex, Anne, Kalkan, Dietrich (Hrsg.): Ausgesteuert – ausgegrenzt ... angeblich asozial. Arbeitsgemeinschaft sozialpolitischer Arbeitskreise AG SPAK, Neu-Ulm, 2009

Arnsberg, Paul: Die Geschichte der Frankfurter Juden seit der Französischen Revolution, Darmstadt, 1983

Ayaß, Wolfgang:»Asoziale« im Nationalsozialismus, Stuttgart, 1995

Ayaß, Wolfgang: Das Arbeitshaus Breitenau, Kassel, 1992

Beimler, Hans: Im Mörderlager Dachau, Köln, 2012

Bode, Sabine: Die vergessene Generation. Die Kriegskinder brechen ihr Schweigen, München, 2012

Bode, Sabine: Kriegsenkel. Die Erben der vergessenen Generation, Stuttgart, 2009/2010

Börsenblatt für den deutschen Buchhandel, 51/28.6.1960. Darin: 100 Jahre Verlag Moritz Diesterweg

Bille, Thomas: Die aufmüpfigen Diesterwegs, Börsenblatt für den deutschen Buchhandel 86/26.10.1990, Frankfurt am Main

Comité International de Dachau: Konzentrationslager Dachau 1933–1945, Brüssel, 1978

Herbert, Ulrich, Orth, Karin, Dieckmann, Christoph (Hrsg.): Die nationalsozialistischen Konzentrationslager, Bd. 1 u. 2. Frankfurt am Main, 2002

Kepplinger, Brigitte, Marckhgott, Gerhart, Reese, Hartmut (Hrsg.): Tötungsanstalt Hartheim, Oberösterreichisches Landesarchiv (OÖLA), 2008

Kilp, Maria Anna: Ach wie ist das Leben schön. Hammelsgasse 6–10, U-Haft in Frankfurt/M 1903–1973. Materialien zur Sozialarbeit und Sozialpolitik, FH Frankfurt am Main, FB Sozialarbeit u. Sozialpädagogik, 1986

Koch, Fritz: Verwaltete Lust, Stadtverwaltung und Prostitution in Frankfurt am Main 1866–1968, Frankfurt am Main, 2010

König, Christoph, Müller, Hans-Harald, Röcke, Werner: Wissenschaftsgeschichte der Germanistik in Porträts, Berlin, 2000

KZ-Gedenkstätte Neuengamme (Hrsg.): Ausgegrenzt. »Asoziale« und »Kriminelle« im nationalsozialistischen Lagersystem. Beiträge zur Geschichte der nationasozialistischen Verfolgung in Norddeutschland, Bremen, 2009

Lübecke, Fried: Die Verlagsbuchhandlung Moritz Diesterweg. In: Fünfhundert Jahre Buch und Druck in Frankfurt am Main, Frankfurt am Main, 1948, S. 128–131

Matzek, Tom: Das Mordschloss. Auf der Spur von NS-Verbrechen in Schloss Hartheim, Wien, o. J.

Meinen, Insa: Wehrmacht und Prostitution im besetzten Frankreich, Bremen, 2002

Möhlmann, Roman: Vom unwürdigen zum vergessenen Opfer? Die Wiedergutmachungspraxis in der Bundesrepublik Deutschland unter besonderer Berücksichtigung der neuen Entwicklungen in den 1980er Jahren, Studienarbeit, Ruhr-Universität Bochum, München, 2004

Ordnung und Vernichtung. Die Polizei im NS-Staat. Ausstellungs-Katalog, Dresden, 2011

Paul, Christa: Zwangsprostitution. Staatlich errichtete Bordelle im Nationalsozialismus, Berlin, 1994

Ratzel, Wolfgang: Die Rolle der Verwaltung bei der Vernichtung »asozialen« Lebens, in: Allex, Anne, Kulkau, Dietrich (Hrsg.): Ausgesteuert – ausgegrenzt … angeblich asozial, hrsg. von Anne Allex und Dietrich Kalkan, Neu-Ulm, 2009

Schmidt, Dorothea: Eine Welt für sich? Dienstmädchen um 1900 und die widersprüchliche Modernisierung weiblicher Erwerbsarbeit. In: Geißel, Brigitte, Manske, Alexandra (Hrsg.): Kritische Vernunft für demokratische Transformationen. Festschrift für Christine Kulke, Leverkusen 2008, S. 97–115

Ustorf, Anne-Ev: Wir Kinder der Kriegskinder. Die Generation im Schatten des Zweiten Weltkriegs, Freiburg im Breisgau, 2010

Wikipedia – Die freie Enzyklopädie

Zámečnik, Stanislaw: Das war Dachau, Frankfurt am Main, 2010